聪明教学7原理

基于学习科学的教学策略
How Learning Works

苏珊·A·安布罗斯
米歇尔·W·布里奇斯
米歇尔·迪皮埃特罗
玛莎·C·拉维特
玛丽·K·诺曼
◎著

理查德·E·梅耶◎序
庞维国 徐晓波 杨星星◎等译

华东师范大学出版社
·上海·

How Learning Works: Seven Research-Based Principles for Smart Teaching
By Susan A. Ambrose, Michael W. Bridges, Michele DiPietro, Marsha C. Lovett, Marie K. Norman

Copyright © 2010 by John Wiley & Sons International Rights, Inc.
Simplified Chinese translation copyright © 2012 by East China Normal University Press Ltd.
All rights reserved. This translation published under license.
本书中文简体字版由 John Wiley & Sons International Rights, Inc. 授权出版。版权所有,盗印必究。

Copies of this book sold without a Wiley sticker on the cover are unauthorized and illegal.

上海市版权局著作权合同登记 图字: 09-2010-706 号

目录

译者说明 /1
前言：把学习科学应用到大学教学中 /3
致谢 /7
作者简介 /9

引言　架起学习研究和教学实践的桥梁 /1
1. 学生的已有知识如何影响他们的学习？/7
2. 学生的知识组织方式如何影响他们的学习？/25
3. 哪些因素激励学生学习？/41
4. 学习如何达到精熟水平？/57
5. 何种练习和反馈能促进学习？/76
6. 为什么学生的发展水平和课堂气氛影响他们的学习？/96
7. 学生怎样成长为自主学习者？/118
8. 结语：将7条原理运用到我们自身 /135

附录 A　学生的自我评估及其应用 / 140
附录 B　概念图及其应用 / 142
附录 C　评分细则及其应用 / 144
附录 D　学习目标及其应用 / 149
附录 E　基本行为规则及其应用 / 151
附录 F　考试反思表及其应用 / 153
附录 G　核查表及其应用 / 155
附录 H　读者反应/同伴评阅及其应用 / 157

参考文献 / 159
人名索引 / 174
主题索引 / 180

谨以此书献给卡耐基—梅隆大学的教师和导师们。他们对学生学习所作的奉献,不断激励我们前进。

译者说明

《聪明教学7原理》是一本难得一见的关于有效学习与教学的著作。说它难得一见,是因为它具有如下特征:第一,本书囊括了迄今为止教育心理学揭示的 7 条公认的学习原理。在某种程度上讲,本书是多年来教育心理学研究成果的高度浓缩和集中展示。有了这样一本书,我们就无需面对浩如烟海的教育心理学文献,凭借自己的单薄之力,再去对教育心理学的基本原理进行梳理和归纳。自然,这会大大减轻大家学习教育心理学基本原理的负担。第二,本书的组织结构新颖,与读者的思维逻辑高度契合。本书的主要章节,都以两个描述实际教学和学习情境的故事开头,让读者在阅读故事的过程中,产生相关疑问。接下来,呈现故事中隐含的学习原理,并用经典的研究和理论,分析这一原理的实质及适用条件。再后,以相应的原理为基础,提出具体的学习指导策略。换言之,本书的内容是按照"现象—本质—原理—应用"的逻辑展开的,与我们认识世界的过程高度一致。因此,我们一旦开始每一章的阅读,都有难以停下来的感觉。第三,本书具有极强的实践指导性。本书中所呈现的原理,都有具体的教学案例做支撑,让读者,特别是具有教学经验的读者,马上可以对照自己的经验反思、审视自身的问题,找到改善自己的学习和教学的切入点。本书后面的附录,更是为教师有效地运用一些教学策略提升自己的教学质量,提供了直观的辅助。事实上,本书附录中提供的样例,只要稍加修改,就可以适用于各级各类教学。

严格来讲,本书的作者并不是从事学习和教学心理学研究的专业人员。但是,作为长期从事教学管理和辅导的专业人员,他们能够尽心于学习和教学心理学原理的学习,并结合教学实际把自己的应用成果展示给读者,这种努力对于我们从事专业研究的人员来说,无疑是一种莫大的鞭策。本书对于学习原理的深入思考和巧妙应用,也值得我们的学术同行学习和借鉴。事实上,在本书的翻译过程中,我个人也感觉受益匪浅。特别是感到,在今天新课程改革的浪潮中,我们有责任像本书的作者一样,编写出一些可读性更强、实践指导价值更大、应用范围更广的学术应用性的著作。

本书的翻译是由我和我的几名研究生联合完成的。在翻译过程中,为了确保质量,我们遵循着边学习边翻译的原则,先集中学完本书的内容,在基本吃透文本内容的基础上,再着手翻译。本书各章的翻译分工如下:

庞维国:前言、人名索引和主题索引;

李玉坤:第1章、第8章;

刘　虎:第2章、附录A、B、C;

胡祖兴:第3章、附录D、E、F;

邹　苹:第5章、附录G、H;

杨星星:第4章;

徐晓波:第6章;

刘扬之:第7章。

本书的翻译初稿完成后,我逐章做了校对。因担心专业术语过多或部分内容深涩会影响读者的阅读和理解,我专门找了华东师范大学心理与认知科学学院的在读本科生试读,让他们从中找出自己感觉理解吃力的地方,并据此对相关部分作了进一步复译。

翻译是一种永远存在遗憾的事业。尽管本书已交付出版,我们仍然感觉存在诸多不足之处。加之译者水平有限,本书一定还存在许多不当及疏漏之处,敬请读者批评指正。

庞维国

2012年春于华东师范大学

前言：把学习科学应用到大学教学中

1899年，美国著名心理学家威廉·詹姆士（William James）出版了一本名为《对教师的谈话》（Talks to Teachers）的小册子。在该书中，他试图阐述如何把心理学应用到教育中；亦即，运用他所宣称的"关于心智活动的科学"，为课堂中的教师提供实践建议。当时，这本书没有取得多少成功，主要原因有两点：一是缺少关于学习如何运作（亦即学习科学）的研究证据；其次，缺少基于研究的关于如何帮助人们学习（亦即教学科学）的原理。

在过去的100年中，尤其是近几十年中，学习科学已经取得了诸多进展。我们不仅构建起了基于研究、面向教育的关于人们如何学习的理论（亦即学习科学），也构建起了一系列根植于认知理论、以证据为基础的关于如何帮助人们学习的原理（亦即教学科学）。事实上，在当今时代，如果你对实现威廉·詹姆士"把学习科学应用到教育中"这一使命感兴趣，你会为此兴奋不已。

你手头的这本书——《聪明教学7原理》，反映了把学习科学应用到教育中——特别是大学教学中——这一任务的最新进展。本书的作者都是一些专家，他们精于帮助高校教师理解如下问题：如何利用学习科学研究的成果促进自己的教学。如果你是高校教师，并且对"学习和教学科学对高校教师的启示"这一话题感兴趣，那么本书就等于为你而写。

本书是围绕7个学习原理组织起来的，其中的每个原理都以学习科学和教学科学为基础，都值得我们珍视。这些原理涉及学生的已有知识、动机、发展水平的作用，学生练习、接受反馈的最佳时机，以及如何成为一名自主学习者。本书的每一章讲授一个原理，如"学生的已有知识会促进或阻碍学习"。在每章的开头，都呈现一个能够突出本章所讲原理的大学教学的具体画面；接下来是清晰地阐述该原理；最后是总结相关的研究及其启示，为如何使用该原理提供具体建议。

请考虑一下如下情景：你正在教授自己研究领域的课程。通过若干年的学习和研究，你已成为本领域的专家——当然，在如何教他人学习本领域的内容方面，你还不是专家。事实上，你在如何教学方面，几乎没有得到任何培训。但是，大学教学是你的一项基本工作。你已经形成了适合自己的教学风格，但你依然会考虑，是否可以采用某种方式，使自己的教学建立在科学的学习和教学原理之上。这种描述适合于许多高校教师。

你手持的这本书基于这样一个理念：你希望把基于证据的方法运用到大学教学中。换言之，你希望把你的教学决策，建立在研究证据和以研究为基础的理论之上。为什么你要采取以证据为基础的方法？你可以把你的教学建立在流行做法、意识形态、系列观点、专家意见或者习惯之上，但如果你的目标是做一名高效的教学者，这些方法可能就不够理想。应该承认，专家的建议以及你的个人经验，对你规划教学是有帮助的，但仅有这两点是不够的。采用基于证据的方法，会拓展你的教学知识，让你知道什么教学方法更有用、为什么更有用。简言之，对于作为大学教师的你来说，明晓学习科学能为你提供什么帮助，这一点是很有裨益的。

在改进你的教学过程中，你应从哪里寻求帮助呢？请思考如下三条基本途径：

一、太硬的途径：你可以努力消化关于学习和教学的研究论文，但你会发现，这些文章总有些沉闷乏味，乃至令人怯步。这种方法太硬，因为它关注科学证据，而不太关注如何把这些证据应用到教学中。

二、太软的途径：你可以参阅提供实践建议的教学自助指南，但这些指南中的建议并不一定建立在研究证据或以研究为基础的理论之上。这一方法太软，因为它所关注的是实践建议，这些实践建议要么缺少支持证据，要么缺乏理论支撑。

三、恰好的途径：你可以阅读本书，它综合了实验研究证据和以研究为基础的学习理论，并把它们整合进了关于如何改进你的教学的实践建议中。简言之，本书的优势在于它综合了研究证据和实践建议，从而为你改善教学提供了以证据为基础的方法。如果你对"学习科学能对高校教学产生什么促进作用"这一议题感兴趣，这本书就等于是写给你的。

你应该从本书中探寻什么？我建议，在阅读本书过程中，你来关注把学习科学应用到你的教学中的四条基本标准：

一、以理论为基础：所提供的建议，根植于以研究为基础的关于人们如何学习的理论。

二、以证据为基础：所提供的建议，得到关于如何帮助人们学习的实验研究证据的支持。

三、实用性：所提供的建议，对于如何改进你的教学具有明确而实用的启示。

四、清晰性：所提供的建议，具体明确，通俗易懂。

当你阅读本书介绍的七个基本学习原理时，你会发现，本书所提供的建议根植于学习理论，建立在研究证据之上，适用于大学教学，而且通俗易懂。在把学习科学应用到大学教学方面，本书的作者们具有丰富的知识和经验。在这本组织结构严谨、可读性强的书中，作者们无私地与你分享了他们的知识和经验。

你对改进自己的教学感兴趣，我对此表示祝贺！你阅读本书，等于迈出了重要一步，我对此表示赞赏！如果你想改进自己的教学，那么，理解关于学习机制及如何促进学习的已有研究成果，这是非常有益的。考虑到这些目标的达成，我欢迎你前来享用本书提供的以证据为基础的教学建议的大餐。

理查德·E·梅耶

加利福尼亚大学，圣塔巴巴拉分校

致谢

本书的写作是一件重要的事,没有诸多朋友和同事的帮助,我们不可能完成这项工作。尽管来自各专业、各学科的大学教师觉得这些原理很有帮助,并鼓励我们把它们出版,但推动本书出版的,是理查德·梅耶。他听了我们关于学习原理的报告后,说服我们把它分享给广大教育同仁。他不知道,他的鼓励会给他带来更多的工作!对于理查德为本书写序,我们既兴奋又感激。

我们永远感谢朱迪·布鲁克斯(Judy Brooks),我们的天才图片设计师。为了帮助我们把我们的观点反映在本书的图片中,他总是不厌其烦地耐心听取我们的意见,按我们的要求,对文本进行修改,并提出一些富有见地的问题。朱迪,我们向你致敬!对于希拉里·富兰克林(Hilary Franklin),一名与我们一起工作的博士生,我们也难以充分表达出我们的谢意!她用自己的细致和智慧,阅读了本书的每一章,提出了很多有价值的反馈意见,让我们认识到了我们自己的"专业盲点"。艾米·凯恩(Aimee Kane)尽管是在本书写作的后期加入我们小组,但如果没有她的加入,我们真是难以想象后继工作该如何开展。她对各章内容的认真推敲,为本书增加了一个新颖、不可替代的视角,她为本书的最终定稿作出了不可磨灭的贡献。在本书的规划和写作的早期阶段,我们还特别幸运地得到了我们以前的同事——安妮·费怡(Anne Fay)——的帮助。她的记忆能力,以及查找曾经阅读过的研究文献的能力,真是特别鼓舞人心。此外,我们的"内部"编辑,丽莎·瑞特(Lisa Ritter),运用她的严谨和耐心,对文稿做了大量的编辑工作,从而把我们从无休止的修改中解放出来。我们感谢她的出色工作!

我们也要感谢一大批杰出的同事、同行们。他们有的在卡耐基—梅隆大学,有的在美国或国外的其他大学,但他们都愿在繁忙的工作中腾出时间阅读本书,对各章提出富有洞见的反馈意见。这些同事包括：文森特·埃里温（Vincent Aleven）、莱恩·贝克（Ryan Baker）、里贝克·弗里兰（Rebecca Freeland）、斯科特·考夫曼（Scott Kauffman）、埃德蒙·柯（Edmund Ko）、肯·考丁格（Ken Koedinger）、诺曼·明（Norma Ming）、麦特·奥莱特（Matt Ouellett）、艾多·罗尔（Ido Roll）、克里斯蒂安·舒恩（Christian Schunn）。

最后，如果没有几千名多年来与我们一起工作的教师和研究生，我们不会把本书的写作置于首要的地位。对于你们持续不断地献身于教学，愿意分享自己的故事和经验，对我们开放自己的课程，并且富有智慧地反思和提炼自己的教学经验，我们表示由衷的敬意！我们将一如既往地与你们进行交流，向你们学习。我们也希望本书能给你们带来一些帮助。

作者简介

苏珊·A·安布罗斯(Susan A. Ambrose)是卡耐基—梅隆大学副教务长,埃伯利卓越教学中心(Eberly Center for Teaching Excellence)主任,历史系教学教授。1986年,她从卡耐基—梅隆大学获取美国史博士学位,此后一直供职于埃伯利中心。她的主要工作是:确认和满足教师和研究生的不断变化的教育需求,维持埃伯利中心的全面运转,监管跨文化交流中心(the Intercultural Communication Center)和学术发展办公室(the Office of Academic Development)。苏珊·安布罗斯曾在美国工程教育学会(American Society for Engineering Education)和美国国家科学基金会(National Science Foundation)做访问学者,并因研究两所大学校长的领导风格,获得美国教育委员会(American Council on Education)的奖学金。她与别人合写了3本著作,并且发表和出版了25篇论文、章节和项目报告,她的研究涵盖了大学教师的满意度、工程教育、教学与学习、科学与工程学领域的女性等多个领域。近年来,她先后获得了美国国家科学基金会、高等教育促进基金(Foundations for the Improvement of Postsecondary Education)、利里基金会(Lilly Endowent)、纽约卡耐基公司(Carnegie Corportation of New York)、艾登·豪尔基金(the Eden Hall Foundation)、美国铝业公司基金(AlCOA Foundation)的资助。她还教授移民方面的课程,特别是关于墨西哥和亚洲移民美国的课程。

迈克尔·W·布里奇斯(Michael W. Bridges)是匹兹堡大学医学中心(University of Pittsburgh Medical Center, UPMC)圣玛格丽特医院(St. Margaret Hospital)的师资开发主任,他的主要工作是培训从事普通医疗的住院医生。他于1997年从卡耐基—梅隆大学获得社会心理学博士学位。他运用自己在人格和动机方面的心理学知识,帮助大家开发各领域、各学科的课程。他还为多家单位提供调查研究咨询,这些单位包括卡耐基—梅隆大学协商式民意调查项目组(Carnegie Mellon's Deliberative Polling Program)、关注第一年大学校园体验的"大问题"项目组、伐塞姆设计公司(Fathom Designs)等。他的研究兴趣包括:目标导向行为中动机的作用,压力和疾病的关系,人格在创伤生活事件中的作用。他主要教授人格及压力应对方面的课程。

迈克尔·迪皮埃特罗(Michele DiPietro)是埃伯利卓越教学中心负责研究生项目的副主任,卡耐基—梅隆大学统计学系教师。他从1998年开始供职于埃伯利中心,并于2001年从卡耐基—梅隆大学获得统计学博士学位。他负责埃伯利中心的研究生和未来教师项目,包括教学研讨、个别化咨询等,还负责教学开发文件制作(Documentation of Teaching Development)项目。他的学术兴趣包括:运用学习科学提升大学教学质量,高校师资开发,课堂中的多样性,学生对教学的评价,灾难时期的教学,学术整合,统计教育。他曾是高等教育职业和组织开发网络(Professional and Organizational Development Network in Higher Education)主任委员会的成员,并且是2006年"实践学术的理论和研究"(Theory and Research for a Scholarship of Practice)大会主席。他曾获得美国国家科学基金资助。他开设的大一学生研讨课程"性别定向统计学",被"高等教育纪事报"(The Chronicle of Higher Education)等多家媒体介绍。

玛莎·C·拉维特(Marsha C. Lovett)是埃伯利卓越教学中心负责教师发展的副主任,卡耐基—梅隆大学心理学系教学型副教授。她感兴趣的问题是人们是如何学习的。她已从多个视角研究了这一问题,包括她作为研究生的视角,作为博士后研究者的视角,以及作为卡耐基—梅隆大学心理学系助理教授的视角。她的研究综合了计算和数学模拟、控制实验、课堂观察等方式。她已在中学和大学两个水平上探讨了多个学科的学习,这些学科包括几何、物理、线性代数、编程和统计学等。她设计开发了统计学习辅导系统(StatTutor),这一软件可以帮助学生掌握数据分析技能。她教授本科和研究生课程,包括研究方法、言语数据分析、专长的实质等。在埃伯利中心,拉维特运用认知心理学的理论和实验原理,帮助教师提升他们的教学。她已发表了30多篇关于学习和教学的研究论文,她是《数据思维》一书的合编者之一。近年来,她得到美国国家科学基金会、美国海军研究局(Office of Naval Research)、斯宾塞基金会(Spencer Foundation)的研究资助。

玛丽·K·诺曼(Marie K. Norman)是埃伯利卓越教学中心的教学顾问和研究助理,卡耐基—梅隆大学历史系人类学兼职教授。她于1999年从匹兹堡大学人类学系获博士学位。期间,她获得富布莱特(Fulbright)博士研究基金资助,探讨了旅游业对尼泊尔等级关系的影响。在埃伯利中心,玛丽·诺曼的主要工作是为希望改进自身教学的年轻或资深教师提供咨询,帮助运营韦默高校教师项目(Wimmer Faculty Fellows Program),组织各种关于学习和教学的讨论和研讨会。她对课堂中的跨文化问题特别感兴趣。除了埃伯利中心的工作外,她还讲授医学人类学、性学、旅游学和南亚学。她曾在匹兹堡大学海洋项目(Sea Program)中担任了一个学期的教师(2004),在卡耐基—梅隆大学的人文艺术项目中担任本科生指导教师,并与别人合编《习性学》杂志。诺曼致力于应用人类学方法解决实际问题。她还曾担任圣玛格丽特医院、阿勒格尼学院(Allegheny College)、伐塞姆设计公司的研究顾问。

How Learning Works

引言 架起学习研究和教学实践的桥梁

> 学习来自学生的所做所想,并且仅仅来自学生的所做所想。教师只有通过影响学生对学习所做的事情,才能促进学生的学习。
>
> 赫伯特·西蒙(Herbert A. Simon)
> 认知科学领域的奠基人之一,诺贝尔奖获得者,卡耐基-梅隆大学教授

正如上述引文所提示的,任何关于有效教学的对话,都必须以学生如何学习这一问题为开端。然而,希望探究促进学生学习的机制和条件的教师,可能会发现,自己会被夹在两种资源之间:一种是包含着对学习进行技术讨论的研究文章,另一种是含有具体课程设计策略和课堂教学方法的书籍和网站。第一类文本关注学习,但它是技术性的,难以读懂,而且缺少如何把学习应用到课堂的清晰表述之中;第二类文本尽管是用通俗易懂的语言表述的,但它经常让教学者搞不清楚,为什么、是否特定的策略会促进学习。事实上,这两种资源都不能为许多教师提供他们所需要的东西——能使他们的教学决策变得科学有效的学生学习模型。换言之,教师所需要的,是沟通研究和实践、教学和学习之间的桥梁纽带。

我们写作本书的目的,就是提供这样一个桥梁纽带。本书的内容,来自29年来我们为大学同事提供教学和学习咨询所积累的经验。在这些咨询活动中,我们遇到了许多反复出现的问题,这些问题涵盖各个学科、各类课程、各种能力水平的学生。其中的许多问题,都与学生学习这一基本问题有关。例如,为什么学生不能运用他们所学的

---

* 本书边码为原版书页码。

东西？为什么他们头脑中形成的错误概念根深蒂固？为什么他们不能沉浸于我们觉得很有趣的学习材料中？为什么他们声称知道的知识很多，而实际知道的较少？为什么他们持续不断地使用同一种无效的学习策略？

与教师们一起探讨这些问题的根源时，我们开始研究学习，并从研究中提炼出7条原理，每一条原理针对学习的一个关键方面。这些原理已成为我们的工作基础。我们发现，这些原理在我们的教学和对教师的咨询中不可或缺；而且，随着我们与来自世界各地的几千名大学教师的不断交流和协同工作，我们发现，这些原理适用于各种学科、各种机构，适用于从拉丁美洲到亚洲的各种文化中。从我们的已有经验看，这些原理能使教师理解学生的学习，从而帮助他们：（1）明白为什么有些教学方法能够或者不能支持学生的学习；（2）生成或提炼出更为有效的教学方法和策略，促使学生在具体情境中学习；（3）把这些原理迁移、应用到其他课程中。

在本书中，我们呈现了这些原理，讨论了支持这些原理的研究，阐述了它们的教学含义，并提供了一系列基于各条原理的策略。在我们简要介绍这些原理，讨论它们的共有特征，指明本书的使用方式之前，先讨论一下我们眼中的学习是什么。

什么是学习？

任何一套学习原理，都始于对学习的界定。在本书中，我们把学习定义为：由经验引起的引发变化的过程，这一过程增强人们改善行为和后继学习的潜能（改写自Mayer, 2002）。这一定义有三个关键特征：

1. 学习是一个过程，而不是一个结果。然而，由于这一过程发生在头脑中，我们只能从学生的行为结果或表现中推断它已发生。

2. 学习包含知识、信念、行为或态度的变化。这一变化随时间推移而显现，它不会转瞬即逝，而会对学生的思维和行为方式产生持续不断的影响。

3. 学习并不是对学生做了什么，而是学生自己做了什么。它是学生对自己有意和无意的、过去和现在的经验作出解释和反应的直接结果。

我们的学习原理

我们的7条学习原理构筑在发展观和整体观之上。换言之，我们首先承认：

一、学习是一个发展过程,它与学生生命中的其他发展过程相互交叉;二、学生进入我们的课堂时,不仅带有自己的知识、技能和能力,而且带有自己在社会、情感方面的经验。这些经验不仅影响他们的价值判断、对本人和他人的认识,而且影响他们进入学习过程的方式。与这种整体观一致,读者也应该理解,尽管我们分别论述每一条学习原理,以凸显与学生学习相关的特定问题,但这些原理在真实学习情境中都会发挥其作用,它们在功能上密不可分。

在下面的段落中,我们将依次简要介绍本书中讨论的每一条原理。

学生的已有知识会促进或阻碍其学习

学生进入我们的课程学习时,头脑中已拥有从其他课程和日常生活中所获得的知识、信念和态度。当学生带着这些知识进入我们的课堂时,这些知识会影响他对所学内容的过滤和解释。如果学生的已有知识充分而准确,并且在适当的时间内被激活,那么它就为获得新知识奠定了坚实的基础。如果他们的已有知识薄弱,不能满足当前的任务要求,不准确或者激活不当,就会干扰或阻碍新的学习。

学生组织知识的方式会影响其学习方式和知识运用

学生自然地把各种知识联系起来。当这些联系构成准确而有意义的知识结构时,他们对知识的提取和运用就能变得更加有效和充分。反之,如果知识的组织方式不准确或随机化,他们就不能恰当地提取或应用这些知识。

学生的动机决定、指引和维持他们的学习活动

学生进入大学后，随着他们在学什么、何时学、怎么学等方面的自主性的增强，动机在指引他们所从事的学习活动的方向、强度、持续性、质量等方面都起关键作用。当学生明晓学习目标或活动的积极价值，期望成功地达成预期的学习效果，感知到来自周围环境的支持时，就可能产生强烈的学习动机。

> 为了使学习达到精熟水平，学生必须获得相关成分技能，
> 通过练习整合这些技能，并且知道何时运用所学的技能

学生不仅需要获得执行复杂任务所必需的成分技能和知识，还必需借助练习把它们整合起来，使之更为流畅并运用自如。最后，学生还必需学会何时、如何应用他们所习得的知识、技能。对教师来说，为了帮助学生更有效地学习，明确地认识到达到精熟水平所需要的条件，这是非常重要的。

> 伴随反馈的以目标为导向的练习，能提升学生的学习质量

如果学生的练习指向某一具体目标或标准，具有合适的难度水平，能够达到满足作业标准所需要的数量和频率，那么这种练习就会促进他们的学习和行为表现。学生的练习必须伴随具有如下特征的反馈：明确地告诉学生，他们的哪方面行为与达成特定的具体标准有关；提供信息，引导学生朝这些标准前进；时间和次数要适宜。

> 学生的当前发展水平与课堂中的社会、
> 情感和智力气氛相互作用，共同影响他们的学习

学生不仅有智慧，而且具有社会性和情感性。并且，他们的智力、社会性、情感三方面技能都在全面发展。尽管我们不能控制这些发展过程，但我们可以采用合适的方

式,营造能够促进学生的智力、社会性、情感和身体发展的课堂气氛。事实上,许多研究业已显示,我们创建的课堂气氛对学生的发展非常重要。消极的课堂气氛会阻碍他们的学习和学业表现,而积极的课堂气氛则会促进他们的学习。

> 要成为自主学习者,学生必须学会监控和调节自己的学习方法

学生可以运用各种元认知过程来监控自己的学习。如评估手头的学习任务,评价自身的优势和劣势,规划自己的学习方法,运用并监控各种策略,反思当前学习的进展程度,等等。不幸的是,学生们看上去并不会自然地运用这些元认知过程。当学生们掌握了调控这些过程的技能后,就等于形成了智力活动的良好习惯。这不但会改善他们的行为,而且会提升他们的学习效果。

为什么这些原理非常有效?

这7条原理的主要优势是:它们直接建立在认知心理学、发展心理学、社会心理学、人类学、教育学、多样性研究等方面的研究基础之上;这些研究不仅涵盖高等教育,而且涵盖K-12基础教育。尽管由于可用研究资料的限制,我们对已有研究成果的概括可能不够全面,并且必然会存在简化复杂性的情况,但我们相信,我们对支持每一条原理的相关研究的讨论,在学术上是可靠的,也描述出了大家广为认可的学习特征。事实上,我们提出的某些原理,与其他研究机构(Pittsburgh Science of Learning Center, 2009;American Psychological Society, 2008)描述的原理是一致的。这种一致性,验证了它们的可靠性。

这些原理不仅以研究为基础,而且经过与同事多年的探讨,我们发现它们:

适用于各个领域: 在各学科领域,从生理学、设计学到历史学乃至机器人学,它们都能得到良好应用;而且,它们能超越学科差异,对学生的学习方式产生影响。

适用于不同经验水平: 这些原理适用于各种教育水平和教学情境。换言之,尽管每一条原理对于处于实验室中的大一学生和处于工作室中的研究生来说,在教学含义

上具有某些差异，但它们具有同样的适用性。

适用于不同文化：尽管支持这些原理的研究主要是在西方世界完成的，但其他国家的大学教师也尝试了这些原理，发现它们同样适用于本国的课堂和学生。但有一点需要记住，在教师设计和教授他们的课程时，文化会切实影响到他们对这些原理的运用。

读者对象

本书适合于任何对于更多地理解学生如何学习这一问题感兴趣的读者，也适合于任何对运用学习原理改善教学感兴趣的读者。这包括——但并非仅限于——大学教师、研究生、师资开发者、教学设计者、图书管理者。它也可以包括 K-12 年级的教师。此外，本书中所列的原理，对于具有不同经验水平的教师都有参考价值。对于新教师或者经验不足的教师，这些原理可以帮助他们理解有效的课程设计和课堂教学的构成成分。对于有经验的教师，这些原理也可帮助他们排解问题，把有效的策略运用到新课程或新的学生群体中。它也可帮助富有经验、取得成功的教师，帮助他们反思自己的教学方式方法为何有效。最后，这些原理也能够使大学教师在不依赖外部专家的情况下，更好地支持学生的学习（对于本校没有教学和学习中心的大学教师来说，这些原理更能使之受益）。

1 学生的已有知识如何影响他们的学习？

他们竟然说懂得！

近来我首次上"决策科学中的研究方法"这门课。第一天上课，我问学生在统计学导论中已经学过了哪些统计检验方法，因为这些方法是学我这门课的前提。他们列了份相当标准的清单，包含了T-检验、卡方检验、方差分析等。根据他们的反馈，我确信自己布置的第一次作业处于合适的水平，因为这份作业只是简单地要求学生根据给出的数据资料，恰当地选择和应用自己所学过的统计检验方法，分析数据并解释结果。这看上去是相当基础的任务，但他们交上来的东西还是让我相当吃惊。有些学生选择了完全不合适的检验方法，有些学生选择了正确方法但全然不知怎么用，还有些不能解释数据处理结果。我不能理解，为什么他们告诉我懂得这些统计检验方法，但实际做起来，大多数人根本没有头绪。

Soo Yon Won 教授

为什么他们难以理解这些内容？

每年，在我的"心理学导论"课上，我都要教学生经典学习理论，特别是正强化和负强化概念。我知道这些概念对学生来说很难掌握，因而特别交代，强化总是涉及增加某种行为，而惩罚总是涉及减少某种行为。

> 我还强调，与他们可能假想的相反，负强化并不是指惩罚，负强化是指移除令人厌恶的东西以增加期望的行为。我还提供了大量的具体例子，来说明我所表达的意思。但似乎无论我如何解释这个概念，学生仍认为负强化就是惩罚。事实上，在最近一个测验中，当我问及负强化，班里有近60%的学生回答错误。为什么这对学生来说如此难理解？
>
> Anatole Dione 教授

这两则故事中发生了什么？

故事中的教师看起来做得都对。Won 教授花时间评估学生的统计检验知识，以便将自己的教学定在恰当的水平。Dione 教授仔细地解释了有难度的概念，提供了许多实例，并且明确提醒对此概念常产生的误解。然而，两位教师的策略对学生的学习和测验成绩都没有达成预期效果。要想澄清其中的原因，就要考虑学生已有知识对新学习的影响。

Won 教授假定学生已经在其必修课程中学习并掌握了基本统计技能，此假设为学生的自我报告证实。实际上，尽管学生拥有一定的知识——他们能够识别并描述各种统计检验——但这对完成 Won 教授的作业来说可能并不够，因为她的作业要求学生能确定何时适用某一检验，运用正确的检验解决问题，并能解释统计检验结果。此处，Won 教授遇到的困境，源于错误地将学生已拥有的知识，视为与教师所期望的学生在她的课堂中有效学习所需的知识是相匹配的。

在 Dione 教授的案例中，不是由于学生未知的而是已知知识损害了其学习。与我们中的许多人一样，他的学生将"正"和"好"、"负"和"坏"联想在一起，尽管这种联想在许多情况下是合适的，但在此情境下不合适。向学生介绍经典学习理论中的负强化概念时，他们关于"负"概念的已有理解，会干扰他们理解这一技术定义的能力。在此，学生对负强化中的"负"，不是理解成移除某一事物以获得积极改变（例如，妈妈承诺儿子，如果他自己打扫房间，她就不再唠叨），而是简单地理解成了负性反应或惩罚。也就是说，他们的已有知识激活了不恰当的联想，从而最终干扰和扭曲了对新知识的理解。

此处什么学习原理起作用？

我们上课时，往往试图把课程内容与学生从同一课程的前半部分、以前学过的课程及日常生活中获得的知识经验联系起来，以此来增进其理解。但有些时候——像 Won 教授那样——我们高估了学生的已有知识，将新知识建立在了不牢固的基础之上。有时，我们会发现——像 Dione 教授那样——学生所用的是与当下情境并不适合的已有知识，从而导致其产生曲解。类似地，我们可能还会发现，学生的已有知识中存在错误概念或不准确之处，从而干扰其学习新材料的能力。

作为教师，尽管我们能够且应该把学生的学习建立在其已有知识之上，但有一点需要注意，并非所有的已有知识都能为新学习提供同等坚实的基础。

> **原理：学生的已有知识会促进或阻碍其学习**

学生进入我们的课程学习时，脑子并不是白板一块，他们头脑中具有从其它课程或日常生活中获得的知识。这些知识包括事实、概念、模型、知觉、信念、价值观和态度，其中有些是正确、完整并且符合当前学习情境的，而有些则是错误、不充分的，不能满足当前课程的学习要求，有些可能是仅仅不适合当前学习情境。当学生将这些知识带入我们的课堂时，它将影响他们过滤和理解新信息。

理想的情况是，学生将新知识建立在牢固和准确的已有知识之上，在已有知识和新知识之间形成联结，从而帮助他们建构更加复杂和牢固的知识结构（参阅第 2 章）。然而，学生也许并不能自发地把当前学习与已有相关知识联系起来。如果他们不能运用已有的相关知识，也就是说已有知识没有被激活，这就可能不利于新知识的整合。而且，如果学生的已有知识对学习任务或者学习情境来说不充分，它就不能支持新知识的学习；如果它不适用于当前情境，或者不准确，就可能误导或者阻碍新的学习。这可以用图 1.1 来表示。

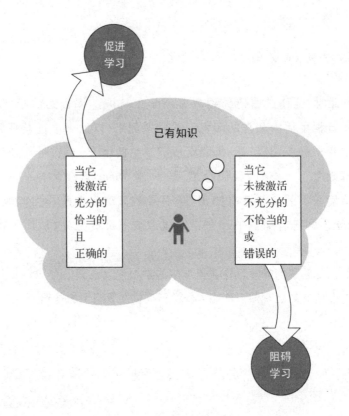

图 1.1 已有知识的特征会促进或阻碍学习

备课时,理解或考虑学生已有的知识,有助于我们把教学设计得更恰当。它不仅能使我们更有效地利用学生的准确知识以促进其学习,而且能帮助我们识别、填补其知识缺陷,意识到学生何时不适当地应用了他们的已有知识,并且积极去纠正其误解。

关于已有知识的研究告诉我们什么?

在学习过程中,学生要将学习内容与自己的已有知识联系起来,依据自己的已有知识、信念和假设,理解不断输入的新信息,包括感知到的信息(Vygotsky, 1978; National Research Council, 2000)。事实上,研究者普遍认同这样一个观点:为了学习,学生必须将新知识与已有知识联系起来(Bransford & Johnson, 1972; Resnick, 1983)。然而,学生运用已有知识建构新知识的程度,不仅取决于他们的已有知识的特征,也取决于教师调控其已有知识的能力。在下面的章节中,我们将讨论各种已有知识如何影响学生学习的相关研究,并探讨这些研究的教学含义。

激活已有知识

如果学生能够把他们正在学习的内容与已有的准确且相关的知识联系起来,他们将学得更多,记得更牢。本质上,如果已有知识能起固着作用,新知识将"粘"得更牢。例如,在一项关于回忆的研究中,研究者向具有各种足球知识的被试呈现来自不同足球赛的比分,然后测试他们的回忆情况。结果显示,具有更多的关于足球的先行知识的被试,回忆起的足球比分更多(Morris et al.,1981)。类似地,科尔和海莉(Kole & Healy, 2007)的研究显示,记忆关于名人的不熟悉的事实的大学生,其学习和记住这些事实的能力,是那些记忆同样数量关于陌生人的事实的大学生的两倍。这两个研究都说明,关于某一主题的已有知识能够帮助学生吸纳新信息。

然而,学生可能不会自发地将他们的已有知识运用到新的学习情境中(详见第4章关于迁移的讨论)。因而,帮助学生激活已有知识,使新知识建立在它的基础上,这一点很重要。实际上,研究显示,即使很小的教学干预,也能激活学生的已有相关知识,使之发挥积极作用。例如,在吉克和霍尔约克(Gick & Holyoak, 1980)所做的一项著名研究中,研究者向大学生呈现了两个需要运用聚合概念的问题,结果发现,即使学生知道第一个问题的解决方法,他们中的大部分人还是想不到用类似的方法解决第二个问题。然而,当教师建议学生想一想第二个问题与第一个问题的关系时,百分之八十的学生就能解答第二个问题。也就是说,借助小小的提示和简单提醒,教师就能激活学生的已有相关知识,使学生更有效地运用这些知识(Bransford & Johnson, 1972; Dooling & Lachman, 1971)。

研究还显示,提问学生一些能引发其回忆的问题,可以帮助他们利用已有知识去促进新信息的整合和保持(Woloshyn, Paivio, & Pressley, 1994)。例如,马丁和普雷斯利(Martin & Pressley, 1991)曾让加拿大的成年人阅读加拿大各省曾经发生的事件,他们发现,在实施教学干预之前,被试通常不能使用他们的已有相关知识,从而合乎逻辑地把事件定位在所发生的省份,因而难以记住这些具体事实。然而,当研究者问了一系列"为什么"的问题时(如"为什么安大略省成为棒球比赛的发源地?"),就会迫使被试运用其已有的关于加拿大历史的知识,并把这些知识合乎逻辑地与新信息联系起来。研究者发现,这种被他们称为精细化提问(Elaborative interrogation)的干预,显著地提高了被试的学习和保持效果。

研究者还发现,如果要求学生从前面学过的课程或者从其生活中生成相关知识,就能促进他们对新学习材料的整合(Peeck, Van Den Bosch & Kruepeling, 1982)。例如,加菲尔德和她的同事(Garfield, Del Mas, & Chance, 2007)设计了一个教学研究,探讨如何学习大学统计课程中"变异性"这一相当难掌握的概念。教师首先在按照传统教法教学的课程结束时,收集关于学生对"变异性"概念理解的成绩数据;接下来的一个学期,他们重新设计了该课程,要求学生从生活中找出具有高变异性或低变异性的实例,以图表的形式呈现,并且在推断变异性的不同方面时,用到这些实例。后测结果显示,虽然前后两届学生都难于充分掌握变异性这一概念,但生成相关先行知识的这届学生,其成绩是上一届学生的两倍。

然而,如果学生生成的知识对当前情境来说是不准确的或不合适的,那么练习生成先行知识这一做法,就可能成为一把双刃剑(Alvermann, Smith, & Readance, 1985)。关于不准确和不合适的已有知识带来的问题,我们将在下面两节讨论。

这类研究的含义 当学生把当前的学习与自己已有的知识联系起来时,他的学习效果将更好。然而,教师不能假定,学生能立即或自然地运用相关已有知识。相反,教师应有目的地激活学生的已有知识,帮助他们在新旧知识之间形成牢固的联系。

正确但不充分的已有知识

即使学生的已有知识是正确的,并且被激活,它也不一定足以支持接下来的学习,或者使学习达到理想的水平。当学生拥有一些相关知识时,无论是学生本人还是教师都会认为,这已为从事某项学习任务或达成某种教学水平做好了准备。然而,真实情况并不一定是这样。

事实上,正如许多知识分类理论所指出的,知识有许多不同的类型(如 Anderson & Krathwohl, 2001; Anderson, 1983; Alexander, Schallert, & Hare, 1991; DeJong & Ferguson-Hessler, 1996)。有一种知识在多种知识分类理论中都被提到,它被称为陈述性知识(Declarative knowledge),或者是能够被陈述的事实和概念性知识。陈述性知识可以视为关于"知道什么"的知识。能够说出血液循环系统中各部分的名称,描述原始社会的结构特征,解释牛顿第三定律,这都说明拥有了相关陈述性知识。第二种知识通常被称为程序性知识(Procedural knowledge),因为它是关于如何及何时运用各种程序、方法、理论、办法的知识。能够计算微积分,画3-D透视图,调试实验设备,并且知道何时运用这些技能,都表明拥有了相关的程序性知识。

陈述性知识和程序性知识是两种不同的知识,它们会导致不同的行为表现。例如,学生知道某些事实和概念,但不知道如何或何时应用这些事实和概念,这是很普遍的现象。事实上,关于科学学习的研究已经证明,即使学生能够陈述某些科学事实(如,"力等于质量乘以加速度"),他们也往往不能很好地应用这些事实去解决问题、解释数据、得出结论(Clement, 1982)。在 Won 教授的课堂上,我们可以清楚地看到这一点。Won 教授的学生知道各种统计检验是什么,但是这些知识还不足以使他们能够完成 Won 教授布置的作业任务,因为这些作业要求学生能够根据给出的数据,选择合适的统计检验,正确使用统计检验方法,并理解数据处理结果。

同样地,研究表明,学生经常出现这种情况:能够执行程序性任务,但无法清楚说明自己在做什么,为什么做(Berry & Broadbent, 1988; Reber & Kotovsky, 1997; Sun, Merrill, & Peterson, 2001)。例如,商科学生也许能够运用公式解答经济学问题,但不能解释他们的推理逻辑或解答方法中包含的原理。类似地,设计专业的学生也许知道如何进行某一特定设计,但不能说明其选择某种设计方案的理由。这两个专业的学生,可能拥有足够的在特定情境中有效解决问题的程序性知识,但是缺乏关于事物的深层特征和原理的陈述性知识,因而难以把这些程序性知识运用到各种不同情境之中(请参阅第 3 章关于迁移的讨论),或者向别人说明自己为什么这样做。

这类研究的含义 关于"知道什么"的知识,与关于"知道如何做"或"知道何时做"的知识,二者大不相同。因而作为教师,我们在头脑中必须清楚,不同的任务对知识有不同的要求,我们不能假定因为学生拥有某种知识,就代表他们也拥有了另一种知识。相反,我们应该对学生已有知识的数量和性质进行评估,以便设计出适宜的教学。

不当的已有知识

在某些情形下,学生所运用的已有知识,并不适宜于当前学习情境。尽管这种知识不一定不准确,但它会导致学生对新的学习材料产生曲解。

已有知识导致学生对学习或行为产生曲解的一种情况是,学生将日常意义引入到专业技术情境。例如,有几个关于统计学学习的研究显示,诸如"随机"和"分布"等术语的日常含义,一旦进入了专业情境,就会导致学生曲解这些统计学概念(Del Mas & Liu, 2007; Kaplan, Fisher, & Rogness, 2009)。像 Dione 教授的学生,看起来就出现了这一问题。他们对"正"、"负"术语的日常理解,可能导致了他们对"负强化"概念的曲解。

不当的已有知识阻碍学习的另一种情况是,学生将一种情境和另一情境作类比,而没有认识到此类比的局限性。在大多数情况下,类比能够在教学中发挥重要作用,使教师能够以学生的已有知识为基础,帮助学生更好地理解复杂、抽象或不熟悉的概念。然而,如果学生看不到类比的不当之处,或者看不到用简单类比描述复杂现象的局限性,这时也会出问题。例如,骨骼肌和心肌具有一些相同特征,因而在两者之间作类比在一定程度上是合适的。然而,这两种肌肉在功能上有实质性的差异;这些差异对于判断两种肌肉的功能是否正常,对于决定如何有效地救治存在相关健康问题的病人,都是至关重要的。事实上,斯皮罗及其同事(Spiro et al., 1989)发现,许多医科学生对心力衰竭的原因存在错误理解,这正是由于他们未能认识到骨骼肌和心肌之间类比的局限性所导致。

而且,学生从一个学科中获得的知识,如果应用不当,也会阻碍他对另一个学科的内容的学习。根据博福特(Beaufort, 2007)的研究,大学写作课程就会导致这种现象。譬如,教授通用的写作方法,会导致学生写不好专业领域的文章。这是因为,学生认为写作是一种"万能"技能,他们把通用写作课堂中获得的写作规范,错误地应用到了不适宜的学科领域。例如,他们可能会将人物描写或议论文的写作方法,应用到分析性论文或实验报告的写作中。博福特指出,如果不加以矫正,这种不当知识的侵扰不仅会影响学生的成绩,而且会影响他们对修辞手法和新的学科学习策略的掌握。

如果语言知识被运用到不当情境中,学习也会受到阻碍(Bartlett, 1932)。例如,在我们学习外语时,许多人会把我们母语的语法结构运用到新语言的学习中。当新旧语法规则完全不同时,如母语中是"主—动—宾"结构,而新语言是"主—宾—动"结构,前者就会阻碍对后者的学习(Thonis, 1981)。

类似地,对文化知识的错误应用,也往往会导致错误的认识。例如,当西方人运用其自身的文化知识去解释诸如穆斯林世界中戴面纱的行为时,也许会误解戴面纱对女性的意义。譬如,西方人可能猜想,戴面纱的习惯,是男性强加于女性的;或者,穆斯林女性戴面纱是为了掩藏她们的美丽。事实上,两种观点都不一定正确。比如,某些穆斯林女性有时会违背家中男性的意愿,自愿戴面纱,以宣示自己的现代宗教和政治身份(Ahmed, 1993; El Guindi, 1999)。类似地,一些女性认为戴面纱会让她显得更美,而不是掩盖美丽(Wikan, 1982)。然而,如果西方人从自己的文化知识和假设视角去解释这些行为,就可能会出现歪曲理解,阻碍他们的进一步学习。

研究显示，如果明确地教授学生知识适用的条件和情境，就能帮助他们避免不当地运用已有知识。而且，如果学生学习抽象的指导其知识应用的原理，并且能够在多种案例和情境中练习运用这些原理，不仅有助于他们认识到自己的已有知识何时与某特定情境相关联（详见第4章关于迁移的论述），而且能帮助他们避免在错误情境中错误地运用已有知识（Schwartz et al., 1999）。研究者还注意到，让学生清楚地认识到某一类比的局限，能够帮助他们学会批判性地使用类比，而不至于把简单的类比扩展得太远（Spiro et al., 1989）。

帮助学生避免使用不当的联想或把已有知识运用到错误情境中的另一种方法，是有目的地激活他们的已有相关知识（Minstrell, 1989, 1992）。如果我们回想一下本章开头故事中Dione教授的课程，就能想象出这一观点的潜在应用性。面对与自己的直觉经验不同的负强化概念时，Dione教授的学生运用的联想（"正"代表想要的，"负"代表不想要的），干扰了他们的理解。然而，如果Dione教授激活了学生的另一种联想，亦即"正"代表"加"，"负"代表"减"，他就能利用这一联想，引导学生正确地理解正负强化的概念，亦即，正强化是在某种情境中增加某种事物以增强期望的行为，而负强化是通过减去某种事物以增强期望的行为。

这类研究的含义 学习新材料时，学生所运用的已有知识（来自日常生活、不完全的类比、其他学科情境、自身文化或语言背景），可能不适宜当前情境。这会导致他们对新的学习材料产生曲解，阻碍新的学习。为了帮助学生明确他们的已有知识适用于何处，不适用于何处，教师应该：（a）清晰地说明知识的适用条件和情境；（b）教授学生一些抽象的原理，并呈现相关的例子和情境；（c）使用类比时，指出相同和不同之处；（d）有目的地激活学生的已有相关知识，凸显适当的联想。

不正确的已有知识

从前述章节中我们可以看出，如果对当前任务来说，已有知识是不充分的或不适当的，它就不能促进新的学习。那么，如果已有知识完全错误会怎样？研究显示，如果已有知识不正确（换言之，观点、信念、模型或理论是有缺陷的），它会导致学生忽视、怀疑、拒绝那些与自己的认识相冲突的证据，从而曲解新知识（Dunbar, Fugelsang, & Stein, 2007; Chinn & Malhotra, 2002; Brewer & Lambert, 2000; Fiske & Taylor, 1991; Alvermann, Smith, & Readance, 1985）。有些心理学家认为，这种曲解是我们追求内部一致性的结果。例如，沃斯尼亚杜和布鲁尔（Vosniadou & Brewer, 1987）发现，儿童会通过把地球想象成表面扁平的圆形烤饼,以使得自己所感知到的地球是扁平的这一经验,与正式教学所讲的地球是圆的知识相一致。也就是说,儿童和大多数学习者一样,试图通过将所学东西融入其所知或所相信的东西中,以理解他们正在学习的内容。

如果不正确的已有知识是由相对独立的观点或信念构成,或者尚未嵌入更大的概念模型中(如冥王星是行星,心脏使氧气融入血液),那么就很容易纠正它。研究显示,这类知识、信念容易被辩驳;也就是说,当学生清楚地面对与之相矛盾的解释和证据时,他们通常会修正这些知识、信念(Broughton, Sinatra, & Reynolds, 2007; Guzetti, Snyder, Glass, & Gamas, 1993; Chi, 2008)。即便是尚未显露缺陷的整合性概念模型,如果其中的个别错误之处被系统地驳斥,它也会随着时间的推移而发生修正(Chi & Roscoe, 2002)。

然而,某些类型的错误知识——被称为错误概念,纠正起来异常困难。错误概念是指深深扎根于学生思想中的模型或理论。文献中有很多这样的记载,如物理学中的经验理论(如不同质量的物体以不同速度坠落的观点)、"民间心理学"神话(如盲人比看得见的人具有更敏锐的听力,优秀的催眠师令人唯命是从),以及群体刻板印象(Brown, 1983; Kaiser, McCloskey, & Proffitt, 1986; McCloskey, 1983; Taylor & Kowalski, 2004)。

错误概念之所以难以纠正,有一系列的原因。首先,随着时间的推移,许多错误概念在多种情境中不断得到强化。其次,错误概念往往不仅包含不正确的要素,而且包含正确的要素,这使得学生可能认识不到其缺陷。最后,在很多情况下,错误概念能对日常事物作出成功的解释和预测。例如,尽管刻板印象是一种危险的过度简化认识,但因为它与我们感知到的部分现实相符合,并且能够满足人们的概括和归类这种适应性需求,因而它在很大程度上难以改变(Allport, 1954; Brewer, 1988; Fiske & Taylor, 1991)。

研究显示,即使给予直接教学干预,根深蒂固的错误概念也往往难以改变(Ram, Nersessian, & Keil, 1997; Gardner & Dalsing, 1986; Gutman, 1979; Confrey, 1990)。例如,斯坦和邓巴做了一项研究(Dunbar, Fugelsang, & Stein, 2007),他们要求大学生写出四季更替的原因,然后通过多项选择测验评估他们已有的相关知识。结果发现,94%的参与研究的学生具有错误概念(如认为地球轨道的形状是导致四季更替的原因)。之后,研究者向学生播放视频,清楚地解释是因为地轴的倾斜而不是地球轨道的形状导致四季变换。然而,尽管已看过视频,他们在修改前面自己所写的短文时,对四季变换原因的解释基本没有发生变化。类似地,麦克罗斯基、卡拉马萨和格林(McCloskey, Garamazza, & Green, 1980)也发现,根深蒂固的错误物理概念,即使经过正式教学,也仍然难以改变。

  前述研究结果是让人悲观的。但总体看来,情况并不这么糟糕。首先,我们应该认识到,概念的改变通常是逐渐发生的,可能不会被立即看出来。因而,即使在行为中看不出来,学生也依然可能正在朝掌握更准确的知识这一方向迈进(Alibali, 1999; Chi & Roscoe, 2002)。其次,即使学生保留错误认识,他们也能学会抑制或无视这些认识,而去运用正确的知识。例如,研究显示,如果人们被充分激励,他们能有意识地压制刻板判断,更多地依靠理性分析而不是刻板印象来做事(Monteith & Mark, 2005; Monteith, Sherman, & Devine, 1998)。而且,由于与单纯地遵从直觉或熟悉的思维方式相比,有意识地克服错误概念需要更多认知能量,因而有些研究建议,我们可以通过最大限度地减少干扰和时间压力,让学生更可能做出理性思考,从而避免应用错误概念或有缺陷的设想(Finucane et al., 2000; Kahnemann & Frederick, 2002)。

  此外,借助一种被称为"搭桥"(Bridging)的教学过程,也可以帮助学生去除错误概念(Brown, 1992; Brown & Clement, 1989; Clement, 1993)。例如,克莱门特(Clement)观察到,学生往往难以相信,桌子会对放在桌子上的书本施加力。为帮助学生掌握这一有些违背直觉的概念,他为高中物理课的学生设计了一次教学干预课,让学生以正确的先行知识为起点进行学习。由于学生都相信被压缩的弹簧能施加力,所以研究者就能以此为基础,把弹簧类比到泡沫材料,然后类比到软木,最后类比到坚硬的桌面,让学生相信受压的桌面也会施加力。在这里,泡沫材料、软木等中介物体,起到了消除弹簧和桌子之间不同点的桥梁作用,使得学生能够将已有的正确知识扩展到新的环境中。采用这种教学方法,克莱门特取得了比传统课堂教学更好的教学效果。类似地,敏斯特瑞尔的研究(Minstrell, 1989)显示,借助推理过程,让学生以正确的知识为基础,逐步修正已有知识的不正确的方面,能够引导学生去除错误概念。

  这类研究的含义 对教师来说,认识到不正确的已有知识会导致歪曲理解,或者阻碍学习,这一点非常重要。在某些情况下,仅仅通过向学生呈现正确的并且与有缺陷的信念、模型相冲突的信息和证据,我们就可以帮助学生纠正错误知识。但教师应注意,单一的纠正或反驳,可能不足以帮助学生修正根深蒂固的错误概念。事实上,引导学生改变错误概念的过程,需要时间、耐心和创造性。

研究提出哪些策略？

在本节，我们将提出(1)一系列有助于教师考查学生已有知识的程度和质量的策略，以确定学生的已有知识能否满足课程学习要求。然后，我们再提供一些策略，帮助教师们解决如下问题，即(2)激活学生的已有相关知识，(3)弥补学生的已有知识的短缺，(4)帮助学生避免在错误情境中运用已有知识，(5)帮助学生修正不正确的知识。

评估学生已有知识的程度和质量的方法

与同事交流 为了确定在上你的课之前，学生已经具备了哪些相关知识，你可以先问一问曾经给他们上过课的同事，或者是看一看他们的教学大纲和作业。这能让你很快知晓学生已学过什么，学到了什么深度。这也能提醒你注意，你的教学在方法、重点、术语和批注等方面与前面课程的差异，从而使你能找出学生可能存在的知识短缺或不一致之处。请注意，有些内容尽管已经教过了，并不意味着学生一定学会了。为了更好地了解学生的已有知识，以及他们应用这些知识的能力，你可能还要询问同事，学生对知识已掌握到什么程度。例如，哪些概念和技能学生看起来更容易掌握？哪些学起来有困难？学生是否形成了一些系统的、影响面较宽的错误概念？来自同事的这些信息，有助于你更好地设计教学活动，使之能够有效地关联、支持、拓展乃至纠正学生的已有知识。

实施诊断性评估 为了确定学生进入你的课程学习时，已具备哪些相关知识，你还可以考虑安排一个简短的、低成本的评估。如在学期开始时，进行一个小测验，或让学生写一篇小文章。学生在这些作业任务上的成绩，能让你大致了解他们已掌握哪些必备的事实和概念，各种技能已掌握到什么程度。例如，如果你的课程要求学生掌握某些专业词汇和基本的计算技能，你就可以编写一个简短的小测验，要求学生给术语下定义，解答一些计算题。你可以逐个地批改学生的作业，以了解每个学生的知识和技能达到什么程度；你也可以简单地浏览一下他们的作业情况，大致地了解学生的总体学习准备情况。另一种考查学生已有知识的方法，是施测一份概念问卷（Concept inventory）。概念问卷是一种不评分的测验，通常采用多项选择题的形式，其中包含了一些错误答案，以便于考查学生普遍存在哪些错误概念。由你自己来开发一份概念问卷，要花很多时间，所以你可以在网上看一看，是否有一些能够满足自身需求的相关概念问卷。

让学生评估自己的已有知识 在某些领域，某些专业水平上，让学生评估自己的已有知识和技能，尽管不一定非常可靠，但也不失为一种快捷有效的诊断已有知识缺失或不足的方法。让学生进行自我评估的一种方法，是创建一个概念和技能列表，上面列出你期望学生进入课程学习时已掌握的概念和技能，以及本学期应获得的概念和技能。然后，给出一个从"粗略了解"（"我听过此术语"）到"事实性知识"（"我能给它下定义"），再到"概念性知识"（"我能向别人解释它"），最后到"应用"（"我能用它解决问题"）的评价尺度，让学生据此评估自己对每个概念或技能的掌握水平。分析数据时，你应将班级作为一个整体，以确定学生的各方面知识是超出你的预期，还是低于你的预期。无论是哪一种情况，这些信息都有助于你校准自己的教学，使之更好地满足学生的需求。更多关于学生自我评估的信息，请参阅附录A。

运用头脑风暴考查已有知识 探测学生已有知识的另一种方法，是进行一场小组头脑风暴。头脑风暴可用来考查一个人的信念、联想和设想（如，你可以运用诸如"当你听到'福音'一词时，你想到了什么？"这样的问题），也可用来探测事实性知识或概念性知识（如"在淘金时代有些什么重大历史事件？""当你思考环境伦理学时脑中想到了什么？"）。我们还可以用头脑风暴探察程序性知识（如"如果你打算在比尔农场做一个研究项目，你将从何处着手？"），以及情境性知识（如"你能借助什么方法论来研究这一问题？"）。请注意，头脑风暴不能对学生的已有知识作出系统评估。另一方面，运用这种方法时，你还需要对准确与不准确、运用适当与运用不适当的知识作出区分。

让学生画概念地图 为了洞悉学生对某一学科主题的了解，你可以让他们画一张概念地图，在上面把自己所知道的相关内容都列出来。你也可以要求学生创建关于某个学科（如社会心理学）、某特定概念（如牛顿第三定律）或某个问题（如"干细胞研究存在哪些伦理问题？"）的概念地图，以此代表自己在这方面知道什么（详见附录B）。有些学生可能已经熟悉概念地图，而另外一些可能对此并不了解，因此你必须向他们解释什么是概念地图，如何创建概念地图（圆圈代表概念，概念之间的直线代表它们之间的关系）。创建概念地图的方式有很多种，你应事先考虑好画概念地图的目的。例如，如果你所感兴趣的是评估学生的概念知识，以及他们阐述这些概念之间的关系的能力，那么就可以要求学生列出概念并标出它们之间的联系。但是，如果你感兴趣的主要是学生能否阐述概念之间的关系,就可以提供一个概念清单,然后让学生把它们加以排列并联系,同时标注它们之间的关系。如果你想探寻某种特殊信息(如因果关系、实例、理论取向),你务必要作出具体说明。你要检查学生创建的概念地图,尽量找出学生已有知识中存在的欠缺,知识之间的不恰当联系,以及由外行术语侵扰而导致的朴素理论或偏见。

分析学生作业中的错误类型　学生的错误概念往往有共性,因而会犯同样类型的错误。通常,你(或者你的助教和评分者)只要分析一下学生在家庭作业、小测验及考试中的错误,找出其中的共同点,就可以确认他们共有的错误概念。你也可以通过跟踪分析学生到你办公室请教的问题,或者在课堂上提出、回答的问题,找出他们的错误种类。当你注意到这些错误的类型时,就会提醒自己关注学生普遍存在的问题,并且安排有针对性的教学,纠正学生的错误概念,填补他们在理解上的间距。有些教师使用课堂回答系统(也称"应答机"),在课堂上快速地收集学生对概念问题的回答。"应答机"提供了学生答案的即时柱状图,它可以提醒教师,由于学生的已有知识不充分,会导致哪些方面产生一些错误理解。

激活已有正确知识的方法

利用练习激活学生的已有知识　当学生将新知识与已有知识联系起来时,他们的学习最有效。因而,在课程开始时,教师提问学生对课题已经知道了什么,这对其学习是很有帮助的。我们可以用多种方式达成这一目的,比如让学生进行头脑风暴联想,或者创建概念地图。一旦学生头脑中的已有相关知识被激活,他们就能更加成功地整合新知识。然而,由于这类活动既会激活正确的相关知识,也会激活错误的不当的知识,所以教师应该做好准备,帮助学生对此作出区分。

将新的学习材料与从先前课程中习得的知识清晰地联系起来　学生往往按照课程、学期、教授或学科,把所学知识区隔开来。因而,他们可能不会意识到从先前课程中习得的知识,与新的学习情境之间的关联。例如,在统计课上学习过"变异性"概念的学生,往往不会把这一知识运用到学习金融课上的"易变性"概念。在这其中,既有术语差异方面的原因,也有他们看不出两种情境之间的关联的原因。然而,如果你将"变异性"和"易变性"两个概念清晰地关联起来,学生就能利用"变异性"这一已有知识,有效地理解"易变性"这一概念。

将新的学习材料与从你课程中已习得的知识清晰地联系起来　尽管我们期望学

生能自动地把当前的学习,与先前从本课程中获得的知识联系起来,但事实上学生可能不会自动这么做。因此,向学生强调先后所学的知识之间的联系,这一点对教师来说很重要。教师可以通过组织特定的讲座、讨论,或者让学生阅读本学期早些时候所学的相关材料,帮助学生激活相关的已有知识。例如,在一节文学理论课上,教授可以通过如下开场白来激活学生的相关知识:"在第二单元,我们讨论了女性主义理论。今天我们将讨论一个基于女性主义理论的思想流派。"有时,一个轻微的提示就能激活学生的已有相关知识,如"回想一下上一周约翰逊文章中所用的研究设计"或"我们以前在哪里见过这种现象?"我们也可以通过其他方法来引导学生找出课程材料之间的联系。例如,教师可以要求学生写反思性文章,将每次阅读联系起来,或者把它与课程中的更大主题联系起来。此外,讨论也能提供理想的契机,引导学生回想起本学期前面所学的知识,并将其与新的学习材料联系起来。

使用与学生的日常知识相联系的类比和实例 来自学生的日常生活或更广阔的世界的实例或类比,能使新的学习材料更易于理解,能在学生的头脑中创建出更牢固的知识表征。例如,教师可以利用学生的童年记忆,以及他们与兄弟姐妹相处的经验,帮助他们理解儿童发展过程中形成的概念。类似地,教师也可以利用学生关于物理世界的经验,来引入诸如"力"、"加速度"这样的概念。在联系新旧知识方面,类比也很有用。例如,我们可以利用学生的烹饪经验,帮助他们理解诸如化学合成这样的科学过程(和烹饪一样,当你混合或加热化学药品,你需要知道何时要求精确,何时对精确度要求不高)。在熟悉的情境下,学生通常会显示出更加成熟的思考。因此,当我们引导他们学习新材料时,应该以他们从熟悉的情境中获得的知识为基础。

要求学生基于已有相关知识进行推论 学生的已有知识,通常能帮助他们理解、推断新的学习材料,使学习更深入。因此,提问学生一些问题,要求他们在实际看到新信息之前,根据自己的已有知识对新信息作出预测,这是非常有益的。例如,在要求学生阅读20世纪70年代的文章前,你可以提问他们,那时发生了什么历史事件,它会导致作者提出什么样的观点。再如,向学生呈现设计问题时,你可以提问他们:"你对某位著名设计师及其作品都非常熟悉。试想,如果他来完成当前的设计任务,他会怎么设计?"这样的情境,不仅要求学生激活已有知识,还要求他们运用已有知识去推断新知识。

已有知识不足的应对方法

找出你期望学生具备的已有知识 解决学生已有知识不足问题的第一步,是先找出他们的知识差距所在。这需要你在头脑中回想一下,要学好本门课程,学生需要具备哪些知识。要确定你的课对学生的已有知识有什么要求,你可能要先想一想你的作业要求,并问一下自己:"学生需要具备哪些知识才能完成这些作业?"在识别学生所需的背景知识时,老师往往还没有考虑全面就停下来,因此你务必要持续追问,直至完全找出完成你所布置的任务所需的所有知识。你还要确保把陈述性知识(知道是什么和为什么)和程序性知识(知道怎么做和何时做)区别开来,清醒地认识到学生仅仅知道事实或概念,并不意味着他们就懂得如何运用这些知识;学生知道如何执行步骤,并不意味着他们已理解自己正在做什么、为什么要做(详见第 4 章"分解和强化成分技能的策略")。

修补先行知识的不足 如果先行知识评估(在前面的策略中已讨论过)显示,学生的已有知识与你的课程学习要求存在严重差距,那么你就可以根据问题的程度、你和学生可用的资源和方法,采用各种应对措施。如果只是几个学生缺乏重要的先行知识,那么对你而言,一种可用的方法就是建议他们先掌握必备的背景知识,再学习本课程。如果小部分学生缺乏先行知识,但这些知识看起来他们自己能够学会,那么你就可以考虑向他们提供一份关于应掌握的知识和技能的术语表,让他们用自己的时间弥补差距。如果在某一关键方面有大量学生缺乏足够的先行知识,那你就可以考虑拿出一两节课,专门复习一下这些重要的先行知识,或者(如果可行),让你的助教在课堂时间之外组织一轮复习。如果在你的班上,有相当部分的学生缺少学习所需的重要基础知识,那么你可能需要全面修改你的课程,以便使教学很好地适合于学生的已有知识和技能。当然,如果你的课程是学习其他课程的前提,这样的重要修改可能牵涉面更广,它可能需要在院系层面上,通过讨论课程目标及课程排序问题来解决。

帮助学生识别不当的已有知识的方法

强调适用条件 让学生明白自己的已有知识适用何处,不适用何处,这一点很重要。例如,统计学老师可以向学生解释说明,回归分析可用来处理量化变量,而不适合处理质性变量;生物学老师可以告诉学生,在生物学课上写实验报告,要求简明而精确,不要采用在其他课程中适用的抒情性表达方式。如果没有严格的关于何时运用已有知识的规则,那么我们也可以采取另一种策略,也就是,向学生呈现一系列问题和情境,然后让他们指出既定的技能或概念是否适用,并且说出自己的理由。

提供启发式,帮助学生避免知识的不当应用 帮助学生避免不恰当地应用已有知识的一种策略是,为他们提供一些经验法则,帮助他们分辨自己的知识是否与当前情境相关联。例如,当学生遇到不同文化风俗,并试图根据自己的文化规范去评估它们时,你可以鼓励他们问自己这样的问题:"我所做的设想,是不是以我自身的文化背景为基础的?是不是在这里不适合?如果是这样,我做了哪些设想,它们从何而来?"同样地,如果你知道学生在哪些情境下会因为已有知识的侵扰而导致理解上的困惑(如在本章开头第二个故事中,学生对负强化的理解),你就可以为他们提供一些经验法则,帮助他们避免该问题的出现。例如,在教授经典学习理论时,教师可以建议学生:"当你们在负强化的语境中看到'负'时,你要想到它是"减"。"

清楚地讲明本学科的特定要求　向学生清楚地讲明你所教学科的特定要求和期望,让学生不把他们从其他更熟悉的学科中获得的常规,错误地应用到本学科学习中,这一点非常重要。例如,学生可能拥有来自科学课程(实验报告)、历史课程(分析性论文)、英文课程(人物描写)的写作经验,当他们学习公共政策课程时,可能就搞不清楚在这门课上的写作,究竟应以哪些已有的写作知识和技能为基础。因而,明确向学生讲明你希望他们遵循的特定要求是很重要的。如果不给予明确引导,学生就可能从其最拿手的经验或领域出发,进行类比,而无视这些经验是否适合于当前情境。

指明类比的问题所在　类比可以帮助学生学习复杂的或抽象的概念。然而,如果学生认识不到类比所具有的局限,这也会带来问题。因此,我们应该通过指明(或要求学生识别)类比的问题所在,帮助学生认识到既定类比的局限。例如,你可以指出,尽管消化系统和管道系统相似,包含一些管状器官以及阀门,但它比任何常规管道系统都要更复杂、更灵敏。

纠正错误知识的方法

让学生做出预测、检验预测　为帮助学生修正错误认识和有缺陷的思维模式,你可以要求他们基于这些错误知识作出预测,并给予他们检验这些预测的机会。例如,对于错误地理解"力"概念的学生,可以要求他们对力在静止和移动物体上所起的作用作出预测。让学生面对与自己的认识和预期相矛盾的证据,也有助于他们认识到自己的知识或信念所存在的错误或不充分之处,进而激发他们探求可以解释自己的所闻所见的知识。学生可以在实验室或真实情境中进行实验,或者通过计算机模拟来检验这些预测。

要求学生论证他们的推理　引导学生抛弃错误知识的一种策略是,让他们以自己认为正确的知识为基础进行推理。当学生的推理显示出内在矛盾,就会推动他们去探究正确的知识。但运用这种方法需要注意,学生并不一定能看出那些内在矛盾。而且,如果他们的态度和信念根深蒂固(如否定逻辑论据的宗教信念),这些内在矛盾可能发挥不了多少作用。

为学生提供运用正确知识的多重机会　错误概念之所以很难改变,部分原因在于它在重复使用中被不断强化。因而,用正确知识取代错误知识,不仅需要引入正确知识,也需要为学生提供重复运用这些知识的多重机会。重复地运用正确知识,有助于破除顽固的错误概念。

给予充足时间　学生习得错误概念是比较容易的,但是要运用必要的推理来纠正这些根深蒂固的错误概念,则比较困难。因此,当你要求学生运用对原有知识进行修正后得到的新知识时,要尽可能地减少干扰,并多给他们一些额外时间。这有助于学生充分调用必要的认知资源,识别出其知识或推理中的缺陷,进而有意识地运用更为周密、更具批判性的思维。

小结

在本章,我们剖析了已有知识在新的学习中所起的关键作用。我们看到,如果学生的已有知识存在差距或不够充分,就可能不足以支持新知识的学习。而且,如果已有知识应用到错误情境中,可能会导致学生提出错误假设,或做出不当的类推。另外,不正确的已有知识——有些极为难以纠正,既会扭曲又会干扰学生对新信息的理解。因此对我们教师来说,有一项重要的任务是评估学生的已有知识和信念,把我们的教学建立在他们已有的正确的、相关的知识之上,帮助他们认识到何时不当地运用了已有知识,引导他们纠正不正确的知识,从而使之构筑起更为准确和牢固的知识基础。

2　学生的知识组织方式如何影响他们的学习？

这不符合我的期望

在过去的12年里，我一直教艺术史导论这门课，并且按照标准方法向学生呈现教学材料。也就是说，首先介绍关键术语和概念，讨论基本的视觉元素（线条、色彩、光亮、形式、构成、空间）。然后，在接下来的40节课中，按照从欧洲史前时期到当代的时间顺序，向学生展示艺术史上重要作品的幻灯片。在教学过程中，我对每个作品的重要特征做出说明，并向学生解释艺术史上各种运动、流派和时代之间的关系。期中考试和期末考试时，我会向学生呈现艺术作品的幻灯片，让学生回答作品的名称、作者、流派及其创作年代。虽然学生看起来很享受课程的学习过程，但同时也抱怨，应付考试时需要记忆大量的内容。我知道在学习这门课的过程中，有很多艺术作品需要学生记忆。但是我认为，这些内容是按照年代、流派、绘画技术自然地组织在一起的，只要按照这些类别将作品分类，就很容易记住。但是在考试中，我的学生却显得非常吃力，他们甚至对那些在艺术史上有重要地位的作品，都回答不出来。

Rachel Rothman 教授

一定有更好的方法！

解剖生理学是我们学校护理、医学预科和药学专业的核心课程。这门课主要围绕人体系统展开，要求学生能够辨认和描述人体的主要器官、肌肉、骨骼和身体组织的具体位置和功能。总体看来，学生都能始终如一地认真听课和做实验，大部分学生看起来学习都很刻苦。事实上，我还发现，他们经常在休息室阅读笔记或是互相考考对方，以帮助自己记忆人体结构。经过努力学习，他们能够辨认出大部分身体结构，并且能够描述人体系统中每个部分所具有的功能。然而，当被问到人体中各部分之间的关系，或各系统的运行原理时，他们就表现得茫然无措。例如，在期末考试中，我要求他们辨认并描述在血压调节中所涉及的人体结构。结果让我大吃一惊，大部分学生都回答错误。我实在无法理解——为什么他们能够记住人体中的每一部分，但当被问到这些部分如何协同工作时，他们却很难回答出来？

Anand Patel 教授

这两则故事中发生了什么？

尽管这两个故事所涉及的课程有本质差异，但两位任课教师却有相似的目标。他们都希望自己的学生能够对某个复杂的知识领域，形成深层次的、实质性的理解。在第一个故事中，学生要学习过去 30 000 年中人类创造出的艺术作品的主要资料。在第二个故事中，学生要学习构成人体的器官、系统的复杂结构，及各部分之间的协同作用。每个知识领域都包含很多元素，并且每一个元素——无论是人的腕骨还是毕加索的油画"格尔尼卡"（Guernica）——都和其它的元素之间有着重要的联系。形成深刻的理解，不仅仅需要了解单个元素，而且需要对各个元素之间的相互联系有整体的把握。然而，在开篇的两个故事中，学生在头脑中对学习材料的整合和组织似乎都做得不够，从而影响了他们的学习效果和考试成绩。

在第一个故事中，为了分析艺术品中的视觉元素，并把不同的艺术家、流派和时代联系起来，Rothman 教授首先为学生解释了一些概念和专业词汇；在接下来的学习中，她按照时间顺序，向学生逐一介绍每幅艺术品的核心特征。然而，将艺术特点和单幅作品联系起来的教学方法，看上去并不足以使学生看到作品间的深层联系，也不能使他们看到各类作品之间的宽泛联系。也就是说，尽管这些关系和差异在 Rothman 教授看来显而易见，能够让她轻松地对事实性知识进行组织和分类，但她的学生可能很难做到这一点。相反，他们更有可能以年代作为材料的组织原则，从而以时间顺序组织自己的知识。这种按照时间顺序组织知识的方式，要求他们记忆很多零散的知识，使得他们不能关注其他能够促进信息提取和应用的知识组织特征，从而导致难于记住（大部分记不住）考试所需要的知识。

在第二个故事中，Patel 教授的学生已经掌握人体各部分结构的知识，但没有转化成对人体各部分在功能上相互联系的理解。一个可能的原因是，学生完全按照标准的生理解剖学教科书的知识体系，亦即根据人体主要的生理系统（例如，骨骼系统，消化系统，循环系统），来组织自己的知识。如果 Patel 教授的学生按照人体的各部分系统来组织知识，这会对他们应用这些知识产生几方面的影响。如果要求这些学生说出手部主要骨骼的名称，或是回答胰脏的功能，他们大多不会感到困难，因为这些问题与他们的知识组织方式相契合。然而，若要回答 Patel 教授关于人体内部不同结构间如何相互协调以调节血压的问题，学生就需要另一种知识组织方式——它要包含人体各系统之间的功能联系，而不是各部分的孤立知识。换句话说，学生现有的知识组织方式，可以帮助他们解决一类问题，但不足以使之灵活地应对他们所面临的所有任务要求。

此处什么学习原理起作用？

作为某一领域的专家，我们经常在脑海中无意识地创造并储存起一个复杂的知识网络，这一网络把重要的事实、概念、程序与本领域中的其它要素联系起来。而且，我们还会围绕某些有意义的特征和抽象的原理来组织本领域的知识。相比之下，我们的大部分学生在课程学习中，并没有习得这样一种以关联或有意义的方式组织所学信息的方法。然而，如何组织知识，对学生的学习会产生深刻影响。下面这条原理就强调了这一点。

> **原理**：学生组织知识的方式会影响其学习和运用知识的方式

当我们谈及人们组织知识的方式(或者简称为知识组织方式)时,并不关注特定的知识点,而是关注这些零散知识在人的头脑中如何组织并建立起联系。知识的组织方式,既可能促进也可能阻碍我们的学习活动、学业成绩和记忆效果。

举例来说,假设让两名学生回答历史上英国打败西班牙舰队的日期(National Research Council,2001)。第一个学生回答战争发生在1588年,而第二个学生回答说他记不清准确的时间,但是肯定战争发生在1590年左右。如果1588年确实是正确的日期,那么第一个学生掌握的知识看上去更准确。然而,假设我们对学生的回答做进一步的探究,询问他们想出答案的过程。第一个学生回答说,他从书上记下了准确的日期。相比之下,第二个学生回答说,他的答案是基于:在1600年以后,英国在弗吉尼亚建立海外殖民地,而英国只有在能确保海上路线安全的情况下,才敢组织如此大规模的到海外建立殖民地的航海旅程。同时考虑到组织完善的海上航运大概需要10年时间,因而他的答案是1590年。

这两个回答,揭示了两位学生在知识组织方式上的本质区别。第一个学生显然只是学到了关于西班牙舰队的孤立事实,并没有把它与自己掌握的其他历史知识相联系。与之相反,第二个学生就在自己掌握的知识间建立了更多的内部联系(和因果联系),从而使得他在回答问题时,能够从问题情境中推断出答案。第一个学生的知识组织方式相对孤立,无法为以后的学习提供太多帮助;而第二个学生的知识组织方式,则能为其随后的学习打下坚实基础。

尽管上例中的两个学生相对来说都是新手,但他们在知识组织方式上的差别,用专业术语来说,类似于新手和专家。正如图2.1所示,新手和专家的知识组织方式在两个关键方面存在显著差异:一是知识关联程度,是相对孤立还是紧密联系;二是联系的深度,是表面联系还是有意义的关联。尽管在学习之初,学生的知识组织常缺乏联系且浮于表面,但教师的有效教学能够帮助他们构建起富于联系和意义的知识组织,从而更好地促进他们的学习和学业表现。事实上,上例中的第二个学生,已经向我们展示了努力的方向。

关于知识组织的已有研究告诉我们什么?

要想理解知识组织的多样性及其影响,必须先考虑知识组织的构建过程——这一点我们将在以下章节中论述。此外,我们还将详细阐述新手和专家在知识组织方式上

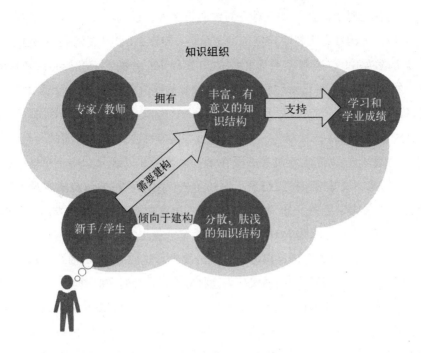

图2.1 专家和新手在知识组织上的差异

的两点重要区别,并对关于新手如何建构知识结构以更好地促进学习的研究进行回顾。

知识组织：形式适合于功能

  人们会自然地根据自己的生活经验建立联想。例如,我们倾向于在发生时间相近的事情间建立联想(如按开关和灯亮之间的因果关系),在具有共同意义的观念之间建立联想(如公平和平等之间的概念联系),在特征上相近的客体间建立联想(例如在小球和球体之间建立类属关系)。这些联想随着时间的推移不断建立,从而形成更大、更复杂的结构。我们头脑中的知识体系,就是这样组织起来的。

  由于人们的经验、知识的性质以及知识在生活中所扮演的角色都有所不同,人们的知识组织方式也会各不相同。为了说明这一点,让我们看看具有不同文化背景的人是如何划分家庭成员的。从人们所用的术语中,我们可以看出,一种文化在界定标准亲属关系时,采用的是怎样的知识组织方式。例如在美国,我们通常用不同的称谓来区分我们的父母和他们的兄弟姐妹(换句话说,"母亲"和"父亲"区分于"叔叔"和"姑姑")。这种语言学上的区分——对我们中的很多人来说,看上去是自然且难以避免的——对应了美国社会中核心家庭的特定角色。然而,在很多文化中,家庭概念会被扩展,母亲/姑姑和父亲/叔叔共享相同的亲属称谓(例如,Levi-Strauss, 1969; Stone, 2000)。这是因为母亲和姑姑(类似地,父亲和叔叔),在他们孩子的生活中拥有相似的角色功能。与之不同的是,很多美国人并不会在称谓上对叔叔和舅舅加以区分(也不会区分姑姑和姨妈)。因为这一类家庭成员在其家庭生活中所扮演的角色,并没有功能上的明确区分,因此也就没有必要在语言上对其加以区分。然而在另一些文化中,叔叔和舅舅以及姑姑和姨妈扮演不同的角色(例如,严格的叔叔和溺爱的舅舅),这时就会有一种语言上的区分,表明这些亲戚在家庭功能上属于不同类别。正如上述例子所示,在某些文化中,需要对不同功能的家庭成员加以区分,而语言作为一种典型的知识组织方式,不可避免地反映出这种区分要求。这说明,知识的组织形成于我们的生活情境,我们往往根据不同的实际用途将知识进行分组和归类。

上述有关亲属关系术语的例子,突出地说明了一点:没有哪种知识组织结构一定比其他结构更好或更"正确"。因而,对知识组织方式的更合理的评判,是看它是否更好地与既定情境相匹配。毕竟,将"父亲"和"叔叔"归于同一类亲属关系的组织体系,在一个明确区分不同家庭成员的社会中,会产生很多困扰;但是,在一个并不看重这些差异的社会,它就显得很合理。事实上,已经有研究表明,知识组织方式是否有效,取决于它所支撑的任务。在艾伦和雷夫(Eylon & Reif, 1984)的一项研究中,要求高中生学习当代物理中某个主题的相关材料;其中一半学生基于历史的框架学习,而另一半的学生则基于物理原理的框架学习;然后要求这两组学生完成各种与此前学习内容相关的任务。这些任务又被分为两类:一类需要根据历史年代提取信息,另一类则需要根据物理原理提取信息。结果不出所料,学生在与自己知识组织相匹配的任务中表现更好,而在自己的知识组织和任务要求不匹配时,表现得较差。

在本章开篇的第二个故事中,Patel 教授所遇到的问题,部分原因可能是知识组织和任务要求不匹配。在解剖生理学课程的学习中,学生似乎是围绕独立的生理系统来组织知识的。然而这种知识组织方式,尽管有利于学生解决那些关注各生理系统内部关系的任务,却不能帮助学生回答涉及各生理系统之间功能联系的任务。

研究的启示 由于知识组织随着它所支撑的任务的完成而发生改变,所以我们应该反思学生正在投身于哪些活动和体验,以便明晓他们可能构建出怎样的知识组织。并且,当知识组织契合于其形成和应用情境时,其功效最佳,所以在课程或学科学习中，我们应该充分考虑学生要从事的学习任务，以便于他们的知识组织能够最好地支持这些任务。因而，我们可以通过改善学生的知识组织方式，提升其学习和学业成绩。

专家和新手的知识组织：联系的密度

在知识组织方面，专家和新手之间有一个重要区别：他们所掌握的概念、事实和技能之间的联系密度或数量不同。图2.2显示了因已有知识之间存在不同联系而构成的各种知识组织结构。在每种知识结构中，节点表示知识点，连线表示知识点之间的联系。

知识结构A和B，是新手的知识组织的典型形式。从中可以看出，这些知识点之间的联系很少。在结构A中，各知识点较为分散，这表明学生还没有认识到它们之间的关联。学习某门课时，学生在每堂课上都要获得各种知识。如果他们不能把每堂课上所学的知识联系起来，或者围绕某些主题把课程内容组织起来，可能就会形成这种知识组织。这种相对缺乏联系的知识组织，会从几方面阻碍学生的学习：首先，如果学生缺乏一个联系紧密的知识网络，他们提取知识时速度更慢，难度更大（Bradshaw & Anderson，1982；Reder & Anderson，1980；Smith，Adams，& Schorr，1978）。其次，如果学生没有在知识点间建立必要的联系，他们可能就难以意识到或者修正自己知识结构中的矛盾之处。例如，迪赛萨（DiSessa，1982）的研究表明：物理知识缺乏联系和一致性的学生，在解决物体运动问题时，会同时采用两种相互冲突的命题，而忽视其中的矛盾性。

图2.2中的结构B与结构A有些相似，二者的知识点间的联系都相对较少，但结构B中各知识点间的联系呈线性排列，构成链条状。尽管这种结构可以让我们按序提取信息（可能有利于记忆某首诗歌的章节或者某个程序的步骤），但是如果链条中的某段联系被破坏，或需要调整其中的某一特定顺序，就会产生信息提取困难（Catrambone，1995，1998）。此外，当更多节点按照这种简单的链状顺序连接在一起时，我们若想交叉利用各知识点，总体上看，也要花费更长的知识提取时间，提取速度也会降低。在Rothman教授的例子中，学生的情况很好地说明了这一点：由于他们按照时间线索组织自己的艺术史知识，因而必须按照艺术作品完成时间的先后逐一进行记忆，这就增加了该任务的识记和提取难度。

与之相反，结构C和D对应的知识组织结构，往往是专家所具有的。结构C为层级性，它表明各种知识点构成了一个复杂的结构。专家对其研究领域内的理论流

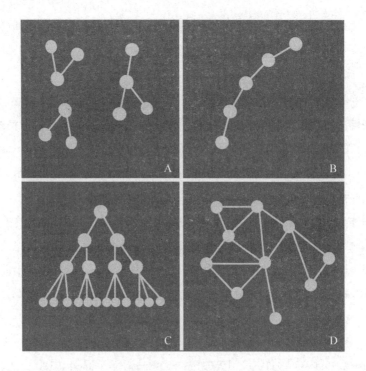

图 2.2 知识组织示例

派、流派内的代表性学者以及每个学者的代表性专著和文章进行划分,就是构建这种结构的例子。然而,并不是所有的信息都能被表征为条理清楚、层级分明的结构。结构 D 展现了一种联系更为紧密的知识结构,这一结构中的非层级联系表明,知识之间交叉关联,严格的层级关系会被打破。

　　这些更为复杂且联系紧密的知识结构,使得专家在提取和运用知识时更为快速有效。事实上,研究已经表明:基于其原有的知识基础,专家倾向于以相互关联的信息组块的形式来自动化地加工信息;并且能够应用这些组块,建立更加庞大、具有更多内在联系的知识结构。埃里克森、蔡斯和法隆(Ericsson, Chase & Faloon, 1980)的经典实验,已经证明这种紧密联结的知识组织的作用。该研究(及其后继研究,如 Ericsson & Staszewski, 1989)很好地证明,即使记忆力一般的大学生,如果将他们所学内容组织成类似于结构 C 的多水平层级结构,也能够令人惊异地记住很长的数字序列。由于这些学生碰巧是竞技赛跑者,他们能够将四位数字序列转化为著名的跑步时间(例如,数字"3432"被记作"34:32,是……的世界纪录")。这种叫做组块的策略,将需要记忆的四个数字转化为一个自己熟悉的知识组块。对于要记住的数字的这种初始组织策略,把他们回忆数字的能力,从 7 位提升至近 30 位。但真正提升他们记忆成绩的因素,是把 3—4 个四位数字组块,组合成更大规模的组块,然后按照层级结构把大规模组块整合到更高水平的群组中,直到参加者能够不凭借外部辅助,背诵近 100 位数字。换句话说,通过创造一个高度结构化的知识结构来记忆数字,他们就能回忆大量信息,形成非凡的记忆能力。

尽管上述研究只探讨了简单回忆,然而它表明:将知识组织成一个复杂的、相互关联的结构——像专家那样——能够极大地增强人们提取所需信息的能力。Rothman 教授(本章开篇的第一个故事)就是一个很好的例子。她自己的艺术史专长知识,看上去就是按照高度关联的层级结构组织的,这类似于图 2.2 中的结构 C,其中的事实(如日期、画家的名字、各种作品的主题)都与相关知识(如艺术运动和历史时代等)建立了联系。这种层级性的知识结构,使她可以很容易地提取自己所需的信息。唯一的问题在于,她希望缺乏类似的知识结构的学生,能够做得像她一样好。事实上,这些学生由于缺乏相应的知识组织结构,记忆孤立的事实时会感到很困难。

尽管学生可能并不像老师一样,拥有高度关联的知识组织,但随着时间的推移,他们同样也能建构起更复杂的知识结构。事实上,研究已表明,如果教师为学生提供组织新知识的结构,他们能够学得更多、更好。例如,有一个经典研究(Bower et al., 1969)显示:当学习一长串项目(各种矿物)时,如果能告诉学生适当的分类信息,帮助他们将学习内容按照层级结构进行组织(金属和石头作为两大类,并且在每类下面有若干子类),学生的学习成绩会提升 60%~350%。类似地,如果给予学生先行组织者(亦即一套原理或命题,它可以为学生整合新信息提供某种认知结构),他们的学习收获也会更大。研究者已经证实,不管先行组织者是以文字的(Ausubel & Fitzgerald, 1962)、口头的(Alexander, Frankiewicz & Williams, 1979)、还是图像的(Dean & Enemoh, 1983)方式呈现,只要它能为学习者提供熟悉的知识组织结构,就可以提升学生的理解和记忆水平。这些研究表明,与让学生自己推断概念结构相比,教师为他们提供适合于新知识的组织结构,可以使他们的学习效果更好、效率更高。

事实上,如果回想本章开篇的第一个故事,我们会发现,这些方法能够应用在 Rothman 教授的课堂上。Rothman 教授的学生需要学习和提取大量事实性信息,但他们缺乏一个层级性的知识结构来帮助自己组织这些信息,以便于有效地提取和运用这些信息;结果,这些记忆任务让他们感到不堪重负。但是请设想一下,如果 Rothman 教授为学生提供知识组织框架,以此帮助他们在知识点之间建立更多的联系,结果将会大不一样。例如，Rothman 教授可以为学生提供相应样例，帮助他们辨别重要艺术流派和艺术运动的特征，并据此将艺术家和作品进行分类。随着在事实性知识间建立更多有意义的联系，学生会发现，记忆任务并非那么令人望而却步，他们可能会在 Rothman 教授的考试中取得更好的成绩，最终也将掌握更多艺术史知识。

研究的启示 作为学科专家，我们已经形成了具有高度关联性的知识结构，它能帮助我们有效地提取和应用信息。但我们不能因此就理所当然地认为，学生也是以如此复杂的方式来组织自己的知识。与之相反，我们应该认识到专家和新手在知识结构上的区别，并通过提供知识结构来明确告诉学生，我们是如何组织学科知识并利用它来完成特定任务的。这一点非常重要。

专家和新手的知识结构：关联的本质

与专家相比，新手不仅在知识组织方面显得贫乏，其构建知识结构的方式也更为肤浅。这些特征影响了他们有效地记忆和应用知识的能力（Chi & VanLehn, 1991; Hinsley, Hayes & Simon, 1977; Ross, 1987, 1989）。齐和他的合作者（Chi, et al., 1989）的研究证明了这一点。他们要求物理学的新手和专家将各类问题描述进行分类。结果显示，新手根据表面特征将问题分类。例如，他们将所有涉及滑轮的问题分为一类，将涉及斜面的问题归于另一类。这种根据表面特征进行分类的方式，没有反映出问题间的结构性联系，因此不能帮助新手成功地解答问题。相反，专家对问题进行分类时，依据的则是更为深层和更有意义的特征，如根据解题时所运用的物理定律来分类。此外，当谈到分类依据时，专家回答道：在对这些问题进行分类的过程中，会很自然地激活头脑中解决此类问题的模板。由此看来，专家的知识组织是以一系列深层特征为基础的，这直接影响到他们的解题方式。

与新手相比，专家之所以能用更有意义、更为实用的方式对知识进行分类，是因为他们能识别有意义的模式。例如，德格鲁特（DeGroot, 1965）在这方面做过一个里程碑式的研究。他向象棋新手和象棋大师展示国际象棋的残局，并要求他们想出下一步的走法。结果显示，尽管大师和新手要走的步数大致相等，但质量却有显著差异：新手选择走法时近乎随机，而专家则反复权衡以求走出高招。从大量关于国际象棋的专长研究中（可以参考 Gobet & Charness, 2006; Chase & Simon, 1973a, 1973b）可以清楚得知，这种差异源于专家在棋局分析和策略评估方面的丰富经验。这种经验，使他们拥有高度完备的知识组织，从而能够迅速识别出棋盘布局的意义所在，并选择高水平的走法。

事实上,专家所具有的模式识别及近乎本能的反应能力,不仅能帮助他们解决问题,还提升了他们的记忆水平。关于国际象棋的进一步研究表明,专家只要看一眼特定的棋盘布局,就能在空棋盘上准确重现15个甚至更多棋子的位置(Chase & Simon, 1973a,1973b)。这并不是因为他们记忆力超群,而是因为他们能够看出棋子间的深层和复杂的联系,并在下棋时运用自如。专家快速进行模式识别并做出相应反应的能力,不仅存在于国际象棋领域,在许多其它领域的专家身上也有显示(Egan & Schwartz,1979;Lesgold, et al. ,1988;Soloway, Adelson & Ehrlich,1988)。例如,在一项研究中,研究者向熟练的电子技工和新手快速呈现复杂电路图的简图,然后要求他们根据记忆重新画出这幅图(Egan & Schwartz,1979)。结果发现,尽管只看了数秒,专家仍然能够重现该图中的大量内容。研究者将这种高超的回忆水平归因于两点:一是专家能够在头脑中成功地表征整张图(例如,"几种类型的电力供应"),二是专家能够识别每幅图的特征,例如功率放大器。然后他们就能根据有意义的结构布局,察觉图中的视觉信息,并运用这种知识组织帮助自己记忆所看到的内容。

除了按照有意义的特征和模式组织知识之外,专家还能灵活地构建和运用多种知识组织。例如,一个古生物学家关于恐龙的知识,并不会围绕单一的层级结构来组织,而是组织成一个纵横交错的分类和联系网络,其中包括恐龙的地质年代、习性、摄食习惯、与现代爬行动物的关系、自我保护的策略等多种内容。同样,历史学家在应用其知识时,也会围绕理论、研究方法、时代、主题、历史人物等不同方面,或者将这些方面综合起来。然而,新手似乎没有这么多的知识组织可以运用。本章开篇的第二个故事,形象地展示了专家和新手在知识表征上的差异。Patel教授作为其领域内的专家,能够灵活运用多种方式表征人体结构,或根据生理系统,或根据常规功能,或根据更高级的原理。因而他可以通过多种方式应用知识,并根据需要调用不同的知识组织。在这方面,他的学生则存在诸多欠缺。

显然,形成专家那样的具有丰富意义联系的知识组织,需要花费很多时间,需要大量的经验积累。我们的大部分学生,还远未达到这种水平。然而即使是新手,只要采取在知识之间建立有意义的联系这种方式,也能学得更多、更好。布拉德肖与安德森(Bradshaw & Anderson,1982)的研究很好地证明了这一点。在研究中,他们要求大学生学习历史人物的事迹。结果发现,当给学生呈现的事实性知识之间能建立有意义联系时,他们的学习效果最好。换句话说,相对于单一的孤立事实,学生更容易学习并记住那些有因果联系的多个事实(例如:伊萨克·牛顿小时候缺乏安全感,且情绪不稳定;他出生时父亲刚去世,随后母亲改嫁,并将他留给爷爷抚养)。然而,只有当多个事实间存在联系,能够让学生构建有意义的关联时,它对学习的促进作用才能显露出来。反之,如果几个事实间缺乏联系(例如:伊萨克·牛顿小时候缺乏安全感,且情绪不稳定;牛顿被指派为伦敦铸币厂的厂长;牛顿曾加入剑桥大学三一学院),就无法提升学生的学习效果。研究还表明,有一些教学方法可以帮助学生基于知识的深层而非表面特征,来有意义地组织自己的知识。例如,研究显示,如果呈现给学生伴有解答方案的问题,然后要求他们向自己解释为什么这样解答,就会引导他们关注解题原理,从而使之在解决新问题时表现得更好(Chi et al.,1989)。还有些研究指出,引导学生进行类比推理,也有助于他们越过不同知识间的表面相似性,找到其间的深层联系(请参阅 Gentner, Loewenstein & Thompson, 2003; McDaniel & Donnelly, 1996)。类似地,如果教师呈现对比性的案例,让学生对此作出分析,他们就能从课堂或阅读材料中学到更多的东西(Schwartz & Bransford, 1998)。总之,通过这些学习过程,学生能够建构更有效的知识组织,使自己的学习更有效。

研究的启示 这些研究使我们认识到,作为某一领域的专家,我们与学生的知识组织方式可能存在很大差异;知识的组织方式,在我们的"专家水准"中扮演重要的角色。由于学生的知识组织可能较为肤浅,不能很好地帮助他们进行抽象思维或解决问题,所以我们在这里建议,至少在学习的初始阶段,要给学生提供合适的知识组织图式,或者教会他们从所学内容中抽象出相关原理。另外,我们还需要监测学生的学习过程,明晓他们用什么方式加工所学的信息,以确保他们采用有效的方式来组织所学的知识。

研究提出了哪些策略

下面这些策略,既可以帮助教师评估自己和学生的知识组织,又可以帮助学生获得联系紧密、意义丰富、灵活多变的知识组织方式。

探察和改善知识组织的策略

创建概念图,分析自己的知识组织 即使是专家,他们也很难确定自己的知识是怎样组织的。因而对他们来说,要把自己的知识体系教授给学生,也不太容易。要识别自己的知识组织,一种方法是创建概念图。画概念图是一种技术,它可帮助人们以可视化的方式来表征自己的知识组织(关于概念图及如何创建概念图的更多信息,请参阅附录B)。一旦创作出自己的概念图,你就很容易识别出用于组织知识的核心原理和关键特征。然后,你就可以向学生讲解概念图,帮助他们了解这个领域内的知识结构,向他们阐释组织知识时用到的原理和特征。

分析任务,找出最合适的知识组织　不同的任务需要不同的知识组织。例如,如果某篇论文需要学生分析不同作者的理论观点,那么就可能要求学生围绕理论、研究方法和写作风格来组织知识;然而,如果论文要求学生分析某一历史事件的影响,这就要求他们围绕经济、政治和社会因素组织知识。所以,在决定何种知识组织方式最能促进学习之前,进行任务分析是很有帮助的。教师可以考虑为学生提供一个框架性大纲或模板,帮助他们组织知识。例如,在上面提到的涉及理论建构的论文中,你可以给学生一个空表格,第一行要求他们填写自己所知道的各种理论学派,下面一行填写每个学派的关键特征,再下一行填写学者的作品(或者增加一行,列出那些观点与理论规范不一致的作品)。

向学生提供课程的组织结构　不要假定所有学生,尤其是那些没有接触过本学科内容的学生,都能够理解你所呈现的学习材料的逻辑结构。他们可能看不到其中的基本联系和类别结构。所以在课堂上,教师应为学生提供关于课程内容的整体介绍,包括其中的关键概念和主题,并着重强调其中的内在联系,以帮助他们理解知识之间的相互关联。这种组织结构在教学大纲中可以用多种形式表现:有些教师采用直观的呈现方式(例如通过流程图或表格),有些则偏好言语描述。除了在课程初期呈现并解释知识结构外,你还需要定期提醒学生构建更大的知识组织框架,并为其分配一定的课堂时间(例如,"大家还记得,本课程第一单元的重点是掌握基本的谈判技巧;今天我们将要开始第二单元,学习如何在真实工作情境中应用这些技巧")。

在讲解、实验、讨论中清晰呈现知识组织结构　由于学生的知识组织引导其提取和应用信息,所以帮助他们在学习过程中建构有用的知识组织,这一点尤其重要。为此,教师的每堂课、每次实验或是讨论,都应准备提纲、议程或相关的视觉材料,以此为学生提供一个能组织其所学知识的构架。这里需要注意,在帮助学生建立有意义的、联系紧密的知识体系方面,并不是所有的提纲或议程都同样有效。教师要把握住一点:为学生提供的知识组织结构,应抓住关键概念或原理(例如,以"引言"、"讲授"、"讨论"和"概括重点"为标题的议程,就不如"人种学研究的三规则,为什么提出这些规则,对其局限性的讨论"为题目的议程效果好)。

运用对比性、边缘性案例,凸显知识组织特征 为了帮助学生以一种更为复杂、精妙的方式来组织知识,我们可以为其提供对比性的案例——两个案例之间有许多共同特征,但其本质特征不同。尽管在教学中老师经常用到各种案例,但要想使这些案例充分发挥其作用,就不能孤立地呈现它们,而是应将它们作以比较、进行对比分析。一个简单的例子是鲨鱼和海豚的比较。二者有诸多相同的地方,但分属于两个不同的种类。将这两种动物放在一起,会使他们之间的区分性特征更加清晰,从而帮助学生建构起更为深刻、精细的知识结构(例如,如果避免了根据习性等表面特征对动物进行分类,他们就会根据如下特征进行分类:脊椎动物还是非脊椎动物,热血动物还是冷血动物,胎生动物还是卵生动物)。因循同样的思路,如果重点呈现一些边缘性案例或异常案例(或通常易被错误分类的案例),也能帮助学生辨别特定类属的显著特征,从而建立起更为精密的知识组织。例如鸭嘴兽属于卵生哺乳动物,尽管某些特征与哺乳动物不符,但同时也拥有部分哺乳动物的特征。呈现这样的案例,可以帮助学生把注意力集中在特定类属的关键特征上。异常案例的使用,则可以提醒学生留意分类学的局限,鼓励他们建构多样化的知识组织。

明确强调深层特征 为了帮助学生建构更有意义的、深层的知识组织,教师应该重点强调问题、设计、理论和例子的深层特征。一种做法是,向学生提供一些本质相同但表面特征各异的案例,或表面特征相似但本质不同的案例。通过应用这些对比性案例,教师能够帮助学生更熟练地辨别深层特征和基本原理,从而以更有意义的方式组织自己的知识。

把概念之间的联系明晰化 在你介绍新概念(或设计、理论、例子、问题)时,要明确地将其和学生的已学知识联系起来(例如,"你们可能会记得,上星期我们在案例研究中遇到过类似的情况")。这种联系的建立可以依据相似性,也可以依据对比性或不一致性(例如,"是什么导致这个抽象派画家的作品如此与众不同")。除了亲自指明知识间的联系外,教师也可以通过提问,让学生自己来建立知识间的关联(例如,"我们以前在哪里见到过这种理论取向?""该案例和我们昨天讨论过的劳动管理案例有何异同?""该画家作品中的哪些特征很像包豪斯风格?")。

鼓励学生构建多元的知识组织结构 为了更灵活地运用知识,学生需要建构多元的知识组织,以便于从中择优运用。要求学生基于多种组织图式对一组项目进行分类,则可以帮助他们建构多元的知识表征。例如,你可以让学生先按照进化史,再依据原产地,依次对植物进行分类;然后提出问题,要求学生阐释各种知识组织方式的优劣。比如,基于植物演化史的分类,在古生物学分析中可能有效,却无助于设计栽培植物的绿色屋顶。要求学生在多种图式和层级结构下练习知识组织方式,能够使他们认识到各种组织方式的功能差异,从而帮助他们建构多种坚实、灵活的知识组织。

要求学生画概念图,展示自己的知识组织 让学生画出概念图,教师既可以深入了解他们在某领域的知识基础,又能确认其知识组织方式。概念图是对某一知识领域的视觉表征(关于概念图的定义及其具体制作方法,请见附录B)。在课程的开始阶段,教师可以安排画概念图的活动,以此来探察学生已有的知识组织,然后持续进行监测,看看这些知识组织如何随着时间和经验的发展而改变。概念图,无论是合格还是不合格的,都有利于教师诊断学生知识组织中存在的问题。如,学生是否把知识错误分类,是否在不相关的概念间建立错误的联系或未能在相关概念间建立联系,是否把属于下位概念的项目错误地归为上位概念等等。

应用分类任务,揭示学生的知识组织 揭示学生知识组织的另一种方法是:要求学生对不同的问题、概念或问题情景进行分类。这种方法可以揭示出学生在无需明确阐述分类标准时,以何种方式组织知识。例如,教师可以给学生呈现一系列问题,这些问题在表面特征或深层特征上有相同之处,然后要求学生根据相似性对问题进行分类。如果学生基于表面特征分类,就表示他们没有认识到问题的深层特征,也就不能建构出更有意义、更具灵活性的知识组织。

监控学生的学习,以了解其知识组织中的问题 检测学生知识组织中所存在的问题的一种方法,是关注学生在课程作业中所犯错误的类型。例如,学生是否容易混淆两类概念(比如将理论和方法论混淆,或是将力和加速度混淆)?他们是否总是一贯地错误应用某一公式、解题策略或解题方法?如果答案是肯定的,就说明学生的知识组织中极有可能存在不适当的联系和分类,从而影响他们的学习和学业成绩。

小结

在本章,通过对相关研究的回顾,我们了解到:无论是已有知识基础,还是知识的组织方式,都会影响学生的学习方式和学业表现。那些基于深层的、有意义的特征,建立起丰富的内部关联的知识组织,能有效地支持学生的学习和学业表现。有效的知识组织的另外一个关键方面是,它能良好地与当前任务相契合。因而,丰富而有意义的知识组织是很有助益的。专家常常受益于这种知识组织方式。然而学生，特别是那些刚刚接触某一学科的学生，倾向于基于知识的表面特征来组织自己的知识，他们的知识组织中也包含较少的相互关联。如果通过教学帮助学生理解知识间的重要联系，使之在所学内容中建立起更多关联，他们就会从中受益，从而建构更加灵活、有效的知识组织。

3 哪些因素激励学生学习？

我的学生们会喜欢这门课——事实并非如此

上学期，我终于能够去讲授一门与自己的兴趣直接相关的课程。整个夏天，我投入大量的时间和精力去备课，并且急切地等待新学期的到来。我选用了一些在大陆哲学（Continental Philosophy）方面影响深远的阅读材料，然后让学生基于19到20世纪的原始文献，完成一个研究设计。起初，我认为学生们会对这个主题感兴趣，而且乐意去阅读一些经典著作。但结果出乎意料，他们的作业让我非常失望。除了两名原本就是哲学专业的学生，以及一名"需要在考试中取得A以便顺利进入研究生院"的学生，其他人对那些阅读材料完全不感兴趣，很少参与课堂讨论。另外，在选择研究主题方面，他们也鲜有灵感及创造性。总而言之，整个学期下来他们几乎没什么进步。据我推测，说到底，大部分学生都对哲学兴趣索然。

Tyrone Hill 教授

你们中有三分之一的人不会通过这门课

这个学期，由于负责教授热动力学这门课程的同事休假，我被安排顶替他的位置。我知道这门课很难教，因为课程内容的难度之大是众所周知的;此外,工程学专业的学生选择这门课,仅仅是因为这是本专业的必选课。最糟糕的是,之前同事已经警告过我,学期刚开始就会有很多人旷课;那些来上课的学生,通常也不作任何准备。显然,我需要想一个办法来激励学生努力学习,以便跟上课程进度。我回想起当我还是一名学生时,只要教授说我无法应对某个挑战,就会激发起我的斗志,以此证明他对我的看法是错误的。因此,第一天上课,我就告诉学生:这门课非常难,你们需要付出比学习以往任何一门课程都要多的努力;即便如此,你们之中仍会有三分之一的人难以通过最终考试。我以为学生们听到了这些话后,会开始认真、努力地学习,达到我所提出的标准。但令我吃惊的是,跟前几个学期相比,学生反而更加懒散:他们经常旷课,草率地应付课后作业,测验成绩也再创新低。我事先已经给了他们郑重的告诫,居然还会出现这样的结果!这是我见过的学习态度最差的一个班,学生们看上去总显得无精打采和兴趣索然。我觉得,如今的学生简直是懒透了。

Valencia Robles 教授

这两则故事中发生了什么?

在这两个故事中,学生们都没有达到或表现出教授所期望的理解水平。问题的根源似乎在于,学生没有投入到课程内容的学习中。值得肯定的是,Hill 教授和 Robles 教授都绞尽了脑汁,去思考如何才能激发学生的学习动机。然而,他们作出了一个尽管常见却往往错误的假设:学生会像自己当年一样,被同样的方法所激励。当学生的学习动机不能被以同样的方式激发起来时,他们便认为学生缺乏兴趣或懒惰。

然而,如果仔细分析这些教师的教学方法,以及令他们意外的教学结果,可以发现,对学生缺乏学习动机的行为,还可以用其他一些原因来解释。因为 Hill 教授对课程内容充满热情且兴趣盎然,以至于没有意识到那些最能吸引他的课程特征——阅读影响深远的材料,研读第一手资料——对学生来说并没有太大的价值。结果,学生们学习起来三心二意,并没有真正地掌握其实质内容。而对于 Robles 教授来说,她希望营造一个竞争激烈的学习环境,因为学生时代的她曾在这样的环境中受到很多激励。可是,她过于强调课程学习的难度,并且警告学生通过考试的机会有限,反而使学生对这门课程预先产生负面印象,降低了他们的成功期望以及学习动机,因而他们就不再付出获得成功所需要的努力。

尽管这两则故事讲到的情况稍有不同,但动机问题都是其关键所在。

此处什么学习原理起作用?

动机是指个体为了达到某种目标状态或结果所作出的个人投入(Maehr & Meyer, 1997)。在学习情境中,动机影响学生所从事的学习活动的方向、强度、持续性及质量。

> *原理:学生的动机激发、引导和维持他们的学习活动*

在学习情境中,动机的重要性怎么强调也不为过(Ames, 1990)。学生进入大学后,随着他们在学什么、何时学、怎么学等方面的自主性的增强,动机在引导其学习方面起着至关重要的作用。而且,由于学生在追求学习目标的同时,存在着许多竞争性目标来分散其注意力、时间及精力,因而教师明晓哪些因素会加强或削弱其学习动机,这一点至关重要。

正如我们在第一个故事中所看到的,如果学生觉得课程内容索然无趣,或者与己无关,就可能看不到其价值,就不会进行深度学习。类似地,在第二个故事中,如果学生觉得自己在这门课上很难取得成功,也就不会积极参与必要的学习活动。可以想见,如果 Hill 教授的学生明白在学习中使用第一手资料的价值,Robles 教授的学生预期到自己的努力学习能带来优异的表现和良好的成绩,那么这两个故事的结局会大不相同。

正如这两则故事所显示的,有两个概念对理解动机非常重要:(1)目标的主观价值;(2)预期,即对成功达成目标的期望。尽管解释动机的理论有很多,但这两个概念在多数动机理论框架中都处于核心位置(Atkinson, 1957, 1964; Wigfield & Eccles, 1992,

2000)。如图3.1所示,预期和价值相互作用,共同影响着个体从事目标导向行为时的动机水平。

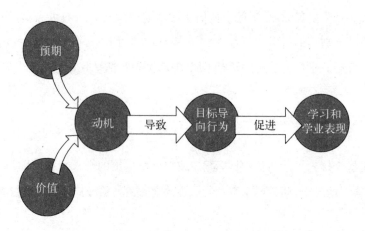

图3.1　价值和预期对学习和学业表现的影响

关于动机的已有研究告诉我们什么?

只有在目标追求中,价值和预期才会衍生出其意义,并影响动机。因此,我们首先简要讨论一下目标。

目标

仅仅说某人有动机,这几乎等于没说什么。通常,我们会说某人有做某事的动机。从中可以看出,目标对动机行为具有基本的组织功能(Ryan, 1970; Mitchell, 1982; Elliot & Fryer, 2008)。实际上,目标就像指南针那样,指引和引导着一系列目的性行为,如对智慧和创造性的追求,社会和人际关系的建立,认同感和自我概念的形成,对安全和物质财产的需求,以及在生活中对高效率和胜任力的渴望(Ford, 1992)。而且,众多目标还经常同时起作用。这种现象在大学生身上相当常见。例如,他们可能在某个特定时刻,需要获得知识和技能,结交新朋友,向别人展示自己的智慧,培养独立意识,还要休闲娱乐。

在思考学生的目标如何影响其学习行为时,有一个问题值得我们关注:学生给自己设定的目标,可能与我们为他们设定的目标有所不同。在本章开始的第一个故事中,便出现了这种目标不匹配的现象。Hill 教授希望学生通过使用和鉴赏第一手的学习资料,获得对大陆哲学的理解。很显然,这一目标与学生们为自己设定的目标不一致。一种更为常见的目标不匹配的情况是,老师希望学生出于自己的兴趣、需要而学习,而学生却被表现性目标(Performance goals)驱动着去学习(Dweck & Leggett,1988)。表现性目标包括:保护理想的自我形象,获得好名声或公众形象。当被表现性目标指引时,学生所关心的是常模标准,他们会努力展示自己的能力,以求显得聪明,赢得地位,获得赞许和表扬。埃利奥特及其同事(Elliot,1999;Elliot & McGregor,2001)对表现性目标作了进一步的细分。他们认为,表现性目标可以分为两类:表现—趋向目标(Performance-approach goals)和表现—回避目标(Performance-avoidant goals)。确定表现—趋向目标的学生,关注的是通过达到常模标准来显示胜任力;相反,确定表现—回避目标的学生,则通过达到标准而不让自己显得低能。他们还认为,这两种不同目标定向的学生,在学习方式和效果方面也有差别。研究表明,表现—趋向目标比表现—回避目标更能促进学生的学习(Elliot & McGregor,2001;Cury et al.,2006)。

与确定表现性目标不同,如果学生为学习目标(Learning goals)所导引,就会努力学习获取能力,切实从活动或任务中学到知识。设想一下,如果我们希望学生通过探索和智力冒险活动,获得对知识的深层理解(学习目标),而学生们只是想通过必要的学习来拿到一个不错的分数(表现性目标),那么我们就可能无法获得预期的学习行为和学习结果。事实上,多数研究表明,与那些确立表现性目标(特别是表现—回避目标)的学生相比,确定学习目标的学生,更可能运用能够引发深度理解的学习策略,更可能在必要的时候寻求学业帮助,遇到困难时更能坚持不懈,并且坦然面对挑战,乃至积极寻求挑战(关于学习目标和表现性目标的更多讨论,请参阅 Barron & Harackiewicz,2001;Harackiewicz, Barron, Taucer, Carter & Elliot, 2000;Miller, Greene, Montalvo, Ravindran & Nichols, 1996;Somuncuoglu & Yildirim, 1999;McGregor & Elliot, 2002)。

学生的其他目标,也可能与教师的目标相冲突。例如,工作—回避目标(Work-avoidant goals),就包含以最少努力和最快速度来完成工作的期望(Meece & Holt,1993)。那些主要受工作—回避目标驱动的学生,可能对学习缺乏兴趣,表现得孤僻、沮丧、懒散。但有一点我们要记住:工作—回避目标往往与具体情境相关联;也就是说,学生在某种情境下努力学习,但在另一种情境中可能逃避学习。例如,在 Hill 教授的课上,一名学习用功的工程学专业学生,如果看不到大陆哲学中的知识和视角对自己的智慧启迪和职业发展所起的促进作用，就可能在学习中应付了事。

尽管学生的目标并不会完全与我们为他们所设定的目标相一致，但这两套目标（我们的和他们的）也并非总是相互冲突。事实上，当学生的某些目标与我们的目标相匹配时，就会出现非常有助于学习的情境。例如，我们可以想象，如果前面提到的那个工程学专业的学生能够认识到，提出、呈现并评估一个合乎逻辑的论点，将大大有助于自己成为一名高水平的工程师（例如，能够帮助他向客户阐述自己的工程设计方案，或者跟同事交流工程方面的局限），那么，他自己的学习目标和哲学课教授的目标就更为接近，对学习就更具有促进作用，他追求学习目标的动机就会增强。

此外，一项活动能满足的学习目标越多，就越能激发学生的学习动机。情感目标（Affective goals）和社会性目标（Social goals）在课堂中扮演重要角色（Ford, 1992）。例如，在工业设计课上，如果某个学生的目标包括学习和运用基本设计原理（学习目标），结交朋友（社会性目标），以及参加趣味盎然的活动（情感目标），那么让她以小组成员身份参与设计过程，就可以为她提供一个同时满足多种目标的机会，增强其学习动机。这一点已得到已有研究的进一步支持。研究显示，相比于那些只拥有单一目标的学生，拥有多重目标的学生更容易获得成功（Valle et al., 2003）。

当然，学生也有可能同时拥有多个相互冲突的目标。例如，一个学生可能想要在即将到来的心理学考试中取得好成绩，因此他给自己安排了晚上的学习时间。与此同时，他还希望能够参加校内的体育运动来联系同伴，为此，他不得不去参加校内的一个注册会议，而这个会议的时间跟他的晚自修时间是冲突的。让情况更加复杂的是，他最近喉咙沙哑，还伴有其他一些感冒的症状，而他还很想保持身体健康。这样看来，晚上直接上床睡觉，而不去自修或参加校内注册会议，才是最明智的选择。面对这么多相互冲突的目标，他究竟会选择哪个？这里有一些重要的因素，可以帮助我们理解学生将追求哪个目标。例如，价值和预期作为两个重要因素，会相互作用，共同影响动机。在下一节，我们将依次讨论这两个因素。

价值

目标的重要性，亦即我们通常所说的主观价值，是影响人们追求该目标的动机的一个关键因素。实际上，在本章所描述的第一个故事中，Hill教授的学生正是因为感知不到目标的价值，才会出现动机不足问题。这里的问题很简单。只有当目标价值相对较高时，人们才会积极行动，追求这一目标。因而，面对多重的目标时（比如去晚自修,参加一个校内注册会议,或者早点睡觉以抵御感冒的侵袭),学生更愿意去追求对自身价值最高的目标。

价值有多种来源。威菲尔德和埃克尔斯(Wigfield & Eccles, 1992, 2000)认为,对于与成就相关的活动和目标来说,有三类基本因素决定着主观价值。第一种是成就价值(Attainment value),即从完成任务或者实现目标中获得的满足感。例如,一个学生能够从解决复杂数学问题中获得极大的满足感,因此她愿意花费数小时解题,仅仅用来证明自己的解题能力。同样地,为了提高熟练水平,人们常常花大量时间来玩电子游戏。

价值的第二种来源是内在价值(Intrinsic value),即人们的满足感仅来自从事任务本身,而非某一特定任务结果。在以下情境中,正是由内在价值发挥其作用:不知疲倦地设计并搭建一个漂亮的舞台布景;花费大量的时间编写一个电脑程序;仅仅因为感兴趣而刻苦钻研,以便理解调节肿瘤细胞血流量的各种因素之间的复杂交互作用。本质上,内在价值与目标或活动的具体内容密切相关,它是研究者通常所说的"内在动机"(Intrinsic motivation)的来源。

价值的最后一种来源,埃克尔斯和威菲尔德称之为工具性价值(Instrumental value),它是指一种活动或目标能够帮助人们实现其它重要目标的程度。例如,它可以帮助我们获得传统上讲的外部奖励(Extrinsic rewards)。赞扬、公众的认可、金钱、物品、感兴趣的职业、地位较高的工作或不错的收入,都是长期目标,它们可能会为那些相对短期的目标提供工具性价值。例如,有些学生选择学商科,仅仅是因为毕业后能够在商界找到一份薪水和声誉都不错的工作。在这里,就是工具性价值激励着他们努力学习。

在 Hill 教授的大陆哲学课上,大多数学生似乎都无法找到这三个价值来源中的任何一个。对那两名哲学专业的学生来说,课程内容有其内在价值;而对那名想要在这门课上拿一个好的分数以便能进入研究生院的学生来说,单一的工具性价值便能激发其学习行为。然而,在许多情况下,价值的各个来源是综合起作用的。实际上,内在动机和外在动机很难像理论设想那样截然二分。例如,一个生物学专业的学生努力学习某门课程,其动机的来源是多方面的,包括解决有挑战的难题(成就价值),对生物学兴趣浓厚(内在价值),有更多机会进入好的医学院工作(工具性价值)。因此,有一点大家要记住,价值来源并非必然会产生冲突,而是会相互强化。事实上,对于某个学生来说,虽然最初的任务可能只有工具性价值(主要是为了获得学分或者满足自身的一个需要),但随着他在该领域中知识的增加和能力的提高,任务的内在价值也逐渐显现出来(Hidi & Renninger,2006)。

预期

尽管只有当人们看到预想结果的价值时,才会有追求动机,但仅认识到其价值还不足以激发行为。激发人们去追求某些目标和结果的原因,也可能是他们确信自己能取得成功。反之,如果人们觉得难以成功实现预想的目标或结果,就不会产生动机,采取必要的相关行动。动机理论者把这类对成功的期望称为预期。接下来,我们将介绍预期的两种形式,以便于深化对动机行为的理解。

要追求一些具体的目标,学生必须持有积极的结果预期(Outcome expectancies)。结果预期反映的信念是,特定行为能够带来期望的结果(Carver & Scheier, 1998)。如果一个学生想:"假如我完成了所有指定的阅读材料,并参与课堂讨论,就能很好地掌握这些内容,解答考试题目,从而顺利通过考试。"那么他就是持积极结果预期。在这里,积极的结果预期与学生的行为和预想的结果联系在了一起。相比之下,消极的结果预期反映的信念是,特定行为对期望的结果毫无影响。例如,持消极结果预期的学生会想:"不论我在这门课上多么努力,都不会取得一个好分数。"在本章开始部分的故事中,这一动力系统似乎在 Robles 教授的部分学生身上发挥了作用。她告诫学生,即使他们付出比以往更多的努力,全班仍会有三分之一的人考试不及格。结果是,大部分学生产生了消极的结果预期。换句话说,他们开始怀疑努力学习究竟能不能通过考试,并因此丧失了学习动机。具有讽刺意味的是,Robles 教授原本是想通过这种形式激发学生的学习动机,结果却恰恰相反。要想激励学生专心致志地投身学习,就必须让他们相信,他们的学习行为和预期的结果之间紧密相关。

尽管积极的结果预期对激发行为来说是必须的,但仅仅有此还不够。效能预期(Efficacy expectancies)对激发行为来说也是必须的。效能预期代表的是一种信念,亦即认为自己有能力识别、组织、发起、实施那些能达到预期结果的活动(Bandura, 1997)。因而,要想对成功持有积极的预期,学生不仅要相信完成指定作业就能通过考试,还要相信自己有能力完成这些作业。总之,这种对自身能力的信念是预期的一个重要组成部分,并且能激发个体的动机。

那么,哪些因素决定着一个学生对成功的预期呢?一个重要的因素是在相似情境中的已有经验。如果一个学生在以往的某项活动中获得过成功,那么他就更可能期望在未来的相似活动中再次获得成功。如果他在过去遭受过失败,他更可能预期未来还是失败。然而,一项更为复杂的关于已有成败的分析研究表明,学生对先前成功和失败的归因,可能对其成功预期产生更大的影响。学生的理由或归因,包含着对行为结果作出的因果解释(Weiner,1986)。

当学生成功地达成一个目标,并将其归因于内部因素(例如,他们的天赋或能力)或可控因素时(例如,他们的努力或坚持),他们更有可能期望未来的成功。然而,如果他们将成功归因于外部因素(如任务非常简单)或不可控因素(如运气),则不大可能对未来作出成功预期。例如,如果一个学生将其在设计方案上获得的好成绩,归因于自己的创造力(能力)或自己花费了大量的时间去设计和实施(努力),他就可能对未来的设计作业做出成功预期。这是因为,他将成功归因于相对稳定和可控的因素。这种归因,构成了对未来相似情境持有积极预期的基础。

然而,当一个学生未能实现目标时,如果他把失败归因于能力不足(例如,"我不擅长数学"或"我确实不擅长写作"),特别是看到自己的能力比较固定,不太容易改变,那么其动机就可能会降低。另一方面,即使在失败的情境中,动机也有可能维持在较高的水平上。例如,如果学生把自己不理想的成绩归因于可控的、暂时的影响因素,如准备不充分、努力不够,或者是缺乏相关的信息,其学习动机就不会降低。在这种情况下,学生仍然坚信自己有能力改善行为,从而获得一个更为积极的结果。

因而,在班级情境中,那些将成功的行为表现归因于能力和努力,将失败的行为表现归因于缺乏努力和信息不足的学生,其动机水平、努力水平、意志水平都是最高的。因为这些归因方式使之相信:良好的行为表现是可以维持的,而不良的行为表现是可以改变的。

对环境的感知如何影响价值和预期的相互作用

价值和预期并不是在真空中发生作用。事实上,它们在自身所存在的更为广阔的环境中发生相互作用(更多关于课堂气氛的信息,请参见第 6 章)。从学生的视角来看,这种环境可以被视为一个从支持到不支持的连续体(Ford,1992)。毫无疑问,课堂中的复杂动力系统、课堂基调、人际交往动力、交流模式的性质和结构会综合起作用,要么提升,要么抑制学生追求某个目标的动机。如果学生感觉环境是支持性的(例如,"这位教师让人觉得很亲近;如果我遇到麻烦,有几个同学似乎愿意帮忙"),那么他们的动机可能会增强。反之,如果学生感受到环境是非支持性的(例如,"这位老师似乎对工程学专业的女生没什么好感"),那么这种感觉就会威胁到她对成功的预期,并削弱其动机。

我们对动机的这些认识表明,如果个体认为自己所追求的目标有价值,对成功有着积极的预期,并且感受到环境的支持,此时他的动机水平就最高。反之,如果他不认为自己的目标有价值,对成功的效能预期很低,并且感知不到周围环境的支持,其动机水平则要低得多。那么,这一结论对我们的课堂教学以及学生的行为有什么启示呢?

首先,我们必须明确,我们可以通过三个重要途径(价值、效能预期、环境的支持性)来调节动机水平;如果我们忽略了其中任何一个,动机都可能会被大大削弱。基于汉森(Hansen, 1989)和福特(Ford, 1992)的研究,图3.2呈现出了在支持性和非支持性环境中,由于价值和预期相互作用而引发的一系列行为。

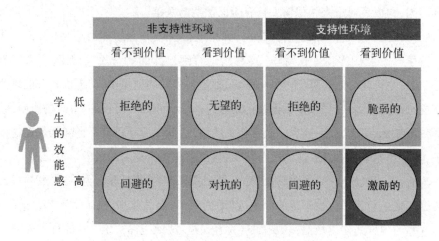

图3.2　环境、效能、价值对动机的交互影响

如果学生对某个目标不在意,并且对自己成功实现该目标的能力缺乏信心,那么不管是在支持性还是非支持性的环境中,他们都倾向于采取一种拒绝的(Rejecting)行为方式。这些学生不愿置身于学习情境,他们从中会感到无趣、被动、疏离乃至愤怒;即使身处支持性的环境中,也会把支持视为逼迫和压力。

如果学生认为目标价值不大,即使他们相信自己能够成功实现目标,那么无论在支持性还是非支持性的环境中,他们也都可能采取回避的行为方式。对他们来说,尽管任务很容易却并不重要,因而难以集中精力,常常被无关的社会性刺激或者白日梦所吸引。通常情况下,为了规避老师的公开批评和压力,或者避免成绩不好有失面子,他们会在保证刚好能够通过考试的前提下,尽可能少地去学习。

还有一些学生,尽管他们认为某个目标非常有价值,但缺乏实现目标的信心。在这种情况下,他们会基于环境的不同,表现出两种行为方式。那些认为周围的环境对自己没有支持或者支持很少的学生,可能会感到绝望;他们似乎对成功不抱有任何想法,动机水平很低,行为显得很无助(Helpless)。而那些从周围环境中感受到支持的学生,通常会感到脆弱(Fragile)。他们认为任务很有价值,周围的人也很支持自己,因此很想获得成功;然而,他们怀疑自己的能力;为了维护自尊,他们宁可不懂装懂,避免在公众面前表现自己,不承认自己存在困难,并找出种种借口来为自己差劲的表现进行辩护。

同样地,那些认为任务有价值,且对自己的能力很有信心的学生,也会根据他们对环境支持性的感知情况,做出两种不同的行为表现。如果他们认为周围的环境缺少支持或不予支持,就可能表现出对抗(Defiant);也就是说,因为任务很重要,而且对自己的能力也很有信心,他们可能会采取一种"我要做给你看"或者"我要证明你错了"的态度,以此来回应环境的不支持。如果学生从周围环境中感受到支持,就会表现出最受激励(Motivated)的行为。本质上,影响动机水平的三个因素此时正向地结合在一起。因而,这些学生会努力学习,整合、运用新知识,并且把学习情境看作加深知识理解的机会。

研究的启示

至此,有几个重要的结论已显而易见。首先,价值、预期和环境相互影响,从而使学生的行为千差万别。在激励学生时,没有哪个单一因素一直起决定作用;价值、预期和环境中的任何一个维度发生改变,都能影响学生的动机水平,进而改变他们的行为。例如,为倾向于对抗的学生提供支持和鼓励,能够大大提高他们的动机水平。同样地,通过帮助那些"脆弱的"学生树立积极的成功预期,也可以提高他们的动机水平。其次,表3.2中的每个维度都代表了学习环境的特征。作为老师,我们可以通过这些维度来影响学生。最后,如果我们忽略了其中的任何一个维度,都可能会极大挫伤学生的积极性。例如,如果学生认为某一任务或目标没有价值,而我们未能有效干涉,他们可能会展现出一种回避的动机模式(见图3.2左栏)。同样地,如果学生感知到的学习环境是非支持性的,那么即使他们认为目标有价值且有积极的效能预期,其学习行为可能也难以被高度激发。事实上,当我们觉得无法从周围环境获得支持的时候,所能期望的最佳状态也只是动机的对抗模式(见图3.2上半部分)。

研究提出了哪些策略？

在本节,我们将介绍许多策略。这些策略有助于增强学生对目标和活动的价值判断,提升他们的成功预期,营造提高其学习动机的支持性环境。

确立价值的策略

把学习材料与学生的兴趣关联起来 遇到自己感兴趣或与生活紧密相关的学习内容时,学生往往会有更强的学习动机。例如,介绍摇滚乐历史的课程,关于哲学和黑客帝国的系列电影,有关性取向的统计学,如何用技术来遏制全球贫困,如何建立虚拟的现实世界等,这些内容都与学生的兴趣紧密联系。尽管这些课程的要求都很严格,但学生们兴趣盎然,因为这些课程深入探讨的问题对学生来说都很重要。

提供真实的、现实世界中的任务 给学生呈现问题或者任务时,要让学生直观、明确地看到抽象的概念和理论是否与他们有关,是否有价值。例如,经济学教授可以用一个经济不稳定的个案研究,来阐述市场推动力。在这里,分析现实事件可以为学生提供某种情境,使他们更好地理解经济原理及其在当前情境中的运用。同样地,在一堂信息系统课上,老师也可以给学生布置一个服务性学习的项目,让他们为社区里一个真实存在的客户建立资料库。这种真实情境下的任务,要求学生在一些现实的限制性条件下寻求解决方案,和真实的客户互动,并且对该领域进行探索。此外,还可以为其将来的实习或者工作提供机会。

显示出与学生当前学业的关联 学生们有时候并不重视当前的学习,因为他们没有看到这些学习对整个课程学习所具有的价值。例如,心理学专业的学生,可能认为学习数学用处不大,因为他们没有意识到掌握好这部分知识,对他们将来学习必修的统计学或研究方法课程非常重要。如果你能在当前的课程内容与将来要学的课程之间,建立明确的联系,让学生看到其中的关联,他们就会更好地认识到每门课程的价值,并把它视为将来所学课程的基石。

向学生解释高水平技能与未来职业的关联 学生常常只关注具体的课堂内容,而没有意识到从不同的课上学到的技能和能力(例如,数理推理、公开演讲、议论文写作、团队合作能力等)会如何促进其未来职业生涯的发展。例如,学生们常常抱怨老师居然对他们实验报告的写作质量打分，却没有意识到书面的沟通能力对很多职业来说都非常重要。向学生解释各种技能将如何广泛应用于他们的职业生涯，有助于激发学生的动机。

指明并奖赏你重视的学习活动 跟学生讲清楚自己重视什么，这是很重要的。你可以通过在教学大纲中标注重点、提供学习反馈或榜样示范来做到这一点。指明重视的学习活动后，你还要通过实施与课程目标一致的评估，给予学生相应的奖励。例如，在一个设计课程中，如果你所重视的是小组互动的质量，那么你应该指明并解释小组互动的哪些方面是重要的（例如，清晰地沟通，有效地解决分歧，从多个角度考虑问题等），并把小组互动质量作为期末成绩的一部分。同样地，如果你想让学生在智力或创造性方面进行大胆探索，就要明确告诉学生这方面能力的重要性；在评价学生的时候，你要看他们在多大程度上挑战了自己的极限，而不是最终是否成功。

展现你对本学科的热爱 你自身的激情和热忱可以强烈地感染学生。即使学生最初对你的课程不感兴趣，也要努力展现出自己对这门课的喜爱。你的热情也许会引起学生的好奇和兴趣，激发他们思考为什么这门课让你如此兴奋，进而吸引他们更多地投入到这门课的学习中，从而发现之前他们忽视的价值。

帮助学生建立积极预期的策略

确保目标、评估及教学策略的一致性 如果这三个课堂成分相一致，也就是说学生既明晓教学目标，又有机会去练习并获得反馈，而且还能展示他们的理解水平，那么他们的学习将得到促进。在这种情况下，学生还能更为全面地理解老师的预期，提升学习动机，因为他们更加相信自己能够掌控学习和学业等级。

给予学生适度的挑战 为学生设置有挑战性又能实现的目标，能够最大限度地激发他们的动机。但是，要找出符合自己预期的合适的挑战水平，这可能有些困难。为此，你需要了解学生。比如，了解他们已有的知识经验，他们对未来的规划和设定的目标。预先评估可以帮助你评价学生的已有知识和长期目标。在上课前，按照课程顺序（如果课程之间相关联）来分析前面所学课程的教学大纲，也能帮助你了解学生先前的学习经历。参阅那些曾经教过这门课的教师的教学大纲，可能也会获得一些线索，让我们明白确定何种水平的预期是恰当的。最后，你还可以与同事讨论如何确定合适的预期，或者直接去他们的班级进行观察。

布置具有合适挑战水平的作业 如果你的课程或作业让学生感觉"即使付出很

大努力也不可能成功",他们就不会有足够的动机去完成作业。另一方面,如果你的课程或布置的作业过于简单,学生就会认为这些内容不重要或不值得花费时间,从而草草完成。因此,我们需要设置一个有挑战性但付诸努力后又能实现的标准。然而,设置这样一个标准并不容易,因为学生之间存在很大的差异。因而,你应实施诊断性评估或者事先评估,以此来帮助你确定适合于每个群体的作业难度水平。

尽早提供成功的机会 对未来成就的预期受已有经历的影响,而已有的成功经历能够培养学生的效能感。对于那些被学生视为"难关"或者"高风险"的课程,或者是那些让学生出于某种原因感到焦虑的课程,采用这种策略显得尤为重要。例如,在给学生布置一个大的作业任务之前,你可以先布置一些简短的作业,并使之获得成功。这些简短的作业尽管在期末成绩中所占比例很小,却能提高学生的胜任感和自信心。

明确阐释你的期望 向学生清晰地阐释课程目标,可以让他们知道你预期的结果是什么。接下来,你应明确地告诉学生怎么做才能达成这些目标。采取这种做法,有助于把课堂活动和预期的结果更为具体、切实地联系起来,使学生形成一个更加积极的结果预期。你可以向学生指出,在哪些地方可能会遇到学习困难,从而帮助他们设置现实的预期;你还可以向学生表明自己的信心和期望,告诉他们一定会克服这些困难并取得成功,从而激发他们的主体意识。同时,你还要让学生知道,在追求目标的过程中,可以从你这里得到哪些支持(如到办公室面谈或者复习指导)。

提供评分细则 评分细则可以明确地展现你对学生的行为表现的预期,引导学生把行为指向你预期的目标。例如,关于研究报告的评分细则,要明确交代任务的构成成分(如假设、证据、结论、报告的撰写),以及各成分在不同熟练水平上的预期表现(如有待提升、胜任的、卓越的)。具体样例请见附录C。

提供针对性的反馈 因为反馈能提供关于目标进展的信息,因而对动机有极大的影响。反馈要达成最佳效果,一是要及时,二是要具有建设性。及时反馈是指在行为或作业完成之后立刻给予反馈,以便学生在接下来的活动中能够吸收反馈意见。建设性反馈是指阐明行为表现的优缺点,并为后继行动提供建议。更多关于反馈的讨论,请参阅第5章。

公正 你要确保用来评估学生作业的标准和规则,在执行时做到公正。当学业等级的评定涉及多个评定者时(如有多个助教),尤其需要注意这一点。如果学生认为老师用不同的标准来评估自己和同学的作业,或者前后两次的评价不一致,他们对成功的期望将大打折扣。

引导学生以正确的方式看待成败 为了增强学生对行为结果的控制感,进而影响他们对成功的期望,你可以教他们如何对成败进行归因。例如,我们常常把成功归因于自身因素(即内归因),而把失败归因于外部世界中的因素(即外归因)。我们应该引导学生学会把成功归因于恰当的学习策略、良好的时间管理、努力学习等。同时,还要帮助他们避免把失败归因于诸如"对数字不擅长"、"不擅长处理细节"或者"不聪明"等因素。当他们遭受失败时,要帮助他们学会把失败归因于可控的因素上,例如他们的学习方式(譬如,学了多少、何时学的、学习习惯等)。

教授有效的学习策略 对于失败之后,采用什么样的合适方法来改变学习行为,学生们可能并不知晓。在这种情况下,讨论有效的学习策略,让他们采用另外一些学习方式,改变那些导致不良学业表现的行为,是非常重要的。采取这种做法,还可以帮助他们调整期望,让他们相信自己能够成功地实现自己的目标。

强调价值和预期的策略

给予灵活性和控制感 在可能的情况下,要让学生根据自己的目标,基于自己看重的活动,自己做出行为选择和决策。给予学生更大灵活性的一种方式是,允许他们自主选择部分课程内容、论文主题以及课堂讨论的问题。灵活性给人一种掌控感,它有助于提升学生的成功期望。

给予学生反思的机会 给学生反思作业的机会,这一点很重要。借助具体问题促使学生进行反思,有助于构建一个增强其学习动机的过程。例如,问学生"从作业中你学到了什么",或者"这个设计中最有价值的是哪一点",可以帮助他们明确作业的价值。问他们"你为这项作业或考试做了哪些准备?你还需要练习哪些技能?如果你以后做这个作业,你会做哪些不同的准备?采用哪些不同的方法?"能够帮助他们找到那些可以扬长避短的具体策略,从而增强他们对未来成功的期望。

小结

在本章,我们讨论了影响学生动机的一些因素。我们把目标这一概念作为讨论的组织框架,阐述了学生的目标的多元性、多样化,及其与教师的目标可能存在的不匹配。我们介绍了一个模型,以此说明学生对目标的主观价值判断、对成功的预期,在激发其学习动机方面所具有的关键作用。

90　　　我们探讨了主观价值感、效能预期和对环境支持性的感知是如何相互作用,共同影响学生的特定行为方式。我们希望,通过明晓这些因素影响动机的方式,通过掌握某些实用策略,你可以增强学生的学习动机,提高他们的课程学习质量。

4 学习如何达到精熟水平？

部分之和

　　在进入学术界之前,我曾在工业界工作了二十多年,深知团队合作的重要性。因此,在我的工业管理课上,除了给学生们布置一些个人设计的作业之外,我还布置了很多团队设计作业。学生们的个人设计作业都完成得非常好,因此大家会认为,他们在团队设计上将有更加出色的表现。毕竟,两种作业用到的知识相差无几,而且,团队设计中有更多的人,大家共同分担工作,集思广益。然而,情况恰恰相反:不但各小组都没有按时完成作业,而且他们的分析肤浅片面,他们的设计也缺乏内在的一致性。我实在弄不明白问题究竟出在了哪里。但从那以后,我只给学生布置个人设计作业,而不再布置团队设计作业。我希望有人能告诉我,为什么总体反而小于而不是大于部分之和?

Fritz Solomon 教授

到现在他们还不懂这个?

　　我刚刚上完第二堂表演课,感觉自己从未如此沮丧过。这是一门高级课程,来上课的学生都已经上过一些关于语音、发声和形体的课;换言之,他们应该已经拥有了扎实的基础知识。然而,他们竟然还犯最基本

> 的错误！比如，我从田纳西·威廉姆斯的剧本中选择了一个非常简单的场景让学生来表演，本以为他们能很轻松地完成，但是班里一大半的学生都出了差错。他们不是发出难懂的南方口音，就是不小心弄掉了道具，或者干脆连台词都讲不清。不仅如此，他们甚至完全忘记了在初级表演课程上，教师反复强调的两点：清嗓子和录制台词发音的重要性。他们怎么会到现在还不知道这些？我很清楚他们已经学过这些东西了，因为我曾旁听过他们第一、二学年的课程，也曾对他们的表演留下了深刻的印象。但为什么他们一走进我的课堂，就似乎把以前学过的内容忘得一干二净？
>
> Pamela Kozol 教授

这两则故事中发生了什么？

在上述的两则故事中，两位教师都认为他们的学生已经掌握了必备的知识和技能，能够很好地完成自己布置的作业。然而，学生的表现却令人失望。两位老师都感到困惑，为什么学生的表现远远达不到教师的预期？

事实上，这两位教师布置的任务，在对学生的要求方面，远比他们意识到的要多得多，而学生却没有像教师所假定的那样，已经做好了充分的准备。例如，在第一则小故事中，Solomon 教授期望团队设计的质量会优于个人设计，因为团队设计中有更多的人"共同分担工作，集思广益"，这对很多教师来说，似乎是一个很合理的假设。但是，只有当学生们知道如何在团队中有效工作时，这一假设才会成立。实际上，成功的团队合作不仅仅需要相关知识和技能，还需要另外一套完全不同的技能，例如分配任务、协调工作、解决冲突、整合成员们的贡献等。当学生拥有这些应对团队工作的挑战所必备的技能时，他们在团队中的工作质量才有可能优于他们独立工作的质量。反之，如果学生缺少这些关键的成分技能，就会严重阻碍他们的工作表现。

相比之下，Kozol 教授的学生似乎拥有了必要的成分技能，他们之前上过初级课程，很明显已经掌握了基础的形体、发声和台词技能。但是，当要他们完成一项需要这些技能的任务时,他们的表演却出现了各种错误和疏忽。为什么?这里有几种可能的解释:首先,尽管学生在上 Kozol 教授的课之前已经有了牢固的基础知识,但是他们最初在课堂上练习形体、发声、台词等各种技能时是分开进行的,因此,他们或许没有充分练习使用这一套整合的技能,特别是在表演一个完整的场景时。如果是这样的话,他们缺乏的不是成分技能,而是有效整合成分技能的能力。

另一个可能的解释是,Kozol 教授的学生并没有意识到先前所学的录制台词发音和清嗓子练习,与她所布置的课堂作业任务有关联。他们之所以不能把二者联系起来,一方面可能是因为他们对这些练习的作用,理解得比较肤浅,另一方面也可能是因为他们过于局限于当初学习这些技能时的环境(发声和台词课程)。如果是这样的话,问题的根源就不在于学生缺乏成分技能,或者他们不能成功地整合这些成分技能,而在于他们不能把先前所学的成分技能,成功地迁移到新的情境中,不能在新的情境中恰当地运用这些成分技能。

此处什么原理起作用?

上述两个故事表明,那些对教师来说看似简单明了的任务,通常涉及一系列技能的复杂整合。回想一下当初你学驾驶时的情形:你要牢记一系列步骤(如调整倒车镜、踩刹车、转动点火装置的钥匙、挂倒档、检查后视镜、松开刹车、踩油门等),一系列事实(如交通法规、路标的意义、汽车操纵装置和仪表的作用等)和一套技能(如平稳加速、路边停车、三点转向等)。你还必须学习如何整合这些成分技能和知识,例如观察后视镜然后更换车道。最后,你还必须懂得不同的知识和技能所适用的情境,例如,在结冰路面或光滑的路面上驾驶,如何调整车速,如何进行刹车。

对一个经验丰富的司机来说,驾驶已经自动化了,轻松自如,不需要太多的意识就能开得很好。但是对那些新手来说,驾驶相当复杂,需要全神贯注,他们的驾驶技能和能力需要有意识地逐步地形成。在学术情境下,达到精熟水平也需要经历一个与驾车相似的过程,正如下述原理所阐述的。

> **原理:** 要达到精熟的水平,学生首先需要掌握成分技能,
> 然后练习整合这些技能,并且知道何时运用所学的技能

精熟是指能够完全胜任某个领域的工作。这一领域的范围可以很狭窄,也可以很宽泛;可以包含一些具体的技能(如使用本生灯),或内容性知识(如知道所有美国总统的名字),也可能包含某一复杂学科领域的全面的知识和技能(如法国戏剧、热力学或者博弈论)。学生如果想要在某个领域达到精熟水平,不管这个领域是狭窄还是宽泛,首先都需要掌握一套关键的成分技能,然后练习这些技能,直到能够熟练整合并且达到一定程度的自动化,最后还要知道何时、何地恰当地运用这些技能(见图4.1)。

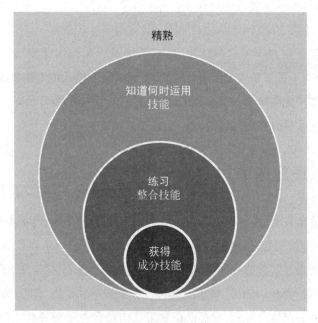

图 4.1　精熟的成分

关于精熟的已有研究告诉我们什么?

常识告诉我们,如果教师在某个领域达到了精熟水平,他就能更好地帮助新手达成精熟水平。但事实并非一定如此。在下一节,我们首先分析为什么专长对教师来说可能是个阻碍,然后考查关于每一个精熟成分的相关研究,讨论这些研究对教学的启示。

专长

具有讽刺意味的是,专长对教学中来说既可以是一个优势,也可能成为阻碍。为什么？让我们先来考查一下斯普瑞格和斯图亚特（Sprague & Stuart，2000）的精熟模型。如图4.2所示，该模型描述了新手发展到专家的四个阶段，重点关注了两个维度：能力和意识。

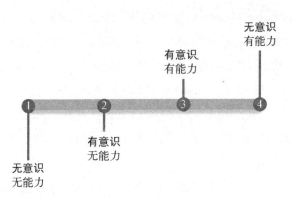

图4.2　精熟发展的四个阶段

如图4.2所示，新手学生处于无意识、无能力（Unconscious incompetence）的阶段。在这一阶段，他们还没有掌握某个领域的技能，也没有充足的知识来告知自己应该学习什么。简言之，他们不知道自己不懂什么。随着知识和经验的积累，他们逐步达到有意识、无能力（Conscious incompetence）阶段。在这一阶段，他们逐渐意识到自己缺乏某方面的知识，因而知道自己需要去学习哪些知识。随着精熟水平的发展，他们就进入了第三个阶段，也就是有意识、有能力（Conscious competence）阶段。此时，学生们已经在自己的领域具备了充足的能力，但做事还需深思熟虑、谨慎行动。最后，随着学生们达到精熟的最高水平，他们就进入了无意识、有能力（Unconscious competence）阶段。在这一阶段，他们对本领域的知识和技能的自然运用已经高度自动化、本能化，不再需要意识来调控自己的思想和行动。该模型还告诉我们尽管能力的发展大致呈线性，但意识在整个发展过程中则是先增加再减少；虽然出于完全不同的原因，但新手（阶段1）和专家（阶段4）从事本领域的活动时，都较少有意识参与其中。

我们很容易明白为什么新手对于自己的未知领域缺乏清醒的认识，但却不容易理解为什么专家对自己所知道的东西也缺乏明确的意识。关于专家——新手差异的研究，能帮我们理解这一点。首先，虽然专家本身比新手拥有更多的知识，但二者组织、储存和运用知识的方式大不相同（参见第2章；Ericsson & Smith，1991；Ericsson & Lehmann，1996）。例如，专家善于把知识组织成较大的概念"组块"，从而有助于知识的提取和运用(Chase & Simon, 1973b; Chase & Ericssion, 1982; Koedinger & Anderson, 1990)。其次，专家能够根据先前经验迅速识别出一些有意义的模式和结构，因而能跳过一些常规步骤，走新手不能走的捷径(DeGroot, 1965; Anderson, 1992; Chase & Simon, 1973a; Koedinger & Anderson, 1990; Blessing & Anderson, 1996)。再次，由于专家已在某个较窄的领域内(例如，设计一个问题解决的策略，或者评论某一理论观点)做过大量的实践、练习，因而他们能够轻松自如地完成一些对于新手来说费力的任务(Smith & Chamberlin, 1992; Lansdown, 2002; Beilock, Wierenga, & Carr, 2002)。最后，专家更倾向于把特定的知识与深层的原理或图式联系起来，这非常有利于知识在不同情境中的迁移(参见第2章; Chi, Feltovich & Glaser, 1981; Larkin et al., 1980; Boster & Johnson, 1989)。

上述这些专长性的特征，对于教授某个学科领域的教师来说无疑是很大的优势，但它们也可能阻碍教师的有效教学。例如，教师把知识组成组块，就难于把技能分解给学生看。其次，教师常常会无意中省略一些解题的步骤，或者会采用简便方法解题，而学生却不能进行这样的跳跃性思维，从而导致跟不上老师的思路。第三，教师完成复杂任务的效率非常高，因此会低估学生学习或完成同样任务的时间。最后，教师能够熟练地在不同的环境中进行相关技能的迁移，因而往往会高估学生在这方面的能力。

当专家教师看不到新手学生的学习需求时，就出现了通常所说的专家盲点(Expert blind spot)(Nickerson, 1999; Hinds, 1999; Nathan & Koedinger, 2000; Nathan & Petrosino, 2003)。为了更好地理解专家盲点对学生的影响，让我们来思考一下厨艺大师是如何指导新手厨师的。他们会说，"把菜炒熟即可出锅"，"要把调味酱煮得很浓"，或者是"加适量调味品"。尽管大厨们很清楚这些话的意思，但当他们用这些话来指导新手厨师做菜时，往往达不到预期的效果，因为新手厨师不明白"炒熟"、"很浓"的操作定义是什么，放哪种调味品才能有想要的味道。在这里，我们看到的是无意识、有能力的专家遇到了无意识、无能力的新手。结果可能是，新手没有抓住关键信息，犯一些不必要的错误，工作效率低下，还会感到困惑和沮丧；尽管他们自己勉强地完成了任务，但不可能全面高效地学到东西。

作为教师，我们都有可能受专家盲点的影响。但是，我们可以通过充分关注学生达到精熟水平所必须的三个要素，来降低专家盲点给学生学习带来的不良影响。这三个要素是：(1)获得关键的成分技能；(2)练习有效地整合成分技能；(3)知道何时运用所学技能。

成分技能

上述驾驶和烹饪的例子说明,对专家来说看似简单的任务,背后往往隐含着一系列技能的复杂整合。例如,分析个案研究的能力,就包含了以下成分技能:确定案例中的核心问题或两难困境,阐释关键人物的观点,列举限制性条件,描述可能的行动过程,提出解决方案并论证其可行性。类似地,问题解决也包含一系列成分技能,包括(但不限于):表征问题,确定恰当的解决策略,为执行策略进行必要的计算,评价解答结果等。当这些成分技能只涉及无法直接看到的认知过程(例如,再认、计划、构想)时,我们就很难对它们进行识别。

如果学生缺乏关键的成分技能,或者没有很好地掌握成分技能,他们的任务完成质量就会受到影响(Resnick,1976)。大量的研究已证明了这一点。在这些研究中,研究者对复杂的任务进行分解,确定被试在哪些成分技能上较弱或者有所缺失,并跟踪分析这些技能的缺乏对被试表现的影响。例如,罗维特(Lovett,2001)对学习初级统计课程的学生作了研究,找出了分析统计数据的两项关键技能:识别相关变量的能力,按照类型把变量分类的能力。罗维特发现,当学生缺乏这两项成分技能时,他们就难以选择恰当的分析方法,因而其问题解决能力就大打折扣(Lovett,2001)。在本章开头的第一个故事中,我们也看到了这种现象:尽管 Solomon 教授的学生拥有很多完成团体设计所必须的成分技能——这一点从他们个人设计作业的完成情况中可以看出,但他们缺乏团队合作技能,因而这大大削弱了团队设计的质量。

为了能够系统地教授复杂技能,不遗漏任何成分技能,教师应该学会分解那些复杂的任务。对那些有专家盲点的教师来说,这或许是一个挑战。但对学生来说,却能够极大地促进其学习。事实上,已经有研究表明,当教师能够确定学生在哪些成分技能上比较薄弱,并通过有针对性的练习来强化这些技能时,学生在整个任务上的表现会有显著的提高。例如,克迪根和安德森(1990)发现,与专家相比,几何学领域的新手学生缺乏规划问题解决策略的能力。但是,当给这些学生布置一些练习,让他们在一个更大的任务情境中专门强化这种技能后,这些学生就逐渐成为熟练的问题解决专家(Koedinger & Anderson,1993)。罗维特(2001)发现,如果给学统计的新生布置 45 分钟的识别统计问题的类型的练习,并且对这一特定技能的掌握情况及时给予反馈,这些新手学生也会像那些上过一学期课程的老生一样,能够熟练地选择正确的统计方法。在一些认知辅导（基于电脑的辅导项目）研究中,也发现了同样的效应。这些研究旨在通过检测学生缺乏的成分技能,然后给予针对性的练习,来加强学生在这些方面的能力(Anderson et al.,1995; Singley,1995; Ritter et al.,2007; Anderson, Conrad & Corbett,1989)。

我们知道,要想提高复杂任务的完成水平,学生需要加强相关成分技能的练习。但这里有一个问题,学生应该单独练习各个成分技能,还是应该在一个更复杂的整体任务情境下综合练习成分技能？单独练习的优势是,学生可以集中精力强化薄弱的成分技能。例如,篮球运动员练习运球和投篮时,单独训练的情境跟比赛的情境相比,能给运动员提供更多的练习机会,使他们能够集中精力应对自己的薄弱技能。而整体练习的优势是,学生能够把成分技能融入到真实的、复杂的情境中去。试想一下,在一个真实的比赛情境中,面对防守的压力,球员投进一个球要比在平时训练中投进一个球的难度大得多。

那么,单独练习成分技能与在整体任务情境下练习成分技能,究竟哪一种方式效果更好？这在很大程度上取决于任务的性质。尽管研究结果有些不一致,但总体看来,如果整体任务相对比较简单,并且不容易分解成成分技能,那么整体任务练习就是合适的选择(Wightman & Lintern, 1985; Naylor & Briggs, 1963; Teague, Gittelman & Park, 1994)。反之,如果任务非常复杂,且容易分解成成分技能,那么学生采取先单独练习成分技能,然后逐渐把各成分技能整合起来,这种方法则会使他们的学习更有效(White & Frederickson, 1990; Wightman & Lintern, 1985; Salden, Paas & van Merrienboer, 2006)。另一方面,单独练习在多大程度上促进学习,部分地取决于学生的技能水平。研究表明,给学生清楚明确的指导,让学生单独练习成分技能,这对新手学生来说非常有用(Clarke, Ayres & Sweller, 2005),但对那些已经能够整合成分技能的高水平学习者来说,反而是个阻碍(Kalyuga, Ayres, Chandler & Sweller, 2003)。此外,单独练习在多大程度上促进学习,还取决于课堂学习目标。例如,在 Solomon 教授的课堂上,如果其学习的中心目标是帮助学生学习团队合作的技能,那么最好是针对这方面技能进行单独训练。譬如,教师可以让学生进行角色扮演,处理各种假想的冲突,借此培养他们协调小组内不同意见的能力。

研究的启示 为了能够帮助学生系统地获得新技能,诊断出他们缺乏的技能或已有技能的薄弱之处,教师首先应该学会把复杂任务分解成成分技能。把复杂的任务进行分解,有助于教师确定哪些技能需要学生进行集中练习。但是,在设计旨在强化成分技能的练习时,教师也应考虑:究竟采用单独练习、整体任务练习,还是二者的结合,才能使学生更好地达成学习目标?

整合

掌握了各成分技能,并不意味着学生就能完成复杂任务。这是因为,要想很好地完成复杂任务,不仅需要暂时把它分解成子技能,先进行单独练习,而且最终需要重组这些子技能,进行整合练习。整合成分技能并不是一件容易的事,它有自身的要求。在本章开头的第二个故事中,Kozol 教授的学生就面临这样的问题。他们需要费很大的努力,才能把那些单独习得的各项技能整合起来。

在尝试整合成分技能时,Kozol 教授的学生所表现出的各种不足都是很常见的。很多研究都表明,人们在同时完成多项任务时,其行为表现水平会下降(Kahnemann, 1973;Navon & Gopher, 1979;Wickens, 1991)。这是因为,执行多重任务,需要同时注意并加工大量的信息,而人们在同一时间内能够注意和加工的信息是有限的。换言之,某项或某一系列任务所提出的总体信息加工要求——通常称为认知负荷,很容易超出人们本身能承载的范围。此时,人们就缺乏足够的注意和其他认知资源,以有效地完成任务。例如,斯特雷耶和约翰斯顿(Strayer & Johnston, 2001)在研究中发现,在成人执行模拟驾驶任务时,如果同时要求他们完成一项手机通话任务,那么其驾驶的各项成绩指标(如遵守交通信号的次数、遇红灯时踩刹车的反应时间)都会下降。而且,随着电话交谈任务复杂性的提高,驾驶任务的表现越来越糟。换言之,尽管研究中的被试有足够的认知资源来较好地完成驾驶这一单项任务,但增加了第二项任务(手机通话)后,留给驾驶任务的可用认知资源减少,从而削弱了驾驶任务的表现。

人们完成单一的复杂任务时,也经常发生这种情况。这是因为,复杂任务需要人们同时执行多种技能,这会超出可用的认知资源范围,导致认知超负荷。让我们再回想一下 Kozol 教授的表演课:在课上,学生们似乎都能应对单一运用发声、台词、形体技能所需要的认知负荷。但是,当要求他们在表演时整合这些技能,再加上一些新的表演技能,他们的认知就超负荷了,因此会出现各种表演错误和失误。

有趣的是,专家面对复杂任务或者同时面对多重任务时,并不会遇到新手那样的困难。这是因为,专家已经在该领域进行了大量练习,对关键的成分技能的运用已经高度自动化了。每项得到充分练习的技能,都会占用较少的认知资源,这就大大降低了专家的整体认知负荷。因而,专家能较为轻松地应对复杂任务,也可以同时应对多个任务(Smith & Chamberlin, 1992; Lansdown, 2002; Beilock, Wierenga, & Carr, 2002)。但这并不是说,专家比新手拥有更多的认知资源。事实上,正是因为他们可以高度流畅地执行关键技能,省出了部分认知资源,使得他们能够同时执行更多的任务。对新手来说,由于在每个成分技能的执行方面,远没有达到专家那样的流畅和自动化,因而不能像专家那样轻松有效地整合这些子技能。

由于作为专家的教师并不会像新手那样有较大的认知负荷方面的压力,因而他们对学生的表现往往持有不现实的高预期。当学生在教师认为不难的作业任务上的表现较差时,教师们就会像Kozol教授一样,感到震惊和沮丧。对Kozol教授来说,把台词、发声、形体技能和其他表演技能结合起来,并不需要太高的认知要求,因而对学生所犯的错误,她感觉难以理解。还好,随着学生慢慢精通某一领域,他们执行复杂任务所需要的知识和程序都会变得自动化,对认知资源的要求也会逐步减少。因而,通过练习,学生对各项子技能的执行会变得更加流畅,这样就能更好地应对复杂的多重任务。

那么,当学生学习从事复杂任务时,我们该如何帮助他们调节认知负荷呢?研究证明,一种有效的方法是让学生每次只关注一项技能。这样可以暂时降低学生的认知负荷,让他们在整合多项技能之前,有机会练习单项技能,使之达到流畅化。例如,克拉克、艾尔斯和斯威勒(Clarke, Ayres, & Sweller, 2005)发现,那些不了解电子表格的学数学的学生,在伴有电子表格的情境下学习数学概念,不仅学得差,用起来也差。这是因为,他们必须同时学习电子制表技能和数学概念,这使得他们不堪重负。但是,如果让学生先学会电子制表技能,再教给他们一些数学概念,他们的表现就会有大幅提高。另一种有效的方法是,在执行整个复杂任务时,给予学生某些方面的支持和帮助(Sweller & Cooper, 1985; Cooper & Sweller, 1987; Paas & van Merrienboer, 1994)。斯威勒和库珀(Sweller & Cooper, 1985)的研究就证明了这一点。他们探讨了统计学、物理学等许多量化学科领域的学生的问题解决能力。结果发现,在解决典型的应用题时,学生们可能是把题解出来了,却并没有从中学到东西。这是因为,对这些问题进行分析,本身就需要大量的认知资源,因而学生没有多余的认知资源使得他们可以从解题中学到知识。但是,如果先给学生呈现一些解答的实例(例如已经解过的题目),再呈现需要解决的问题,那么研究已解例题,就可以释放出一部分认知资源,让学生抓住问题的关键特征,分析解题步骤和背后的原理。研究显示,这种做法能够改善学生对后继问题的解答质量。这种被称为"解答样例效应"(Worked-example effect)的现象,是支架式(Scaffolding)教学的一个例子。通过提供支架,教师能够暂时缓解学生的认知负荷,使他们把注意力集中在学习的某些特定方面(更多关于支架式教学的研究,请参阅第7章)。

在这里,值得强调的一点是：减轻学生的认知负荷,有时能促进他们的学习,但有时也会阻碍其学习(Paas, Renkl & Sweller, 2003, 2004)。有效减轻认知负荷的关键,在于要找出任务的哪些方面与学生需要学习的技能有关,哪些任务要求会扰乱学生完成学习目标。研究表明,移除一些无关的负荷,也就是减少那些增加任务难度但与学生学习内容无关的要求,对学生的学习会有帮助。相反,如果减少那些与学生学习内容密切相关的认知负荷,就会产生完全相反的效果,因为这样学生就得不到机会去练习他们所需要学习的内容。为了说明无关负荷和关联负荷的区别,让我们来分析一下那些在解决实际问题方面有困难的工程学专业的学生。他们在这个学期学习了很多公式,但不能很好地掌握这些公式。现在,如果教师对学生的要求是能够针对每个问题,选择和应用恰当的公式,那么给学生一张写着相关公式的清单,就是很合理的做法。因为这样做能减少无关负荷,使学生不用再耗费时间和精力来记忆相关公式,从而能够专注于如何选择和运用公式。但是,如果教师对学生的要求是记忆并恰当运用各公式,那么这张清单无疑就会阻碍学习目标的实现了。

研究的启示 对学生来说,完成复杂的任务需要很高的认知负荷;当他们对任务的成分技能的掌握尚未达到流畅或自动化时,情况尤其如此。因此,教师应当对学生完成任务所需的时间和练习次数有合理的预期,使他们不仅能够熟练掌握成分技能,还能够成功地整合这些技能。在一些情况下,教师还应有策略地减轻学生的无关认知负荷,使他们把认知资源集中在那些与学习目标密切相关的任务要求方面。对于这方面一些具体的做法,我们将在策略部分进行讨论。

运用

我们知道,精熟既需要掌握相关成分技能,又需要对这些成分技能的成功整合。但精熟还需要学生知道何时、何地运用所学的东西。如果学生获得了某些技能,但不知道这些技能的适用条件,他们就无法运用所学技能去解决问题、完成任务,乃至在任务情境中用错技能。

把在一个情境中习得的技能(或知识、策略、方法、习惯)运用到另一个新的情境中去,这叫做迁移(Transfer)。如果学习情境和迁移情境相似,就叫近迁移(Near transfer）；反之，如果两个情境不相似，这里的迁移就叫远迁移（Far transfer）。例如，学生把两个学期以前在统计学基础课上学的统计公式，运用到当前公共政策课上的学习任务中，就出现了学习的远迁移。在这里，不但知识领域从统计学变为公共政策，而且上课地点和时间也有很大的不同（新的班级、两个学期以后）。如果迁移任务发生在一个完全不同的功能领域中，比如已经超出了学术领域，那么迁移的距离就更远了（关于迁移的不同维度的讨论，请参阅 Batnett & Ceci, 2002）。

从某种程度上说，远迁移是教学的核心目标：我们希望学生能够把课堂上学到的东西应用到课堂之外。但多数研究发现：（a）迁移并不是经常发生的，也不会自动发生；（b）学习和迁移的情境越不同，成功迁移的可能性就越小。换句话说，尽管我们希望很多迁移发生，但学生往往不能把学到的相关技能或知识运用到新情境中（Singley & Anderson, 1989; McKeough, Lupart & Marini, 1995; Thorndike & Woodworth, 1901; Reed, Ernst & Banerji, 1974; Singley, 1995; Cognition and Technology Group at Vanderbilt, 1994; Singley & Anderson, 1989; Holyoak & Koh, 1987）。在本节，我们将通过分析一些影响正迁移和负迁移的例子，来考查学生不能进行学习迁移的原因。

学生无法成功迁移所学的相关知识和技能，原因有很多。首先，他们可能把知识和当初习得这些知识的情境联系得过于紧密，以至于没有想到把它运用到该情境之外，或者根本就不知道如何把它运用到该情境之外。这就是所谓的过度专门化（Overspecificity）或者情境依赖性（Context dependence）（Mason Spencer & Weisberg, 1986; Perfetto, Bransford & Franks, 1983）。譬如说，学统计学的学生，可能在每章的小测验上都考得很好，但期末考试的成绩却很差，而期末考试的题目跟每章小测验的题目类型相同，难度相当，只是题目来源于各章而已。在各章测验中，如果学生依赖表面线索来断定要用哪个公式（例如，如果是第12章的测验，一定是用 T 检验），那么在缺少了这些线索的情况下，他们就无法找出每个问题的关键特征，选择正确的统计检验。也就是说，他们的知识过分依赖学习情境，缺乏灵活性。情境依赖性也可以解释为什么在 Kozol 教授的课堂上，学生未能录制台词发音。如果学生仅仅是把录制台词发音和当初学习时的环境（台词课）狭隘地联系起来，那么他们就有可能无法把这项技能迁移到表演课上。

第二，学生们不能迁移所学的知识、技能或已有经验，也有可能是因为他们没有充分理解其背后的原理和深层结构；也就是说，他们知道要做什么，但不知道为什么这样做。这也可以解释本章开头故事中 Kozol 教授所遇到的一些问题。如果 Kozol 教授的学生真正理解了清嗓子的作用(例如,为了不让演唱时声音发紧),而不是作其他理解(例如,为了放松嗓子,使演唱时情感更加充沛),他们也许就会有意识地把这项技能应用到当前的作业任务中。换言之,不能够充分理解该练习的作用,影响了他们在新情境中正确运用该练习的能力。

幸运的是,很多表明迁移失败的研究,也恰恰为我们提供了一些促进迁移的教学方法。例如,研究表明,当学生把特定情境下的具体经验与跨情境的抽象知识结合起来时,他们就能更好地把学习迁移到新情境中(Schwartz et al., 1999)。舒克罗和贾德(Schoklow & Judd, 1908)的经典研究就证明了这一点。研究者要求两组学生练习打靶,靶子在12英尺下的水中。可以肯定的是,两组学生的成绩都会随着练习次数的增加而有所提高。接着,教其中一组学生折射原理,另一组学生则不教。然后,让学生打4英尺水下的靶子。结果显示,了解折射原理的被试组会调整自己的策略,成绩显著优于另一组。懂得抽象的原理,有助于学生把经验性的知识经验迁移到最初的学习情境之外,并根据新的情境条件调整策略。类似地,如果学生有机会在多种不同的情境中应用所学的知识,也会大大降低知识的情境依存性,增强知识运用的灵活性(Gick & Holyoak, 1983)。

研究还表明,系统的对比,亦即让学生比较、对比不同的问题、案例和场景,也能促进学习的迁移。例如,罗温斯坦、汤姆森和金特纳(Loewenstein, Thompson & Gentner, 2003)在研究中要求两组学管理学的学生分析谈判培训案例。一组学生单独分析每个案例,而另一组则要求对比不同的案例。研究者发现,对比分析案例的学生,所学的知识要显著多于单独分析案例的学生。为什么?这是因为,当学生对比分析案例时,他们会分析和确定每个案例的深层结构,以此把它与其他案例联系或者区分开来。另外,确定案例的深层结构,能使学生把案例和抽象的谈判原则联系起来,这会让他们的学习更深入,知识的运用更有效。其他一些被证明能促进迁移的方法还包括:类比推理(Gentner, Holyoak & Kokinov, 2001; Catrambone & Holyoak, 1989; Holyoak & Koh, 1987; Klahr & Carver, 1988)、运用视觉表征帮助学生发现重要特征和模式(Biederman & Shiffrar, 1987),要求学生阐述因果关系(Brown & Kane, 1988)。

最后,研究表明,来自教师的微小提示也能促进迁移。在吉克和霍尔约克(Gick & Holyoak, 1980)的研究中,先给大学生呈现一段文章,描述这样一个军事战略难题:一支军队想要攻占敌人的堡垒,必须先分成几个小队,沿着几条不同的路推进,最后再汇集起来攻占堡垒。在要求学生记忆这些信息后,又给他们呈现一个需要用相同方法解决的医学难题(即用多个激光束从不同的角度射向肿瘤)。结果显示,尽管之前学过解决军事难题的方法,但大部分的学生并不能把所学的方法应用到医学难题上。这里,虽然两个问题呈现的时间、地点、社会环境大致相同,但二者涉及的知识领域(军事 vs. 医学)和功能背景(攻占堡垒 vs. 治疗肿瘤)有很大差异,因此学生并没有认识到二者有相似的结构,也没有想到要把一个问题的解决方法运用于另一个问题。但是,当要求学生把军事难题和医学难题联系起来思考时,他们就能顺利地解决第二个问题(Gick & Holyoak,1980)。还有很多其他研究,也得出相似的结果(Perfetto et al.,1983;Klahr & Carver,1988;Bassok,1990)。从中我们可以看出,教师的一点小提示,就能极大地帮助学生迁移应用所学的知识。

研究的启示 迁移的发生并不是轻而易举的,也不是自动化的。因此,"为迁移而教"就显得非常重要。我们应采取一些教学策略,促进学生深刻理解问题的深层结构和基本原理,并且给学生提供多样性的环境来运用这些原理;我们还应帮助学生把所学的知识和技能与新的运用环境恰当地联系起来。在本章后面"促进迁移的策略"部分,我们将介绍一些促进迁移的具体策略。

研究提出了哪些策略?

教师们可以运用以下策略来:(1)分解复杂任务,使学生能系统地掌握成分技能,并诊断出学生的薄弱技能;(2)帮助学生顺利地整合成分技能,从而达到自动化的水平;(3)帮助学生学会何时运用所学内容。

分解和强化成分技能的策略

克服自己的专家盲点 由于专家盲点的存在,教师们可能并不会清楚地意识到某项复杂任务所包含的全部成分技能和知识。因此,在教学过程中,他们可能会无意地省略一些学生有效地学习和做事所需的技能、步骤和信息。为了确定你是否已找出与某项任务相关的所有成分技能,你可以提问自己:"为了达到我对他们提出的学习要求,学生必须知道什么?他们知道怎么做吗?"在分解任务的过程中,你应不断提问这些问题,直到找出所有的关键成分技能。很多教师由于过早地停止分解复杂任务,以至于不能成功地找出学生缺少的关键成分技能。

让助教或者研究生帮助分解任务 作为本学科领域的专家,教师处于一种"无意识、有能力"的工作状态,这使得他们难于看到学生完成某项复杂任务所需的成分技能和知识。而研究生大都处于"有意识、有能力"的状态(参见图4.2斯普瑞格和斯图亚特的精熟模型),与教师相比,他们可能更清楚哪些是必要的成分技能。因而,让助教或研究生来帮助你分解复杂任务,这很有裨益。

与同事商讨　克服专家盲点的另一个方法是与同事比较一下教学材料,看看他们是如何分解研究报告、口头演讲、设计方案等复杂任务的。尽管你的同事也有自己的专家盲点,但他们有可能找出了你没有找出的成分技能。因而,与同事商讨,参阅他们的教学大纲、作业安排、评分标准,是一种有益的做法(关于评分标准的更多信息,请参阅附录C)。

寻求学科外人士的帮助　分解复杂的任务时,还有一种做法对你也很有帮助,那就是,请一些学科之外的人士,帮助你审阅自己的教学大纲、演讲稿、作业安排及其他教学材料。一个聪明、有洞察力但又不具备你所具有的学科专业知识或盲点的人(如教学顾问或本学科外的同事),能帮助你找出自己无意中忽略或跳过的重要成分技能或知识。

参阅各种教育资料　完成某一特定任务所需的成分技能,大多具有学科特殊性。就你自己的学科来讲,可能已发表过一些著作,其中包含着对教学内容的任务分析。参阅这些著作,也有助于你找出自己课程中的成分技能。建议你多看一些关于本学科教学的期刊杂志。

把学生的注意力引到任务的关键方面　如果学生把认知资源用到任务的无关特征上,就无法充分关注任务的关键方面。这时,我们可以采用一种方法帮助学生管理自己的认知负荷。亦即,通过告知学生重点关注什么,不关注什么,让他们清楚地知晓你的教学目标和作业的主要方面。例如,在建筑学课上,如果教学任务是让学生进行各种创意设计,你就应该明确告诉学生,不要花时间关注细节设计,也不要过于关注美感,而应该尽可能多地想出不同的设计方案。另外,给出任务表现的具体评分标准,也能帮助学生更好地把认知资源集中于学习目标上(更多关于评估标准的信息和实例,请参阅附录C)。

诊断薄弱或缺失的成分技能　为了评估学生对成分技能和相关知识的掌握情况,你可以考虑在学期初进行一次诊断性测验或布置一次作业(更多关于开发学生自我评估测验的信息,请参见附录A)。通过测验,如果发现只有少数学生缺少关键技能,你可以对他们作出提醒,并向他们提供一些学习途径(如校园学术辅助系统、个别辅导、补充性阅读等），帮助他们独立掌握这些技能。但是，如果发现大部分学生都缺乏关键的先决技能，你就应该考虑是否需要花费一些课堂时间来讲授这些内容，或者利用课外时间帮助他们复习这方面的内容。你还可以通过分析学生在考试、论文、口头报告中所犯错误的类型，评估学生对本课程知识的理解情况。通过各种持续不断的分析所获得的信息，有助于你更好地设计教学，强化学生的关键技能，改善下一轮的教学。

针对薄弱或缺失的成分技能进行专项练习　　一旦确定了学生缺少哪些重要技能，你就应该创造机会（如布置家庭作业或课堂练习），让他们单独练习这些技能。例如，如果你认为学生在写论文的结论部分时，仅仅是换一种说法重写一遍段落主题，或者写得平庸无味，未能达成你所设定的学习目标，就可以：（1）让学生阅读一些论文的结论部分，讨论哪些文章的结论吸引人，哪些让人觉得枯燥；（2）让他们给一篇没有结论部分的文章写一个结论；（3）一同批判性地分析他们的结论部分。同样地，在一堂解决定量问题的课上，你可以让学生只考虑问题解决策略，而不让他们具体实施这些策略。采取这种做法，能使学生把精力集中在问题解决的一个方面——确定解题方案，从而确保他们在进行运算之前掌握这一特定技能。

发展流畅性和促进整合的策略

通过充分练习发展流畅性　　如果上述的诊断性评估表明学生已经能执行成分技能，但还不能轻松熟练地运用这些技能，你就可以考虑布置一些针对性的练习，提高学生运用这些技能的速度和效率。例如，在语言课上，你可以要求学生练习动词的词形变化，直到他们能够轻松完成。又如，在定量分析课上，你可以给学生布置一些补充性的解题练习，让他们在诸如向量计算这样的基本数学技能方面达到自动化水平。当布置这些旨在增强自动化水平的练习时，你要向学生解释这样做的理由。例如，"你不仅要能够完成这些计算，还要完成得又快又好，这一点非常重要，不然，在完成复杂任务的时候，你就会在基本的数学计算上磕磕绊绊，无法顺利进行。这些练习的目标，就是提高你的效率"。此外，你还应该明确表达希望学生达到的流畅水平，例如，"练习这些计算题，直到你能在十五分钟内不用计算器完成一整张题目"或者"你要在五分钟内浏览一篇三十页的论文，并且提取出文章的论点"。

暂时限定任务的范围　　暂时把学生的认知负荷降至最低，也有助于学生练习流畅地使用成分技能，或者把这些技能进行整合。要做到这一点，一种做法是在一开始减小任务的规模和复杂性。例如,钢琴教师可以先让学生练习曲子的右手弹奏部分,然后练习左手弹奏部分,最后再把整首曲子综合起来练习。如果学生仍不能成功地整合这两部分,教师可以要求她一小节一小节地练习这个曲子,直到能够流畅地用双手联合弹奏。类似地,排版设计课的教师给学生布置作业时,一开始可以只让学生注意字体类型和大小,不让他们加入任何设计元素。当学生熟练掌握该技能时,再加入额外元素,如字体的颜色和动画效果,逐步增加任务的复杂水平。

在评分标准中明确包含技能整合　我们已经知道,整合成分技能本身也是一种技能。因此,在你为复杂任务确定的评分标准中,加入成分技能的整合水平这一指标,也是必要的。例如,在一个关于团体设计和团体报告的评分标准中,你可以加入要求每一个成员在完成任务时各展所长、完美配合或者达成一致意见的要求,以此作为高成绩的一个标准(更多关于评分标准的信息,请参见附录C)。同样地,对一篇分析性论文,你也可以把整篇文章思维的连贯性作为成绩评估的一个重要维度。

促进迁移的策略

讨论应用的条件　我们不能简单地认为,学生习得了某项技能,就自然而然地知道应何时何地运用这项技能。向学生清楚明确地阐明某项特定技能是否适用于某种环境(例如,何时收集定量或定性数据,何时用T检验的方法,何时录制对话台词),这一点非常重要。当然,一个问题并不只有一种"最佳"解决方法。在这种情况下,让学生来讨论赞成或者反对哪种方法(例如,"简约风格的舞台表演能够实现哪些目标,不能实现哪些目标?"或者"用问卷法代替面对面的访谈有哪些利弊?"),也是有益的做法。明晰地讨论各种技能适用的环境和条件,有助于学生更成功地迁移已学知识。

让学生在多种情境中运用技能和知识　学生在多种情境中运用所学技能,可以帮助他们克服技能的情境依赖性,使他们更好地把技能迁移到新的情境中。因而,如果可能,你要给学生提供机会,让他们在不同情境中运用某项技能(或知识)。例如,假使你在教学生一些营销原理,你就应该为学生提供各种案例分析,让他们有机会在不同的行业情境中运用这些原理。

要求学生概括主要原理　为了使学生灵活地掌握知识,提高迁移的可能性,应鼓励学生从具体情境中概括出抽象原理。你可以通过提问学生问题来达到这个目的。例如问学生:"在这里起作用的物理原理有哪些?"或者"文章中的这个例子,是用来说明我们以前讨论过的哪个理论的?"让学生关注特定问题或者案例中的细节,从中推衍出抽象的理论,有助于他们反思所学的技能,并把它迁移、运用到新情境中。

运用比较,帮助学生识别深层结构　如果学生不能辨别出问题的有意义的特征,他们就可能无法恰当地迁移、运用所学知识或技能。针对各种问题、案例、场景或任务,教师可以提供结构化的比较,从而帮助学生学会区分问题的关键特征和表面特征。例如,在物理课上,你可以给学生同时呈现两个问题,这两个问题的表面特征很相似(都涉及滑轮),但是解题所用的原理却大相径庭(一个是摩擦系数,另一个是重力)。另一方面,你也可以给学生提供两个表面特征差异很大的问题(一个涉及滑轮,一个涉及斜面),但二者所用的物理学原理是一样的。这样的结构化比较,有助于学生识别和关注问题在深层结构方面的异同,而不被表面特征所迷惑。此外,这种做法也有助于学生识别新问题的深层结构,促进知识的迁移。

指定情境,要求学生辨别应该使用何种知识或技能　通过为学生指定情境,如某个问题、案例、方案,然后要求学生思考应该把何种知识和技能(例如规则、程序、技术、方法、理论或风格)恰当地运用于该情境,这有助于他们把所学的知识和技能与可能遇到的问题联系起来。例如,你可以提问,"用你所学的哪种检验方法可以解决这个统计问题?""如果你想调查这样一个人种学问题,你应该用哪种方法收集数据?"此后,你可以改变问题情境,给学生提出一些诸如"假使……将会怎样"的问题。如,"假如这个统计问题涉及独立变量,还能用这种统计方法吗?""如果你研究的对象是儿童,那么你还能使用同样的方法收集数据吗?"这里,你并非一定要让学生进行实际运用(使用统计检验或进行人种学研究),但应要求他们从应用角度思考问题的特征。

指定某种知识或技能,要求学生识别其运用情境　为了进一步地帮助学生把所学知识和技能与合适的应用情境联系起来,我们可以把上述策略反过来用。也就是说,给学生指定某项技能(如一种技术、一个公式或程序)或者某种知识(如一个理论或规则),然后要求他们指明这一技能或知识的使用情境。例如,"请列出三个可以用T检验解决的统计问题"或者"这是一种人种学收集资料的常用方法,请指出用它可调查什么问题?"当然,在这里,学生并非一定要真正去运用这些知识和技能,但是应思考如何把特定知识和技能运用到特定的问题中。

对相关知识的运用作出提示　有时,学生虽然已经习得了与新的问题和情境相关的知识技能,但他们并不会想到去用它。给予他们一些小小的提示(比如"我们之前在哪里见过这种风格的绘画?""这一概念与我们之前学过的哪些概念有关?""请回顾一下我们上周讨论过的关于桥的例子"),就能够帮助学生把知识联系起来,从而促进知识的迁移。随着学习的不断深入，学生就不再需要教师给予这些提示了，因为他们已学会独立地寻找知识之间的关联。

小结

我们在本章指出，学习要想达到精熟水平，必须先掌握一整套成分技能，然后练习其整合运用，使之达到运用的流畅化和自动化，最后还需理解所学技能的运用条件和情境。这三个要素，都需要学生在练习中习得，并不断加以强化。但是，由于教师往往不清楚达到专家水平所需的要素，他们在教学过程中会不经意地忽略其中的某些方面。因此，教师要想使自己的教学更有效，必须对达到精熟水平所需的要素给予刻意的关注。

5　何种练习和反馈能促进学习？

为何熟不能生巧？

我教大学三年级的公共政策课。我认为,学生将来要想在公共部门得到晋升,良好的交流技能是必须的。因此,我经常要求学生写作。我给他们布置的三篇写作任务,主要针对三种不同类型的写作:政策简报、给领导的说服性备忘录及报纸社论。这些都是学生以后可能用到的。我预期,他们在完成这些任务时起码能做到格式得体,因为他们在第一学年已经上过两门写作课。随后,当我看到他们在第一篇文章中出现严重问题时,心想至少还能够帮助他们提高一下。于是,我花费了大量的时间来给他们的文章打分,并且在页边的空白处写满了评语,但这似乎并没有起任何作用:学生的第二篇、第三篇文章写得与第一篇一样差。在我看来,这些写作任务很有用处,因为它们可以为学生将来的职业生涯做准备。因为他们写得实在是太差了,我决定把作业打回去让学生重做,但我的努力几乎没有收到任何成效。

Norman Cox 教授

他们根本不听!

上学期,我在讲授医学人类学这门课时发现,学生的口头研究报告看上去很华丽,却少有实质内容。这一次,由于布置的研究设计占期末成绩的50%,所以我事先告诫学生:"不要被技术层面的东西所吸引,要关注有关人类学的实质性论点,你们的口头报告要有吸引力。"然而,上学期发生的情况再一次发生了。上周二,学生们轮流走上讲台,给大家展示他们认为很有魅力的报告——PPT上充满了各种漂亮的文字,大量的图片在屏幕上嗖嗖地闪入闪出,其间还穿插着很多视频短片,诸如此类。显然,他们都花了数小时美化视觉效果。但不幸的是,尽管他们的报告具有极好的视觉冲击力,内容却非常空泛。看上去,有些学生根本没有做全面的研究;那些做了全面研究的学生,也只是简单地描述了自己的发现,报告中缺乏对论点的深入论述。还有些学生,没有找到足够的论据来证明论点,他们呈现的大部分图片和研究结果,二者之间根本就没有关系。我想,我已经将注意事项清楚地告诉了学生。怎样才能让他们听得进去呢?

Tanya Strait 教授

这两则故事中发生了什么?

在这两个故事中,教授与他们的学生看起来都投入了时间和精力,但收获甚少。例如,Cox教授在学生的文章上做了很多评注,却没能使学生在之后的写作中取得任何进步。Strait教授的学生,尽管已经知道了老师对口头报告的要求,但还是熟视无睹,把大量时间花在了美化PPT的视觉效果上。学生的学习和作业表现没有达到自己的期望,两位教授感到失望,也在情理之中。两个故事涉及的问题都是错误地花费时间,而这种错误是学生和教师都承担不起的。

在第一个故事中,在上Cox教授的课之前,学生可能仅仅掌握了一些基本的写作技能。不幸的是,即使在第一次写作作业中,学生已经通过练习开始获得新的写作技能,这些新技能也不能在后续的写作作业中得到巩固。回想一下,Cox教授给学生布置的任务包括三种不同的体裁(政策简报、备忘录、社论)。这意味着,每种写作任务都有不同的目标,面对不同的对象,有不同的写作风格要求。因而,它们所涉及的写作技能也有所不同(参见第4章)。此外,即便Cox教授对学生的文章作了大量的评注,学生也可能没有机会把这些反馈意见吸收到之后的写作练习中,因为后面的每一份写作任务,都与前面的有所不同。

在第二个故事中,Strait 教授告诉学生:论述要有实质内容,报告要有吸引力。然而,对于如何基于研究提炼出有实质性内容的人类学论点,有吸引力的口头报告应具备什么样的特征,她的学生看上去并不理解。尽管 Strait 教授的学生这学期确实花费了很多时间阅读和分析人类学论点,但他们几乎没有机会去图书馆做文献研究,也没有机会构建自己的论点。这在一定程度上能解释,为什么他们的表现与老师的要求相脱节。同样,尽管这些学生已有很多做口头报告的经验,但他们在这门课开始时并没有做过报告,因而他们错误地把华丽的报告方式当成了 Strait 教授的要求。看上去,这些学生在构建论点方面的技能较差,但在 PPT 的制作技术(如添加动画、图片和声音)方面非常熟练。因而,在准备口头报告时,他们更多地着力于美化幻灯片这一更舒适的任务,而较少进行论点的阐述。Strait 教授以为她的告诫足以引导学生,尽管这种想法很合理,但要想有效地指引学生的努力方向,她还需要为他们提供更多的思路和重点引导。在这种大型作业项目中,由于学生只有一次做到"正确无误"的机会,因而他们做不好,也就是浪费了重要的学习时机。

此处什么学习原理起作用?

我们都知道,练习和反馈对学习至关重要。然而不幸的是,在向学生提供充分的练习和反馈时,最大的制约因素是所能使用的时间。无论对学生,还是教师,都是如此。然而,尽管我们无法控制一个学期或一堂课的长短,但是在设计练习机会和提供反馈方面,我们可以提高效率。有鉴于此,本章重点探讨何种练习和反馈最有效,以期能够指导大家"更明智地工作"。

必须承认,并非所有的练习都同样有效。事实上,学生的练习方式有些效果不错,有些则效果欠佳。试想,有两位学音乐的学生,他们在弹奏比较难的小节时犯了些错误,然后花同样多的时间来练习整个曲子。如果其中一名学生在一个小时的练习中,把大部分时间用于练习比较难的那一小节,然后再通过练习整个曲子练习这一小节,那么他的收获可能会很大。如果另一名学生同样练习了一个小时,但他只是把整首曲子完整地练习了几遍,那么他的许多时间就不必要地花在了练习已经掌握的内容上。让我们再回想一下 Strait 教授的学生。他们看上去也是把大量时间花在了已经掌握的技能上,即如何制作精美的幻灯片上,而错失了重要的机会,去练习自己不熟练的技能。由此看来,学生在学习活动(无论是在课内还是课外)中利用时间的方式,决定了他们的学习收获。

当学生在练习过程中不能得到足够反馈时,无效练习的问题会更严重。我们再回想一下刚才提到的第一个学音乐的学生。他花费了大量的时间练习自己出问题的小节,而不是反复练习整首曲子。即使这种练习方法更有助于纠正已有错误,但他也会因缺乏反馈而无意中犯新的错误。如果缺少反馈,这名学生在练习中也会养成新的不良弹奏习惯。这个例子,突出说明了反馈在促进学生有效练习方面的重要作用。因此,总体看来,学生既需要富有成效的练习,也需要有效的反馈,二者缺一不可。

> **原理**:目标导向的练习,结合针对性的反馈,对学习至关重要

从某种程度上说,这一原理阐述了一个显而易见的事实:练习很重要,反馈可以促进学习。为了使大家对术语有个清晰的认识,我们把"练习"定义为:能让学生运用自己的知识或技能的任何活动(如提出一个论点、解决一个问题或写一篇论文);把"反馈"定义为:能够引导学生的后继行为的关于他们当前行为表现的信息。但这里要注意,只有把练习和反馈有效地结合起来,才能充分发挥二者的作用。Cox 教授为学生提供了大量的反馈,却没有提供相应的练习机会,因而他的学生无法吸纳这些反馈意见,借此改善自己的写作技能。事实上,只有当练习和反馈同时聚焦于学生的某些方面的行为时,他们才有机会去练习和完善新的知识和技能。图 5.1 把这种相互作用描述成一个循环:练习引出可观察到的行为表现,接着要求针对性的反馈,反馈又引导进一步的练习。这个循环以学习目标为核心,在理想的情况下,学习目标会影响循环中的每个环节。例如,目标决定着集中练习的性质,也是评价观察到的行为表现的依据,它还引导教师做出针对性的反馈,以指导学生的后继学习和练习。

尽管在理想情况下,练习与反馈应紧密结合在一起——正如本章中的原理及图 5.1 所示,但是在关于练习和反馈的研究中,二者通常是分开的,各自都有大量的相关研究文献。因此,在我们随后的讨论中,也分两部分:先讨论练习,然后讨论反馈。但

我们会突出二者协调的重要性。

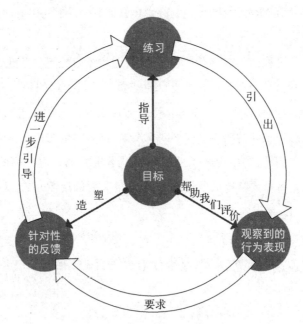

图 5.1　练习和反馈循环

关于练习的已有研究告诉我们什么？

研究业已表明，如果学生的练习具备如下三个特征，他们的学习和行为表现将得到最大提升：(a) 聚焦于某个具体目标或行为标准；(b) 以学生的当前行为表现为基础，具有恰当的难度水平；(c) 具有足够的数量和频率，能使学生达到行为表现标准。接下来，我们将重点讨论这三个特征。

把练习聚焦于某个具体目标或标准

研究表明，个体刻意练习所用的时间，能够预测他在该领域的持续学习的效果；而花在一般性练习上的时间，则不具有这种预测作用（Ericsson, Krampe & Tescher-Romer, 2003）。刻意练习的一个关键特征，在于它针对具体目标进行练习。研究表明，世界级的音乐家都花费大量时间，从事高难度的专业练习，并不断监控自己在某个特定目标上的进步；他们一旦达成了某个目标，就驱使自己，朝新的目标奋斗（Ericsson

& Lehmann, 1996; Ericsson & Charness, 1994)。这很好地说明了目标导向的练习的重要作用。相比之下,我们也知道,有些人尽管花费了大量的时间去练习某种乐器,但最终也未能达到很高的专业水平。埃里克森(Ericsson)对这两种截然不同的成长路径的解释是:那些花费大量练习时间刻意朝向某个特定目标前进的人,可能成为杰出的音乐家;而那些没有进行刻意练习的人,则可能流于平庸。

凭直觉,我们也有理由相信,围绕着具体目标进行练习,能有效地促进学习。这是因为,目标为学生的学习提供一个聚焦点,使学生能够把更多的时间和精力专注于这一目标领域。罗斯科夫和比林顿(Rothkopf & Billington, 1979)的研究结果,支持了上述观点。他们发现,学习同一篇文章,那些有着具体目标的学生,会把注意力集中于与目标相关联的段落,对这些段落的学习效果更好。目标导向学习的另一个优势是,学习者可以全程监控(并据此调节)自己朝向目标的进展情况(参阅第7章)。

在提供目标导向的练习方面,有时出现的一个突出问题是,教师往往认为自己已经清楚地告知学生具体的目标,但实际上并没有做到这一点。出现这种情况也很自然。因为作为专家,我们看问题的方式与学生大不相同(参阅第4章)。因而,当学生不能清晰地理解我们所陈述的目标,或者误解我们提出的标准时,我们可能觉察不到。Strait教授正好符合这一点。对于自己专长领域中具有重要意义的两个方面,亦即"人类学的实质性论点"和"口头报告的吸引力",她认为自己已经通过提醒学生注意,清楚地告知了学生。但是,她的学生还没有她那样的专业知识,因而无法真正理解任务的具体目标。由于不明白Strait教授的具体目标要求,学生们只能根据自己的已有经验来完成任务(参阅第1章)。不幸的是,在这个案例中,学生对目标的解读,导致他们把大量时间用在练习已掌握的技能上(如制作华丽的PPT),而较少地练习他们需要发展的技能(如构建人类学论点)。

如果教师不能清楚地陈述目标,学生就很难知道自己该练习什么(或者怎样去练习)。例如,给学生呈现"理解一个关键概念"这样的目标,由于提供的信息较少,学生就难以明白自己对概念该作何种性质或程度的理解。相比之下,诸如"找出正在讨论的问题中的关键概念"、"向某个特定听众解释这个关键概念"、"运用这个关键概念解决问题"之类的目标,就显得更为具体,更具有指导性。请注意,这些陈述得更为具体的目标,有几个共同的关键特征:首先,都是从要学生"做什么"的角度陈述目标。这能自然地引出更为具体的要求,从而使学生更易于正确地解读这些要求。其次,这些目标中陈述的所有行为表现,都可以(被教师或学生)监控和测量,从而使反馈能更好地帮助学生完善自己的学习。更多关于陈述有效的学习目标(也称学习结果)的信息,请参阅附录 D。

陈述的目标应能够测量,这一要求又(向学生和教师)提出了另一个问题:作业质量达到什么水准,就足以说明目标已经达成?研究表明,清晰而明确的行为标准,能够促进学生的练习并提高最终的学习质量。例如,古德里奇·安德拉德(Goodrich Andrade, 2001)发现,编制一个评分表(清晰地描述不同作业水平的特征;参见附录 C),并且在布置作业时把它发给学生,不仅会提升学生的作业完成质量,而且会增强他们对好的作业特征的认识。

这里我们要特别说明一下,老师所确定的具体目标,必须与他真正希望学生学习的东西相一致。例如,奈尔森(Nelson, 1990)做过一项案例研究,在这个案例中,教师发给学生一份关于研究论文的要求的详细说明,比如论文中至少有 3 个支持论点的论据。写作时,学生们把这一要求及其它一些相似要求铭记于心,也根据要求在文章中列出了所需的论据。然而,大家忽略了很重要的一点,那就是说明中没有明确给出更高水平的目标,例如文章结构清晰、论点前后一致等。结果,尽管这些学生在论文中列出了所需的论据,但未能达到其他重要标准。这一例子告诉我们,尽管把目标陈述得清晰一些,的确能引导学生的学习,但我们首先应确保目标能明确告知学生需要做什么、学什么。

确定练习的恰当难度水平

仅仅指明学习目标和标准是不够的。为了确保学生的练习能显著促进其学习,还应使他们所做的练习处于恰当的难度水平;必要时,还应该给学生提供程度适度、方式得当的支持。恰当的难度水平是指既不会太难(学生疲于应对、容易犯错、可能放弃),也不会太简单(学生不费吹灰之力便能达成目标,能力并没有得到提高)。前面提到的刻意练习,就涉及难度水平的恰当问题。事实上,刻意练习被专门定义为"朝着某个合理却具有一定挑战性的目标努力"(Ericsson, Krampe & Tesch-Romer, 2003)。

在一对一的教学和学习情境中,尽管耗时颇多,确定学习任务的适当难度水平仍然是必要的。事实上,已有研究表明,一对一教学之所以成功,在很大程度上是因为它能够根据学生个体需求随时调整教学(Anderson, Corbett, Koedinger & Pelletier, 1995;

Bloom，1984；Merrill，Reiser，Ranney & Trafton，1992）。在班级授课条件下，由于受情境限制，教师可能无法为每个学生提供不同难度水平的任务。但教师应该欣慰的一点是，研究业已显示，在班级教学中，调整作业任务的难度，使之达到适应学生需求的程度，也能有效促进教学。在一项研究中，克拉克、艾尔斯和斯威勒（Clarke，Ayres & Sweller，2005）设计了一个教学单元，借助电子表格的运用来教学生数学概念和程序。教学分两种形式，一是让学生进行继时性学习（先学习电子表格技能，然后运用这些技能去学习数学），二是让学生进行同时性学习（同时学习和使用电子表格技能）。研究发现，那些在电子表格方面缺乏知识储备的学生，在同时性学习条件下感到非常吃力；而在继时性学习条件下，由于学习任务分别呈现，任务难度降至更为合适的水平，他们的数学学习和成绩都要好得多。而对于那些知识储备丰富的学生来说，行为表现模式则恰恰相反——他们在同时性学习条件下成绩更好。该研究的结果充分支持了如下观点：高水平的挑战会削弱新手的学习效果。Strait教授的学生所遇到的问题，有一方面可能就在于他们被迫接受之前未曾遇到的挑战（做关于医学人类学的研究、构建自己的论点、准备富有吸引力的口头报告）。

在特定的教学活动中，教师该如何有效地调整教学，使其难度水平适合于不同学生，特别是那些知识准备存在不足的学生？研究表明，在课内外为学生提供一些学习支撑——亦即教学支架（Instructional scaffolding），使之先在适当难度水平上学习相关技能，可以有效地促进其学习。这种做法，实际上用到了维果斯基的最近发展区的概念。最近发展区概念，根据学习任务定义学习的最佳难度水平，它是指学生不能独立完成但在他人或小组的帮助下能够完成的任务。帕琳斯卡和布朗（Palinscar & Brown，1984）的研究表明，这一做法能成功地帮助学生更为主动地学习阅读。特别是，他们在研究中开发了一种学习模式，要求学生两人一组，轮流扮演教师和学生角色，"教师"让"学生"回答一系列问题，借助这些问题训练学生主动阅读所需的四种策略性子技能——提问、阐释、总结和预测。研究者发现，借助这种方式，学生的主动阅读技能会得到明显提高，他们的总体理解和记忆水平也有显著提升。

研究还表明，提供教学支持，并不一定要完全依靠提供帮助的人。例如，伯雷特和斯加达玛利亚（Bereiter & Scardamalia），就给学习写作的学生提供了一份书面提示，帮助他们注意写作过程中常被忽视的两个阶段：计划和修改。由于学生在写作时不能自觉地关注这两个阶段，这份书面提示就帮助他们把注意和努力转向：(a)生成、提炼和完善他们的观点；(b)评价自己的作品，找出问题，做出修改。结果显示，借助这种书面提示,学生的写作过程及作品都有了很大的改善,学生对观点的修改频率更是比之前增加了10倍(Bereiter & Scardamalia, 1987)。这些研究结果表明,如果Strait教授能够采用各种教学支架来帮助学生完成他们的最终研究报告,他们就可能更有效地利用练习时间,从练习中得到更多收获,最终不辜负Strait教授的期望,出色地完成研究报告。

为学生设置适当难度水平的练习,还有另外一个好处,那就是帮助学生维持学习动机(参见第3章)。例如,如果学生面临的挑战过大,他们可能会对成功产生一种消极预期,从而拒绝接受挑战,对活动无动于衷。相反,如果学生认为自己所面临的挑战在自己的能力范围之内,则可能对成功产生积极预期,因而坚持不懈,努力实现目标。最后,投身某项对自己的知识和技能水平构成适当挑战的任务,学生很有可能产生意识"流"。在这种意识状态下,他们会全神贯注地投入到学习任务中,并从中体验到极大的快乐(Csikszentmihalyi, 1991)。

练习的累积

为了使练习达到最佳效果,我们除了要关注前述两个特征,亦即目标导向和适当挑战外,还应关注花在任务上的时间。一些关于练习的研究,也反复强调这一点的重要性。换句话说,即使学生的练习质量很高,但要从中充分受益,也还需要充分的练习量(Healy, Clawson & McNamara, 1993; Martin, Klein & Sullivan, 2007)。练习的效应是逐步累积起来的,这个道理看上去显而易见。然而,时间和资源等实际条件的限制,往往迫使教师把一个个概念或技能快速地教给学生,很少给学生留出单独练习每个概念或技能的机会。例如,Cox教授要求学生写各种不同体裁的文章,但每种类型的文章只有一次练习机会。如果他的目标只是让学生练习三种不同体裁的文章,而不要求他们精通其中的任何一种,这样做也没有什么不妥。但如果他的目标是要求学生在课程结束时,能够以专业的水准写作这三种体裁的文章,那么学生就需要更多的练习时间。

一般而言,教授和学生都会低估练习要求。学生们常常想当然地认为,他们在某种情形下能完成某一任务,就代表自己已掌握了相关知识;而实际上,牢固地掌握知识要比这难得多(参见第4章)。任何新知识,往往都需要不止一次的学习。当学习目标是牢牢记住新知识并把它迁移到新情境中时,情况尤其如此。

尽管练习的效应会逐渐累积起来,但有一点值得注意:通过一定量的额外练习能获得多少知识和技能,还取决于学生所处的学习进程。如图 5.2 所示,与中期阶段相比,在学习的早期阶段和晚期阶段,练习的作用都相对较小。曲线两端相对平缓的现象,可能出于两个原因:

第一个原因是,学生用来衡量自己的学习的标准,比如正确率,在学习过程的两端似乎相对不敏感。因此,即使学习正在发生,学生也可能看不到自己进步的证据,而觉得学习进入了高原期。例如,刚开始学习拉小提琴的学生,尽管他可能在很多方面都取得了进步(能更好地记住不同音符的指位,运弓的位置更加准

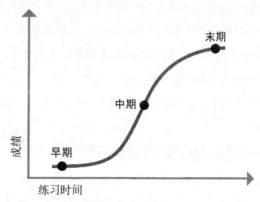

图5.2 练习对成绩产生的不均衡影响

确),但拉出的琴声仍然不好听,这就难以让他感觉有进步。再想象一下正在学习用一种新的计算机语言编程的学生。刚开始的时候,他可能在编辑句法时犯很多错误,因而很难看到自己在算法上一直有进步。在学习的末期,学生对自己的进步也同样缺乏敏感性。因为在这个阶段,学生是在完善自己的行为表现,行为变化的幅度不大,很难让人注意到。例如,水平较高的学生可能没有意识到自己的能力实际上得到了提高,能比以前更快、更省力地完成任务;他们可能也意识不到,自己现在已经能够一边完成复杂的任务,一边反思整个过程了。由于在学习早期和末期存在这种现象,因而教师应向学生强调在这两个时间段内他们的学习所发生的变化,或者为其提供更为精细的学习目标及标准,让他们看到自己所取得的进步。

图5.2 中曲线的两端比较平缓的第二个原因,是我们通常为学生布置的练习任务,对那些初学者来说,挑战过于巨大;而对那些即将完成学习的学生来说,又过于容易。正如前面所讨论的,无论学生的练习任务太难还是太简单,都会阻碍他们的学习。这个原因,也支持了前述"为学生提供的学习任务应难度适当"这一观点。

与学习的早期和末期不同,表5.2 中曲线的中段是陡峭的,这表明学生容易看到通过追加练习而获得的巨大进步。这是因为,处于这一阶段的学生已经拥有一定的知识、技能基础,并因此更容易发觉自己在学业上的进步。这也可以解释,为什么经过一定量的学习后,学生会在知识和技能的发展方面出现飞跃。

研究的含义

总之,关于练习的研究告诉我们:为了使学习最为有效,学生需要足够的练习,这些练习要聚焦于某个或一套具体目标,并处于适当的难度水平。然而,由于时间和资源的限制,我们很难乃至根本无法增加学生的练习时间(无论在课内还是课外)。因而本章中的研究强调充分利用有限的练习时间,通过把学生的精力集中在他们必须学习的内容上(而不是他们已经掌握或者掌握起来很轻松的内容),以及为他们设置合理的、具有一定难度的学习目标,使之从练习中充分获益。

关于反馈的研究告诉我们什么?

要想促进学生的学习,仅仅靠目标导向的练习是不够的。为了使学生取得最大的学习收获,目标导向的练习还必须与针对性的反馈相结合。反馈的目的,是帮助学生达到预期的学习水平。正如地图可以为旅行者指明当前的位置,并帮助他确定通往目的地的最佳路线一样,有效的反馈能告知学习者当前的知识和行为表现水平,引导他朝学习目标不断努力。换句话说,有效的反馈能告诉学生,哪些内容他们已理解了,哪些还没有理解;哪些学习方面表现得好,哪些方面表现得差;以及,如何确定自己未来的努力方向。

我们继续拿地图做类比。想象一下,你正在走迷宫,手头没有任何关于你的位置的引导信息,你不知道自己离入口或出口有多远。即使你最终走出了迷宫,你也不知道自己在里面兜了多少圈子,浪费了多少时间,而且脑子还是迷糊的。学生学习时没有得到任何有效反馈,情况就类似于此。因而,有效的反馈能极大地促进学生的学习,这一点不足为奇。设想,有这样两名学生,他们产生了同样的错误理解,使他们无法正确解决一些问题。假使,这两名学生在不同的学习时间,获得了不同内容的反馈:学生 A 在一份题量很大的家庭作业中,解答了所有题目,并把作业交给老师。一周后作业发下来,他发现自己只得了"C"。看着老师给出的分数,他认为自己没有一道题目完成得很好,觉得自己在这一专题学习方面彻底失败了。假设学生 B 在上课时,老师在每堂课上都给同学们布置一些解题练习,并且在练习之后,重点讲解一些常见的错误及改正方法。听过老师的讲解后,他很快意识到自己在两道练习题中犯了同样的错误。一旦认识到了这一点,他就能纠正自己的错误理解,并在周末做家庭作业时,格外注意这一点。

请注意,由于反馈时间和反馈内容不同,这两名学生从此可能会以两种截然相反的方式来学习这门课程。学生 A 没有意识到,自己的作业不佳仅仅是由一个简单的错误理解所致,很可能认为自己没有能力学习当前的课程,也就放弃了进一步练习的机会(例如,不再努力学习以应对即将到来的考试)。而学生 B 因为知道自己错在哪里,就能通过额外练习来加深对这一棘手问题的理解。换言之,在适当的时间,给予学生适当内容的反馈,对他们现在和将来的学习都很有帮助。

与这一例子一致,研究指出,反馈能否推动学生充分而有效地学习,取决于两个方面:内容和时机。首先,反馈应该告知学生他们离目标还有多远,学习的哪些方面还需要改善。其次,反馈要基于教师为学生设定的学习目标和活动结构,在适当的时间内提供,以便学生能充分利用反馈信息。与教学和学习的许多方面一样,没有哪种反馈方法能够解决学生和教师在各种情境中遇到的所有问题。因而,反馈的内容和时间,应以我们为学生设置的学习目标、学生的知识水平和熟练程度以及课程的限制因素为依据。在接下来的两部分,我们将讨论如何使反馈内容和时间达到最佳这一问题。

告知学习进步并指明努力方向

当反馈能够清晰地告诉学生,他们的学习在哪些具体方面已达成或尚未达成目标,并且能提供信息,帮助他们朝着既定的目标前进时,它的效果就是最好的。这种能够引导学生后继学习的反馈,通常被称为形成性反馈(Formative feedback)。相反,对熟练水平作出最终评判或评价,如给出等级或分数,被称为总结性反馈(Summative feedback)。

现在,我们拓展一下前面关于地图导航与学习反馈之间的类比。设想,现在有一个更精密的导航装置,比如全球定位系统(GPS)。GPS 能够告诉旅行者,他目前的位置离目的地还有多远。为了能更好地帮助旅行者,GPS 不能仅限于告诉旅行者他离目的地还很远,它还应告诉他离目的地究竟有多远,并为他指引到达目的地的路线。类似地,有效的反馈不仅要告诉学生他犯了错误,还要清晰地告诉他们目前的知识和行为表现离目标有多远,并为他们提供如何调整学习的信息,帮助他们达到学习目标。

研究早已表明,如果反馈能指出学生学习中需要改进的具体方面,而不是仅仅给出一般性的学习评价(如等级,抽象的表扬或批评),它的作用会更大(Black &

William, 1998; Cardelle & Corno, 1981）。正如前面的例子所描述的,学生 A 的家庭作业只得到一个等级"C",而没有得到相关评语。这种字母等级或者数字分数,算不上有效的反馈。尽管等级和分数为学生提供了一些信息,说明他们的作业在多大程度上达到了标准,但并没有指出作业的哪些方面已达到标准,哪些方面还没有达到,以及如何达到。另一方面,如果反馈能够针对学生的具体学习过程(如帮助学生正确解决问题或发现错误;参见第 7 章),则有助于学生进行深度学习(Balzer et al., 1989)。在一项研究中,学生借助电脑学习解几何题。当电脑检测到学生的解题方法出现错误时,就会自动给出反馈。其中一组学生收到的是一般性的反馈,告诉他们出错了;而另一组学生收到的是具体反馈,告诉他们哪里错了,怎样去改正。结果显示,在随后的问题解决技能测验中,收到具体反馈的那组学生,成绩显著优于收到一般性反馈的那组学生(McKendree, 1990)。

这里还有另外一个极端,也就是对学生的作业提供大量反馈。这种反馈不见得是有效反馈。这是因为,过多的反馈会让学生不知所措,不清楚自己的学习究竟在哪些方面偏离目标,不知道自己该把学习精力重点集中在什么地方。例如,研究业已显示,在学生作文的页边空白处写太多的评语,常常起到相反的效果。这一方面可能是因为,学生由于要同时考虑大量的评语意见而招架不住;另一方面可能因为,学生在修改作文时,只关注那些比较具体且容易修改的内容,而忽视了那些更重要的关于概念及结构的修改意见(Lamburg, 1980; Shuman, 1979)。

还记得 Cox 教授的例子吗?他悲叹的是,自己花费了大量时间给学生的作文写评语,却收获甚微。事实上,他的评语中信息太多,可能就是学生的后继作业改善不大的部分原因。在这种情形下,如果他的评语集中到一两个迫切需要解决的问题上,可能就为学生提供了更有针对性的反馈。然而,这里必须指出的是,即使 Cox 教授给出了上述有针对性的反馈,也不一定完全奏效,除非学生有机会重写这篇文章或类似主题的文章,用到这些反馈。不过,我们在这里强调的是,有针对性的反馈应为学生提供最重要的信息,告诉他们如何使自己达到标准,让他们知道如何改善自己的后继作业和学习。

的确,只有当反馈能充分引导学生的后继练习,且学生有能力在后续练习中将反馈意见加以吸纳时,反馈的作用才能完全显现出来。让我们再回忆一下 Cox 教授的课程。在他的课上,学生只有一次机会去练习他所布置的三种体裁的文章。他也许认为,这是对一般写作技能的重复练习,但这三种作业可能需要完全不同的技能(参见第

4章)。因此,即便Cox教授对第一份作业给出了针对性的反馈,学生们也可能获益不大,除非他们有机会将这些反馈运用到下一次作业中。

Cox教授怎样才能把自己的反馈与学生进一步练习的机会联系起来呢?一种做法是,他可以要求学生把每种体裁的作文多写几遍,这样就可以把从第一遍中得到的反馈意见运用到随后的写作中。还有一种做法是,让学生先就每种体裁写出大致的初稿,由他对这些初稿做出有针对性的评注,然后再清楚地告诉学生,终稿的目标是在修改中吸纳这些评注意见。这种做法,凸显了反馈与练习的交互作用。事实上,在针对性反馈之后进行的练习,可视为经过专门调整的目标导向性练习。

恰当地安排反馈时间

我们刚才讨论的研究都是针对反馈的内容,但应指出的是,反馈的呈现时间的适当性,也值得充分考虑。反馈时间涉及两个方面:一是在作业完成多久后给予反馈(一般来说,越早越好),二是多长时间给一次反馈(一般来说,越频繁越好)。然而,理想的反馈时间并不是由某一通用规则决定的。它的确定,最好是根据那些最能帮助学生实现学习目标的因素。让我们再回想一下前面提到过的GPS类比。很明显,这种设备的关键特征之一在于,当司机需要它时,它能提供反馈,帮助司机实现尽快到达目的地的目标。

一般说来,反馈越频繁,对学习的促进效果就越好。这是因为,经常性的反馈能帮助学生保持正确的学习方向,在错误根深蒂固之前纠正它。大量的研究都支持了这一结论(相关综述请参阅 Hattie & Timperley, 2007)。然而,受现实因素的制约,采用经常性的反馈往往有难度。幸运的是,有研究显示,即使对学生的写作给予微小的反馈,也能使他的第二稿有所改善,因为反馈让学生更清楚地知道读者理解了什么,还不理解什么(Traxler & Gernsbacher, 1992)。这一研究结果突出说明,给予适量反馈,尤其是早一点提供这些反馈,是很有裨益的。这一结果还表明,如果 Strait 教授在学生完成作业时,早一点提出作业要求,就可以早一点提供反馈,避免学生偏离正确的作业方向。

当然,这一研究并不说明反馈越频繁越好。它再次说明,反馈时间的安排非常重要。我们来看这样一项研究:大学生在运用电子表格中学习数学函数(Mathan & Koedinger, 2005)。在研究中,学生的学习目标是不仅能够正确地写出这些函数,还要能够发现并纠正自己的错误。结果显示,与那些获得"延迟"反馈的学生相比,犯错误之后立刻得到反馈的学生,在最终测验得分更低。尽管乍看起来这让人感到惊讶,但如果我们想到即时反馈组的学生丧失了发现并纠正自己错误的练习机会时,就会觉得这个结果合情合理了。相比之下,那些接受延迟反馈的学生,则有机会去纠正自己所犯的错误,从而更多地锻炼相应技能。这是因为,当延迟反馈组的学生犯错误时,只在两种情况下会被提供反馈:(a)有足够的证据表明他们无法发现自己所犯的错误;(b)他们做了很多次努力也无法改正自己所犯的错误。从中我们可以看出,如果反馈时间更恰当,即便不是即时反馈,也能更好地促进学习目标的实现。

研究的含义

对于如何使反馈更有效,相关研究给出了三条重要建议,亦即,反馈必须:(1)聚焦于你希望学生掌握的关键知识和技能等方面;(2)在合适的时间、以恰当的频率提供,确保学生能充分吸纳反馈意见;(3)与学生的练习时机相配合。正如我们在前面几节所提到的,反馈的这三个方面,都必须与你为学生设定的学习目标相一致。我们提供的反馈,无论从类型还是频率上看,最好能做到既让学生从中获益,又能使他们主动监控自己的学习。换言之,这种反馈不会阻碍学生的自主学习能力的发展。如果反馈太概括,学生就不知道该如何改善自己的学习;如果反馈太具体,则会让学生不知所措,不知道自己应首先改善哪些学习方面。同样地,如果反馈的次数太少,学生就会因得不到足够的引导学习的信息而盲目行事;如果反馈过于频繁,则可能让学生心烦,或者导致他们过于依赖反馈而不是依靠自己来改善学习。

要想使反馈最有效,除了要保持反馈的数量和时间的均衡外,还必须注意一些影响反馈效果的现实因素。例如,教师是否具有足够的准备反馈意见的时间,学生是否具有充分的吸纳反馈意见的时间,都是我们决定何时、如何提供反馈时应重点思考的问题。对于反馈的理论效果和实际效果,我们必须同时考虑。我们还应记住,并非所有的反馈都适用于每个学生,反馈也不一定要完全靠教师来提供。接下来,我们将讨论一些有效、可行的反馈策略,其中包括同伴反馈、小组反馈等。

研究提出了哪些策略?

我们在下文中呈现的策略,有助于你为学生提供:(1)目标导向的练习;(2)针对性的反馈。在这两个方面,我们重点关注的都是效果和效率问题。

满足目标导向练习需求的策略

评估学生的已有知识,确定恰当的难度水平 在进入我们的课堂之前,学生在已有知识、技能和能力方面差异巨大。对他们的已有知识进行评估(如调查、前测或布置不评分的作业),能帮助你找出学生的优势和不足,从而更好地把练习置于适当的难度水平上(基于他们的实际水平,而非你的期望水平)。行为表现评估(如解决真实问题或解释术语),能很好地揭示出学生已知什么、能做什么;用问卷调查他们的知识水平(如他们能否定义或应用,是否知道何时运用),会让你知道学生相信自己知道或能做什么(要想了解更多的相关策略,请参阅第 1 章;想要了解更多有关学生自我评估的信息,请参阅附录 A)。

在课程材料中清晰地呈现教学目标 如果学生不清楚整个课程或某项作业的具体目标,他们往往就会根据自己的假设来安排学习时间。因而,(在你的教学大纲或每份具体作业中)清晰地阐释教学目标,就显得格外重要。采用这种做法,可以让学生知道你的期望是什么,并以此引导自己的练习。如果从学生应该在作业或课程结束时能做什么的角度陈述目标,那么学生就更可能利用这些目标来指引自己的练习(更多关于阐释学习目标的信息,请参阅附录 D)。

运用评分标准,指明作业标准 如果学生不知道作业的标准,就很难进行恰当的练习,也很难监控自己的学习进展和理解水平。告知学生作业标准的一种常用做法,是为他们提供一份评分标准。作为一种评分工具,评分标准能明确表明教师对学生在某项作业上的期望。评分标准还把教师布置的作业任务分成几个部分,并对每一部分的完成质量,分高、中、低三个层次给出详细的评分说明(更多关于评分标准的信息,参见附录 C)。

创设多种练习时机 因为学习是随着练习逐渐积累的,因而多个简短的作业往往比单一的长作业更能促进学习。在从事多个简短的作业的情况下,学生有更多的机会去练习技能,并能根据反馈不断从作业中完善自己的学习。例如,采用这种策略,能让你不必顾虑期末的论文,更多、更具创造性地去完成各种简短的写作任务(如写信、做项目笔记或政策简报)。但需要记住,对某一作业只做一次练习,对学生发展相关的成套技能来说可能是不够的,更不要说学生在后继的相关作业中能吸纳你的反馈意见。

为作业提供支架 为了调整任务的难度,使之一直具有适合于学生的难度水平,我们可以提供教学支架。提供教学支架是指这样一个过程:在学生学习的早期,教师为他们提供一些教学上的支持;随着学生的掌握程度和熟练水平的提高,教师逐步移

147 除这些支持。在更为复杂的作业中提供教学支架的一种方式是，首先要求学生分别完成任务的每一小步，然后再让他们整合起来加以练习（请参阅第 4 章）。

设立练习预期 学生可能会低估完成某项任务所需的时间。因而，要想使学生的知识、技能达到你所期望的掌握水平，你应为他们提供一些具体说明，告诉他们练习的数量、类型和水平。这一点非常重要。至少有两种方式能帮你估计学生所需的练习时间。例如，有的教师会连续几个学期询问学生，完成某项作业需要多长时间。然后，他们就可以告诉当前的学生，以前的同学完成该作业所需的时间及平均时间。还有的教师遵循一个经验法则，即学生完成一个任务所用的时间，大概是教师所用时间的三到四倍。然而，这个比率可能会随着情境的不同而有所变化。因而在作业时间估计方面，我们有必要尝试多种策略，并根据自己的经验进行时间调整。

提供目标行为的范例 根据前面的策略，我们知道，为学生提供一些作业范例（例如一个榜样性的设计、一篇高质量的论文、一种好的解题方法），直观地告诉他们目标行为是什么样的，这也很有帮助。展示以前的学生的作业范例，有助于学生从中看出，你所设定的行为标准是如何落实到实际作业中的。如果你能向学生强调或解释这些"达标"范例的主要特征，它们的示范效果将更佳。

148 **告诉学生应注意避免什么** 为学生提供符合目标行为的范例的同时，你还可以采用对比的方式，通过阐述以前的学生曾有过哪些常见误解，或者解释为什么有些作业无法达到你的目标要求，告诉学生应注意避免什么。这种做法也能收到很好的效果。例如，在写作或做口头报告这样的情形下，与学生分享一些案例，重点说明其不足之处，对学生往往很有帮助。我们也可以借助这些例子，让学生分辨作业质量的高低。为了使学生更为主动地监控自己的理解程度，你还可以让学生根据评分标准（参阅附录 C）来评定一份作业。

伴随课程进展，不断提升教学目标和行为标准 随着学生不断练习各种技能，加深对课程的学习，你可能需要为他们提出新的挑战，或调整教学目标，以适应他们不断变化的熟练水平。例如，一旦学生获得了某项技能，你可能就希望他们更快、更省力地运用这项技能，或者能将其运用到多种情境中。如果你希望学生朝目标努力，你就需要不断地设置要求日益提高的目标。

提供针对性反馈的策略

找出学生作业中的错误类型 同一个班级中的学生，常常犯同样的错误，产生同样的误解。你只有下些功夫去分析,才能找出他们的共同错误模式。例如,你可能发现,在考试中有道题目大部分的学生都没做对,或者,某一次家庭作业对很多学生来说都太难了。在办公时间,你也许还会注意到,有很多学生都来问你同一类型的问题,或者在犯同一种错误。如果你给学生批改作业,就有机会获得这些信息,找到错误的类型。如果你让助教来批改作业,就应要求他们总结一下学生所犯错误或产生的误解的主要类型,并把它们报告给你。一旦你找出学生的共同错误类型,就可以运用下列策略向整个班级提供反馈。

按重要程度依次提供反馈 反馈应当具体包含哪些信息?这取决于课程情境的多个方面:你设置的学习目标(包括整个课程的目标和某个具体任务的目标),学生的水平,他们最需要改进的方面,以及你的可用时间。因而,要想使反馈的效果好、效率高,关键是要考虑清楚此时此刻什么信息对学生最有用,然后在反馈中将这些信息按照重要程度排列。在很多情形下,我们没有必要对学生各方面的表现都作出反馈,我们只需对作业的某些关键方面作出反馈就可以了。要做到这一点,一种可行的办法是每次只对一个维度作出反馈(如阐释论点时的一个方面,设计过程的一个片段,解决问题时的一个步骤)。采取这种做法,可以避免学生因反馈过多而不知所措,从而使他们能够带着某个特定目标进行有针对性的练习。

在反馈中平衡优势与不足 学生往往意识不到自己所取得的进步,因此,告诉他们在哪些地方做得好、有所提高,这与告诉他们在哪些地方理解不够、需要改进同样重要。正向反馈告诉学生哪方面的知识和行为需要保持和巩固,而负向反馈则指出哪些方面需要调整(最好还告诉学生如何调整)。在教学中,我们应该先向学生提供针对性的正向反馈,因为这样可以提升他们的效能感,增强其学习动机。针对某一堂课或某一特定学生,如何平衡正向和负向反馈,要以你的教学重点和学生的需求为依据。

创设经常性的反馈时机 要想经常性地提供反馈,前提是要给学生多种机会,让他们能够练习运用所学的知识和技能。简短的学习任务呈现得多了,反馈的次数就会随之增加,学生就可以不断修正、完善自己的理解。这样,对教师和学生来说,每次负担也相对轻松一些。正如在本节论述其他策略时所指出的那样,我们没有必要把所有反馈都集中在个体学生身上,也没有必要全然通过教师来提供反馈。明白了这些,就可以减轻频繁反馈给教师带来的负担。

在班级水平上提供反馈 并非所有的反馈都必须一对一才有价值。尽管你可能想在每个学生的作业上都写上评语(这样就占用更多的时间,影响你及时为学生提供反馈),但有时你可以找出学生所犯的共同错误,向全班呈现,并讨论这些错误。同样地,你也可以向全班学生展示两个高质量作业的例子,并讨论哪些特征使之达到了"A"等水平。

在班级水平上提供实时反馈 在课堂情境中,尤其是在大型讲座中,教师往往认为无法提供有效的反馈。然而,如果教师能以某种方式向大家提问,并能迅速汇集起学生的回答,就能克服这一困难。你既可以通过纸质方式(使用颜色编码的指示卡片),又可以通过互动技术(通常称为个人回答系统,或者"应答机"),来快速收集学生的反应。在这两种情况下,教师提出一个问题,学生给出回答(举起手中代表自己的答案的指示卡片,或者通过应答机选出自己的答案)。这样,教师就能轻易地发现正确答案和错误答案的比例(通过扫视教室里不同颜色的卡片,或者看一下电脑屏幕上记录的按键反应)。根据这些信息,教师就能决定如何为整个班级提供恰当的反馈。例如,教师可以只指出回答错误的比例很大,然后要求学生分小组讨论这个问题,最后再进行下一轮的答案统计。教师也可以从学生的回答中找出普遍存在的错误理解,并视其性质,为学生进一步作出解释或举例加以说明。

运用同伴反馈 有价值的反馈不一定全靠教师来提供。只要有明确的指南、标准或者评分细则,学生也一样能对同伴的作业提供建设性的反馈。同伴反馈也有助于学生更好地辨别高质量的作业,诊断出自己存在的问题。除了对学生有益外,同伴反馈还可以帮助你在不增加工作负担的情况下,增加反馈频率。但这里要记住,要想使同伴反馈更有效,你需要向学生讲明什么是同伴反馈,同伴反馈背后的原理是什么,如何为同伴提供反馈。此外,正如本章所强调的,为了充分发挥同伴反馈的作用,你还需要给学生足够的机会,让他们去练习这种反馈技能(更多相关信息请参阅附录 H)。

让学生明确在后继作业中怎样吸纳反馈意见 当学生有机会反思反馈意见,并能把它有效地吸纳到随后的练习、作业中时,反馈才最有价值。由于学生通常看不到作业、设计、考试等活动之间的关联,因而让学生明确指出反馈如何影响他们的练习或行为表现,将有助于他们看到、体验到"完整的"学习循环。例如,有些教师要求学生把论文的草稿写几遍,递交每份草稿时,一同提交上次老师评阅过的草稿,并且要写一段话,说明他们是如何把上次的反馈意见整合到本次写作中的。同样,对那些包含很多小阶段的设计任务,我们也可以采用这种方法。

小结

在本章,我们试图超越那些简单的道理,如"熟能生巧"或者"反馈越多越好",深入地探讨那些能使练习和反馈达成最佳效果的关键因素。有效练习的关键特征包括:(a)聚焦于某一具体的目标或行为标准;(b)根据学生当前的行为表现设置恰当的作业难度水平;(c)达到足够的数量和频次,使学生有充分的时间发展自己的知识和技能。有效反馈的关键特征包括:(a)告诉学生他们距离学习目标还有多远,需要对学习作哪些改善;(b)在学生能最大限度地利用这些信息时向他们提供。把上述这些特征综合在一起,练习和反馈就能协同发挥作用,推动学生围绕某一具体目标不断学习,并吸纳反馈意见,进一步朝学习目标前进。如果我们在设计练习与反馈时能想到上述特征,就能适当地优先考虑这些特征,使学与教的过程效果更好、效率更高。

6 为什么学生的发展水平和课堂气氛影响他们的学习?

无需争辩

在昨天的经济学课上,我和学生们讨论一篇关于非法移民对美国经济影响的文章。开始时,课堂讨论以一种轻快的步调进行着,直到后来一名叫 Gloria 的学生打断了讨论进程。她相当激动地说,阅读材料是有偏见的,并不能准确地代表真实情况。而另外一个学生 Danielle 则回应道:"Gloria,为什么你总是要提到种族呢?难道我们就不能平静地讨论文章中的数字吗?"此时,第三位同学 Kayla,一个本学期在这类问题上表现相当安静的学生,说道,在她看来,非法移民应该被逮捕并驱逐出境,"这无需争辩"。Kayla 继续讲道,她的祖父母从波兰合法地移民到美国,他们努力工作,为自己创建了良好的生活,"但现在,那些并没有权利在美国生活的墨西哥裔非法移民大量涌入,使得这个国家日益衰竭,这种行为显然是错误的。"话刚说完,课堂变得异常安静,我看到三个墨西哥裔的学生互相注视着,眼神中充满了愤怒和疑惑。Gloria 极为恼怒,朝 Kayla 大吼道:"你所讲的那些非法移民中包含了许多和我很亲近的人,你甚至对他们一无所知。"整个事件突然以一种愤怒的互相指责的方式爆发,Gloria 给 Kayla 取名为"种族歧视者",Kayla 则看起来快哭了。于是我劝 Gloria 尝试着将讨论重心放在主要的经济问题上,而不要带有太多个人情感,以便重新调控课堂气氛。但当我们返回讨论的时候,没有人愿意发言。Kayla 和 Gloria 静静地坐着，双手交叉，看着地面，班上其他同学看起来也都不太舒服。我明白自己没有很好地处理这种情况，但我真的希望自己的学生可以足够成熟，不那么情绪化地讨论这类问题。

Leandro Battaglia 教授

坏行为未受惩罚

在我们系，常常有人讨论如何吸引更多的女学生来选修电气工程学。我相信这一点是非常重要的，因此尽全力支持和鼓励自己课堂上的女学生。我知道工程学对女性来说相当有挑战性，所以当女生以小组形式解答难题时，我常常为她们提供额外的帮助和指导。课堂上，我很少让女生来回答问题，以免她们成为大家关注的焦点。所以你可以想象，当一个学生几周前向我报告：我的一个助教在习题课上对选修工程学课程的女生公然发表了不敬的评论，我是何等沮丧。这位助教思想固执，倾向于贬抑那些和自己意见不合的人，我和他在相处过程中也存在不少问题，但我对最近这个消息感到格外难过。当然，我惩罚了这名助教，同时也严厉警告他将来不要出现此类行为不当的问题，但不幸的是伤害已成定局：那次习题课上的一位女生（看上去非常有前途）退出了这门课程，其他女生在课堂上也不再讲话了。我打起精神来审阅上周收集的有关早期课程评价中的抱怨，确实有学生对那个有性别歧视观点的助教表示抱怨，但令人困惑的是，他们也对我表示不满！一个学生写道：我"偏爱"女生；而其他人却写道：课堂"对我们男生是不公平的"，因为我"在课堂中对男生要求更多"。我不知该如何应对这一现象，开始觉得简直没有办法让每个人都开心。

Felix Guttman 教授

这两个故事中发生了什么？

在上面描述的两个故事中，课堂中那些出人意料的人际关系和情绪变化，使得学习经历变得更为复杂。尽管 Bataglia 教授布置的阅读任务,触及了一个有争议的话题,但他却期望学生们讨论阅读材料时,能够从经济学原理而非个人经历和民族认同感出发,因为在他的脑子中,这些东西是不能搅合在一起的。这堂课本来是以对阅读材料的理智讨论为起点的,但讨论迅速演变为关于种族问题的高度情绪化的相互指责。在 Bataglia 教授看来,种族问题与阅读材料的内容是没有多少关联的。然而,这些讨论却导致了学生们伤感、苦恼、精力分散,最终搞成一团糟。Bataglia 教授发现自己无法控制混乱的课堂秩序。课堂中产生的吵闹让他深感无助,不明白为什么学生们在阐述看法前,不能先调控一下自己的情绪。

Guttman 教授所面临的处境,则完全与课程内容无关。这里我们看到了一位好心的教师,尽自己最大努力去帮助女生,担心(因为某些原因)她们在一个男性占统治地位的学科领域中被边缘化。他对助教公然表现出的性别歧视行为表示强烈不满,并立即处理了这件事情,但他却没有注意到学生是如何看待自己的行为的。事实上,他通过提供额外帮助和减少压力来帮助女学生的企望,产生了事与愿违的结果:对于课堂上的女生来说,它标志着教师对她们的胜任力和能力信心不足;而男生则认为这对他们显然是不公平的。结果,学生们感到不满和不服,课堂参与程度受到消极的影响,一名很有前途的女生退出了课程。

此处什么学习原理起作用?

在上述两个故事中,有两个相互关联的概念居于核心位置。一是学生的整体发展,二是课堂气氛。作为教育者,我们所关注的主要是如何促进学生的智力技能和创新技能的发展,但我们必须意识到,学生不仅有智慧,而且有社会性、有情感,这些方面在课堂情境中交互作用,影响其学习和学业表现。图 6.1 概括了这一互动模式。在上述两个故事中,情绪和社会性过程,阻碍了学生有效地讨论阅读材料及学习的能力。

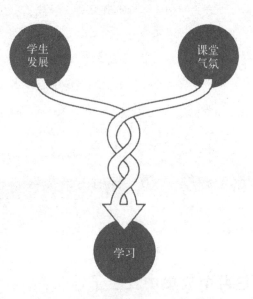

图 6.1 学生发展和课程气氛对学习的交互影响

学生们仍处于全面发展社会技能和情绪技能的阶段。从某种程度上讲,人们的这两方面能力,一直都在发展中。但与大学生打交道时,有两点需要注意:首先,情绪和社会性发展在人生的这个阶段尤其重要。事实上,大量研究显示,在大学阶段,学生在社会性和情绪方面的发展要远大于智力上的发展(Pascarella & Terenzini, 1991)。其次,如果学生没有学会有效地引导情绪,这些情绪会影响智力的发展。

尽管我们无法控制学生的发展过程,但如果我们了解这一过程,就可以以适应学生发展的方式来营造课堂气氛。而且,很多研究业已显示,我们营造的课堂气氛影响学生的学习和学业表现。消极的气氛会阻碍学生的学习和表现,积极的气氛则可以促进学生的学习(Pascarella & Terenzini, 1991)。

> **原理:** 学生的当前发展水平与课堂中的社会、
> 情感和智力气氛相互作用,共同影响他们的学习

图 6.1 显示,学生的发展水平和课堂气氛交互作用,共同影响学习。但这里为了叙述方便,我们将分别回顾关于学生发展和课堂气氛的已有研究。在教学策略部分,我们将把二者再综合在一起,集中讨论如何基于学生发展和课堂气氛两方面选用有效的教学策略。

关于学生发展的已有研究告诉我们什么?

正如医学中的整体运动观要求医生们要着眼于病人而非病症一样,以学生为中心的教学,要求我们着眼于学生,而非教学内容。因而,意识到大学生所面对的社会、情绪和智力等诸方面的复杂挑战,这是很重要的。意识到这些挑战,并不意味着我们要负责引导学生的社会和情绪生活的所有方面(例如,我们没有必要也不应该管学生的财务计划或心事)。但是,考虑到学生发展对教学和学习有重要影响,我们应该创建更有成效的学习环境。

处于 17 到 22 岁之间的学生,正经历着极为重要的转变。他们从高中升入大学,要学会适应大学对自己的智力要求;他们必须学会离开父母独立生活,建立新的社交

159 网络;学会与室友及住在同楼层的同学和睦相处;要学会管理自己的财务;对饮酒、毒品和性行为作出负责任的决定,等等。在课程学习和社会交往中,他们必须努力应对那些挑战自己价值观和设想的观点和经历。他们必须制订一个有意义的学习计划,选择一个专业,并把自己当作某一学科领域的成员。随着毕业的临近,他们必须作出选择:是参加工作,还是读研究生;对于即将在"现实世界"中做一名成年人,他们对自己的前景既兴奋,又有一些担忧。换句话说,学生们除了面临大学生活中智力上的挑战外,还需要解决诸多复杂的来自人际、情感、现实等方面的问题。

我们该如何理解学生的各种发展方式呢?大多数发展模型都建立在一个基本的概念框架上,所以我们可以从理解这个框架着手。通常,发展被描述为学生对那些催化他们成长的智力的、社会的、情绪上的挑战的反应。我们应该明白,发展模型描述的是学生的整体发展过程(亦即勾勒出大致轮廓),它并不一定要描述学生个体的发展。事实上,各个学生并非都是按同样的步伐发展的。而且,发展也并非总是向前的。也就是说,在某些情况下,学生可能会退步或者停止进一步的发展。另外,学生可能在某一方面获得高度发展(比如说,智力上的成熟),而在另一方面获得较小的发展(比如说,情绪上的成熟)。最后,需要指出的是,尽管有些模型已根据学生在人口统计学特征上的变化而被修改,但当前流行的大多数模型,关注的仍然是普通年龄的大学生,而不是那些年龄较大的或工作后返校的大学生,这些模型所反映的也都是西方的观点。

160 在这里,我们并非要对有关学生发展的文献作完整回顾(关于学生发展模型的更宽泛的讨论,请参阅 Evans et al., 1998)。相反,我们将集中介绍齐克林模型(Chickering model)。该模型非常全面,它系统地考查了学生在大学阶段需要解决的各种问题。然后,我们将重点讨论我们认为对课堂教学具有重要启示的学生的两个发展方面,亦即智力发展和社会认同感的发展。

学生发展的齐克林模型

齐克林(Chickering, 1969)提出了一个模型,试图系统地解释学生在大学阶段所经历的所有发展性变化。他把这些变化分为 7 个维度,称之为向量;认为各维度之间相互依赖,累积性地发展。

发展胜任力 这一维度包括智力、身体、人际三方面的胜任力。智力胜任力包括发展适合于大学学业的学习技能,发展复杂的批判性思维,发展问题解决能力等各个方面。身体的胜任力包括体育活动,也包括意识到现在应由自己(而非父母)对自己的健康和幸福感负责。人际胜任力包括沟通、参与群体及领导技能。这三种胜任力，共同赋予个体一种整体性的自信，让他感到自己能够成功地处理大学生活中遇到的各种挑战。Guttman 教授在课堂中尽量避免让女生回答问题，他可能无意中阻碍了女生在智力和人际方面的胜任力感的发展，因为其行为突出了这样一种假定：女生在工程学方面的学业表现不如男生。

管理情绪　这一维度包括：意识到自己的情绪（包括焦虑、快乐、愤怒、沮丧、兴奋、抑郁等），并适当地表达情绪。在上述经济学课堂中，学生们显然都体验到了自己的情绪，但未能在讨论中以恰当的方式加以表达，结果导致讨论未能充分探讨内容，每个人的学习都受到损害。

发展自主性　这一维度包括：减少对父母的依赖，更多地依赖同伴，最后形成个人自主性。发展自主性的过程，包括情感独立（把自己从对父母支持的依赖中解放出来）和工具性独立（独立应对各种挑战的能力）。关于 21 世纪大学生（那些在 1982 年及以后出生的学生）的研究发现，当前的大学生可能在这一维度的发展上遇到更多困难（Howe & Strauss, 2000）。再后，自主性发展所面对的困难，是如何重新整合与他人的人际关系，把相互依赖作为最终目标（Chickering & Reisser, 1993）。同样地，Guttman 教授为小组中的女生提供额外帮助，这可能无意中阻碍了她们自主意识的发展，从而影响了她们的学业表现。

建立认同感　这是齐克林理论中的一个关键维度。建立认同感，以前述各向量的建立为基础，并且是后面所谈的各向量的基础。认同感由自我感发展而成。它包括对自己的身体、相貌、性别、性取向、种族和民族特征的满意感。自我感发展良好的学生，对那些与自己观点相冲突的新观点，不太会产生威胁感。在经济学课堂中，有些学生似乎正面临着新观念的挑战，但他们显然还不够成熟，以至于在考虑他人观点的时候，感到自己的整体认同感受到威胁。

建立流畅的人际关系。这一维度包括建立成熟的人际关系。学生需要认识到人与人之间存在差异，并能容忍这些差异。在浪漫的人际情境中发展有意义的亲密感，也是这一维度的组成部分。

确定发展目标　一旦认同感形成，问题就不再是"我是谁？"，而变成了"我将要成为谁？"这一维度包括培养特定的兴趣，承诺将投身于某一职业或生活方式，甚至遭到他人（如父母）反对也不轻易改变。助教的有关性别歧视的评论，可能威胁到了女生的自我感觉——自己可以学好工程学。那名退出课程的女生，和那些在课堂上不再发言的女生,都是很好的例子,它说明了这一维度对学习和学业表现的重要性。实际上,许多学习那些传统上被男性统治的学科的女生都表示,不管在本科还是研究生阶段,自己都曾被告知不可能在科学领域获得成功,就因为自己是女性(Ambrose et al,1997;Hall,1982)。

发展统合性 这一维度涉及自我兴趣和社会责任感之间的冲突。如果引导得当,学生将逐步建立一套具有内部一致性的价值观,并以此来指引行为。我们可以理解Gloria的爆发,因为她正试图获得统合,讲出自己的真实想法。

我们可以看到,这些发展向量包括一系列社会的、情绪的和智力的过程。学生们如何协调这些过程,决定着他们的个人成长方式,影响着他们与他人、教师和课程内容的互动方式。它也会影响学生的学习投入程度、动机水平、学习毅力、主体意识,以及自己在所选学科领域中的学习角色。换言之,这些发展过程对学生的学习具有深远影响。

齐克林模型已从广阔的视角全面分析了学生的发展,但在课堂情境下,我们无法控制它所提及的所有维度。下面介绍的每个模型,都是重点关注与课堂学习高度相关的一个方面。它们把发展描述为阶段性的过程,认为个体在一系列发展阶段中,在思考和感受自己、他人以及社会环境的方式等方面,都经历了一系列质的转变。

智力发展

从20世纪50年代开始,就有研究探讨大学生的智力发展问题。尽管这里介绍的理论由佩里(Perry,1968)最先提出,但后继研究者也发现了非常相似的发展轨迹(Belenky et al.,1986;Baxter-Magolda,1992),并对佩里的理论进行了拓展。这些模型尽管包含的发展阶段有所不同,但都描述了学生思维方式由简单到复杂的发展路径。学生的发展,通常由标志着当前阶段不足的某个困境所推动。

在早期阶段,学生的推理是以典型的二元论(Duality)为特征。在他们看来,知识要么是正确的,要么是错误的,二者之间没有模棱两可或说不清之处。Kayla的惊呼——"那是完全错误的"——就体现了这种思维方式。处于这一智力发展阶段的学生,相信知识是绝对的,是由权威(教师,教材)传递下来的。学生的职责就是接受知识,并在被问到时回答出来。这种知识的定量观,把教育也被视为堆积"正确的"事实的过程。这种观点内含的假设是:可知世界已被充分认识,伟大的教师可回答任何问题。处于这些阶段的学生,不会认可不同的观点,不大可能把讨论视为获取知识的合理方式。

当遇到许多我们还不知道答案的问题,或者一些没有明确的正确答案的问题时,学生的思维方式就受到挑战,从而发展到多元论(Multiplicity)阶段。此时,知识变成了观点,任何人都可以对某个问题发表自己的看法。处于多元论阶段的学生,把评价看成是非常主观的,他们会因自己的观点没有得到好的评价分数而感到沮丧。在这一阶段,他们还难以分辨不同的观点,因为这些观点似乎都是合理的。此时,教师不再被视为权威,其观点仅仅被视为可能的视角之一。乍看起来,这一阶段好像并不代表着某种进步,但事实并非如此。在此阶段,发生了两件重要的事情:首先,学生以更为开放的视角来看待不同观点之间的差异,因为他们不再固守所谓的"正确的观点"。这一重要转变,是后继阶段中所有的进一步发展的基础。其次,此时学习会变得个性化。他们开始捍卫自己的观点,并能理性地与教师或者教材交换意见,表达自己的不同看法;也就是说,他们开始建构自己的知识。Gloria 宣称阅读材料中的观点有偏见,这种宣称是不可能来自一个处于更早发展阶段的学生的。

如果学生坚持认为任何观点都需要得到证据的支持,他们的智力发展就进入了相对主义(Relativism)阶段。持有这种世界观的学生,意识到各种看法并非等价,认为对于赞成或反对某种观点的理由,都可以根据通用的或具体学科的证据规则,来加以理解和评价。这一转变,标志着知识观从定量转向定性。此时,教师变成了指导者和促进者,学生希望他们能够提供一些好的模型,介绍如何以一种批判性的方式理解课程内容。随着学生分析和批判技能的增强,他们会发现自己在这一阶段抒发观点时所具有的自主性;但他们有时也会感到沮丧,因为他们意识到,所有的理论都必然是不完美或不完整的。

学生们成功地通过相对主义阶段的挑战后,就发展到了最后一个阶段,该阶段以承诺(Commitment)感的形成为标志。尽管所有的理论都有优点和不足,但学习者意识到,他们必须暂时信奉某个理论,以之作为发展的基础并不断对它加以完善。从某种意义上说,此时他们已经完成了一个发展循环,因为他们现在又进入了从多个理论和方法中选择一种的状态。但在这一阶段与在二元论阶段不同,他们的选择是经过深思熟虑而且是有根据的。我们很容易看出这种承诺感是如何应用到道德问题及认知领域的问题的。事实上,科尔伯格(Kohlberg, 1976)和吉利根(Gilligan, 1977)道德发展阶段论,呼应了佩里的理论。他们认为,学生最初是不加考察地强烈坚持某种是非观,然后逐步发展到深思熟虑的、负责任的道德阶段,学会在具体情境中根据多方面因素来评价行为。他们理论中的一个重要观点是道德发展不能脱离学习。例如，Kayla 和 Gloria 关于非法移民的态度，都有着智力和道德发展上的双重表现。

其他发展心理学研究者拓展了佩里的理论，集中探讨了不同发展阶段中的性别差异。例如，巴克斯特—麦高达(Baxter-Magolda, 1992)发现，在二元论阶段，男性更倾向于参加那些在同伴面前展示自己知识的游戏，而女性则致力于相互帮助以掌握学习材料。在关于女性智力发展的研究中，比林基等(Belenky, 1986)发现了两条平行的学习路径。对一些女性来说，学习意味着把问题从情境中抽取出来，对某一特征进行深入分析——研究者称这种学习方式为分离性认知(Separate knowing)。对另一些女性来说，学习意味着提出诸如"这对我意味着什么？对团体的启示是什么？"之类的问题——这种学习方式被研究者称为关联性认知(Connected knowing)。当然，这两种学习方式也能在男性中找到。Danielle 乐于将讨论仅仅局限于阅读材料上的数据，即是分离性认知的例子。然而，Gloria 却不能将阅读材料和她关于非法移民的切身体会区分开来，这就是关联性认知的例子。

基于这些模型的研究清晰地表明，智力发展需要时间——它并非一蹴而就，也不能强迫。由于在后期几个阶段涉及发展的类型，因而巴克斯特—麦高达的研究显示许多学生在离开大学时仍处于多元论阶段，他们在毕业后继续朝相对主义和承诺感的阶段发展，这一点也不值得惊奇。如果没有上过大学的人倾向于停留在二元论阶段，上述情况对我们来说无疑是个好消息。但即便如此，大学生的实际发展水平也是低于大多数教师对他们的预期。因此，教师必须确保自己对学生当前智力发展水平的预期是合理的：那些对大四学生来说是合理的预期，可能并不适合大一新生；反过来，也是一样。然而，尽管智力发展不能被强迫，我们却可以通过设置适当的挑战，并为促进智力成长提供必要的支持，来促进智力的发展(Vygotsky, 1978)。在本章的最后部分，我们提供了有关这方面的建议。

社会认同感发展

影响学习的另一个与发展相关的方面是认同感。认同感的发展，涉及影响行为(例如社会互动)的心理变化，包括那些发生在课堂情境下的心理变化。认同感理论的基本前提是，认同感并非生来就有，它需要获得，需要个体在生命历程中不断地努力保持发展张力和任务之间的平衡(Erikson, 1950)。学生的认同感，很大程度上是在他们质疑父母和社会灌输给自己的价值观和设想的过程中，伴随着自己的价值观和偏好的形成而发展(Marcia,1966)。

在大学生的认同感发展过程中,特别重要的一个方面是社会认同感,亦即对特定社会群体的认同程度和认同性质,尤其是对那些经常遭受偏见和歧视的群体。研究者已广泛地探讨了不同种族/民族的社会认同感。例如,非裔美国人的认同感(Cross,1995),亚裔美国人的认同感(Kim,1981),墨西哥裔美国人的认同感(Hayes-Bautista,1974),以及犹太裔美国人的认同感(Kandel,1986)的发展。所有的研究模型,都描述了相似的发展轨迹;即,作为某一特定群体的成员的个体,以建立积极的社会认同感为终点(Adams et al.,1997)。这个一般模型,与其他社会群体成员的认同感的发展过程是一致的,这在男同性恋、女同性恋(Cass,1979)和残疾人(Onken & Slaten,2000)群体中表现最为突出。哈迪曼和杰克逊(Hardiman & Jackson,1992)提出过一个社会认同感发展模型,该模型描述了两条发展路径:一条针对少数群体,另一条则针对主流群体。该模型整合了其它模型的思路,突出了少数群体成员经历的共同发展阶段;同时,它也强调在每个特定阶段,主流群体的成员都必须解决的一些发展难题。在本章关于社会认同感发展的描述中,我们将以哈迪曼-杰克逊(Hardiman-Jackson)模型作为基本模型,间或强调其他模型中恰当的观点。

哈迪曼-杰克逊模型中的第一阶段,对应的是童年早期。此时,个体处于天真阶段,没有任何先天观念或偏见。通过观察,他们发现了人们之间存在的诸如肤色之类的差异,但他们并不把这些差异与价值观相联系。只有进入第二个阶段后,亦即经过长期而又系统的社会强化,有意无意地接受了关于群体差异的特定信息,个体才能形成某些社会性的观念,如哪些群体是健康的、正常的、美丽的、懒惰的、聪明的、罪恶的,等等。例如,Kayla关于移民"榨干了这个国家"的观念,可能就产生于这个阶段。在此阶段,主流群体和少数群体都接受了更为多样化的社会态度。对于少数民族或种族的学生来说,这可能带来多种影响。他们可能对自己产生消极的态度,如接受了种族主义,憎恶同性恋,接受性别歧视,等等。为此,他们会做出与主流形象一致的行动。例如,处于这一阶段的同性恋男生,言辞中充满了对同性恋的厌恶,试图表现为"异性恋"。

许多学生停滞于这个阶段,除非他们的世界观受到如下方面的挑战:更多的信息,多样的视角,对不公正的认识,与来自不同群体的人一起从事有意义的工作。如果他们受到挑战,其社会认同感就会发展到阻抗阶段。在此阶段,学生能够强烈地感受到"主义"以何种方式影响他们的生活和世界。主流群体的成员,也会因为自己属于某个群体而享受到特权,而感到羞耻和内疚。相反,少数群体成员会因自己的身份而感到自豪,他们有时把主流群体看作各种社会邪恶的源头,从而更为欣赏自己的群体。他们似乎进入了"沉浸"(Immersion)阶段(Cross,1995),更愿意与自己群体中的成员保持交往,并从其他群体中退出。弗莱斯—布利特(Fries-Britt,2000)描述了高能力黑人学生的内心挣扎:他们困扰于自己的学业认同感和种族认同感,他们认为自己在学业上表现得"就像白人一样"卓越。在《为什么所有黑人孩子在餐厅里坐在一起》一书中,贝弗利·丹尼尔·泰特姆(Beverly Daniel Tatum,1997)清晰地分析了这种变化。她进一步指出,在赫尔姆斯(Helms,1993)所称的瓦解(Disintegration)阶段,少数民族学生通常激烈地质疑社会上的种族主义现象,而白人学生则会觉得这些指责有些夸大其辞。本章开头的第一个故事就描绘了这种紧张的情境。Gloria对移民争论中与种族有关的潜台词非常敏感,但是Danielle却觉得Gloria小题大做。当Kayla指责Gloria为种族主义者时,课堂讨论在很大程度被延误了。类似的现象,在其他群体中也会出现。对于女同性恋、男同性恋和双性恋的学生来说,形成积极的自我认同感的关键一步就出现在瓦解阶段。德奥格雷(D'Augelli,1994)指出,对女同性恋、男同性恋或双性恋(LGB)的认同,就包含着必须舍弃先前对异性恋的认同感,并为此放弃与异性恋相关的特权。兰金(Rankin,2003)描述了女同性恋、男同性恋、双性恋及变性学生(LGBT)的感受:他们为了避免因为自己的性取向而在课堂中被边缘化,为了体验到一种积极的环境,往往把所有的空余时间都用在校园里的LGBT中心,哪怕牺牲学习功课的时间。

如果学生成功地度过了瓦解阶段,就会进入更为复杂的阶段,即重新界定(Redefinition)和内化(Internalization)阶段。在这些阶段,学生重新界定他们对自我的感知,跳出了主流—少数的二分法。此时,他们的认同感变成了自己的组成部分,而不再是定义性特征。他们不再为自己的身份感到内疚或愤怒,但他们可能会在自己的能力范围之内努力去寻求公正。

相关研究的启示

尽管有些教师希望把课堂视为文化中立的场所,或者在课堂中采取忽略文化差异的立场,但学生不会在上课前检视自己的社会文化认同感,也不可能立即超越当前的发展水平。Battaglia教授知道移民是一个沉重的话题,但他认为学生能够单独考虑经济问题。实际上,Gloria和Kayla分别是西班牙裔和波兰裔美国人,其智力发展水平和认知偏好也不一致，这些因素明显影响了她们对课堂话题的讨论方式，理解材料的方式和理解的重点，影响了她们所采取的立场。因此，我们在课堂上采取的教学策略，要反映学生的社会认同感发展水平，以便对课堂上可能出现的紧张局势有所预期并做好应对准备。本章后面的策略部分，系统介绍了把教学方法与学生发展联系起来的方法。

关于课堂气氛，已有研究告诉了我们什么

与我们需要全面考虑学生的发展一样，在教学过程中，我们也需要考虑那些影响学生学习的课堂气氛的各个方面。关于课堂气氛，我们所指的是学生学习时所处的智力、社会、情绪和物理环境。课堂气氛是由一系列相互影响的因素决定的，包括：师生互动，教师的语调，体现刻板印象或象征主义的例子，课堂中的人口统计学特征（例如，参与到课堂中的各种族和其他社会群体的相对规模），学生之间的互动，以及课堂内容和材料所代表的多样化的观点。所有这些因素，在课堂内外都能产生影响。

讨论课堂气氛时，一种常见而又简化的方式是使用二分法的词汇：课堂气氛要么是好的（包容的，有成效的），要么就是坏的（冷漠的，边缘化的）。然而研究显示，我们把课堂气氛理解为一个连续体可能更为准确。在关于 LGBT 大学生经历的研究中，德苏拉和丘奇（DeSurra & Church, 1994）要求这些学生根据自己的感受，把课堂气氛分为边缘型（Marginalizing）或者集中型（Centralizing）两类，分类标准是大家对 LGBT 的看法属于包容的、欢迎的，还是排斥的、反对的。为了进一步对这些看法进行归类，学生需指出这些信息是外显的（是包容性还是边缘化的，以有计划的和陈述的观点为证据），还是内隐的（例如，可以从缺少关于 LGBT 的看法中推断出来）。这种归类方法最终产生了一个连续体，我们相信，这一连续体有助于我们以更为宽广的视角去考虑课堂气氛，而不仅仅是想到 LGBT 问题。

在连续体的一端，我们发现了外显的边缘化气氛。这些气氛是明显怀有敌意的、歧视性的、冷漠的。在本章开头的第二个故事中，助教那明显带有性别歧视的评论和贬损的态度，清晰地展示了这种氛围。沿着这一连续体向前移动，我们发现内隐的边缘化气氛。这种气氛排斥特定群体的人，但是其方式却微妙而间接。这些令人气恼的信息，甚至可能从善意的教师那里传出来。例如，Guttman 教授无意中为女学生创建了一种内隐的边缘化气氛，尽管其本意是欢迎和鼓励女生。在经济学课上发生的那个故

事中，Danielle要求大家不要以种族的视角来分析经济问题，同样也形成了一种内隐的边缘化气氛，它传递了这样的信息：关于种族的讨论是不受欢迎的。

172　　　向连续体更具包容性的一端移动后，我们可以发现是内隐的集中化气氛。这种气氛的典型特征是学生不加思考地包容各种各样的观点和经历。设想一下，如果在Danielle质疑Gloria为什么总是会谈到种族之后，Battaglia教授能够加以干预，说道："实际上，Gloria在此处可能涉及某些内容，让我们分析一下她的评论，并做一些深入的探讨"，接着继续探讨Gloria的观点在经济学分析中的适用性。这种评论就会降低Gloria的言论所带来的风险，使其内容与附加意义分离开来，促进每个人的学习。然而需要注意，即使做到这样，边缘化的观点依然会给学生带来负担。正因为如此，学生在阐述自己的观点时不得不冒着一定风险，因为他不知道自己的观点会被如何理解。但是，在内隐的集中化课堂气氛中，教师可以借助有效而合理的方式，对学生的观点加以挖掘和拓展。

在连续体最具包容性的一端，是外显的集中化气氛。在这种课堂气氛中，当学生自发地提出某些边缘化的观点时，这些观点不仅是被认可的，同时也会被有意地、公开地整合到学习内容中。这种氛围的特征是，公然而又有计划地包容多样化的视角。通常，这类课程的大纲中包含一些规定（例如讨论的基本规则和课堂政策），以敏于应对学生在课堂中提出的各种观点。

有一点需要注意，不同学生对同一课堂气氛会有不同感受：有些学生可能会觉得自己不受欢迎或不受鼓励，而其他学生则可能不这么认为。同时，就像在Guttman教授的课堂中，学生对同一环境都有消极感受，也可能是出于不同的原因。我们中的大多数人可能认为，自己的课堂气氛已具有很强的包容性了，然而德苏拉和丘奇的研究则显示，内隐的边缘性的气氛在大学课堂中最为普遍。

173　　　尽管德苏拉和丘奇关于边缘化气氛的讨论，关注的主要是性取向，但是关于课堂气氛的其他特征也得到了相应研究。特别是，关于课堂气氛的早期研究，亦即"冷漠气氛的研究"，已经探讨了性别的边缘化现象（Hall, 1982; Hall & Sandler, 1984; Sandler & Hall, 1986）。这些研究显示，课堂气氛对学生的边缘化影响，并不一定是公然的排斥或敌意；尽管各种细微的边缘化的现象是可控的，但累积起来后却会对学习产生巨大的消极影响（Hall, 1982）。涉及种族和民族的课堂气氛的研究，也得到了相似的结论（例如，Watson et al., 2002; Hurtado et al., 1999）。这些结论，在后续的研究中都得到进一步证实。例如，帕斯卡里拉等（Pascarella, et al., 1997）对两年制大学中的女生所作的研究发现,学生对消极气氛的感知与认知发展的综合测量成绩(包括阅读理解、数学和批判性思维)之间有着负相关。他们的研究还发现,学生对边缘化气氛的感知,与其自我报告的职业学术准备之间呈负相关。在随后的一项纵向研究中,惠特(Whitt, et al., 1999)等对16个州的23所2年制或4年制大学的女生作了研究,一直跟踪到大学高年级。他们发现,学生对冷漠的课堂气氛的知觉,与其自我报告的写作、思维技能、科学理解、职业学术准备、对艺术和人文学科的理解等方面的成绩,都呈负相关。

如果课堂气氛确实对学习有影响,那么它又是如何产生影响的呢?也就是说,学生对课堂气氛具有包容性或边缘性的感知,是通过什么机制影响学习或学业表现呢?这是一个复杂的难以回答的问题,因为许多因素都会影响课堂气氛。考虑到本章的目的,我们重点讨论课堂气氛的四个基本方面:刻板印象,语气,师生互动和学生间互动,学习内容。尽管这些因素之间显然存在相互联系,但我们在下面将分别予以讨论,以便突出它们对学生学业表现的调节机制。

刻板印象

有些刻板印象是侮辱性的、疏离性的,会对课堂气氛产生有害影响。即使看上去并不明显,刻板印象的轻微激活,也能显著地影响学习和学业表现,这种现象被称为"刻板印象威胁"(Steele & Aronson, 1995)。刻板印象威胁是一种复杂而又多样化的现象,但简单说来,它是指被刻板印象化的群体成员因担心遭到刻板的评价而体验到一种紧张状态。这种威胁感,对个体的任务表现(不管他们的能力如何)、准备水平、自信心,以及他们自己对刻板印象的认识,都会产生消极影响。在斯蒂尔和阿伦森(Steele & Aronson, 1995)的开创性研究中,他们集中探讨了关于非裔美国人的一种刻板印象——他们在标准化测验中学业表现很差。研究者让两组非裔美国学生参加同一种标准化测试,要求其中一组在测试前标明自己的种族。结果发现,仅仅是对种族加以注意,消极的刻板印象就能在非裔美国人学生的头脑中被激活。与那些刻板印象没有被激活的非裔美国学生相比,刻板印象被激活的那组学生,测验成绩显著降低。还有一些类似的研究,对特定人群使用了常见的刻板印象(如女性不擅长数学,老年人健忘),也得到了相似的研究结果。到目前为止,我们获得了关于如下群体的研究结果:西班牙裔(Gonzales, Blanton & Williams, 2002)和亚裔美国学生(Shih et al., 1999),女性(Inzlicht & BenZeev, 2000),老年人(Levy, 1996),以及社会经济地位较低的学生（Croizet & Clarie, 1998）。

　　刻板印象的激活未必是有意。实际上，一些看起来无关痛痒的言论，也会触发刻板印象威胁。教师的评论，对有关学生的特定假设，都可能以微妙的方式触发刻板印象威胁。对特定群体成员的能力或素质的假设，关于学生与教师在宗教信仰、教养或社会经济地位上的相似程度的假设，都可能带来问题。象征性行为也会触发刻板印象威胁。如教师依赖少数民族学生来代表"少数民族的观点"，而不是让他们代表自己讲话。Guttman 教授肯定意识到了女生在工程学方面的困境，但是他处理这一问题的方式——拒绝向女生提问并坚持给予她额外的帮助，也可能触发刻板印象威胁，因为这种做法隐含着一些有问题的假设（如女生对他的提问没有准备，或者，女生因为能力不足而需要额外的帮助）。不管刻板印象是被公然激活，还是微妙地激活，它对学业表现的影响方式都是相似的。

　　对于那些不相信刻板印象的学生来说，刻板印象又是如何影响他们的学业表现呢？斯蒂尔和阿伦森研究了两个相互抵触的假设。第一个假设认为，刻板印象触发了学生较低的自尊和效能感，从而导致学业表现较差。第二个假设，得到了他们的数据支持，认为刻板印象产生了一些扰乱认知过程的情绪体验，从而对学业表现造成影响。事实上，学生在报告中宣称，他们把注意力放在了对刻板印象或教师的愤怒方面，而非试题上，以至于自己无法清晰地思考、认真地检查答案、来不及回答后面的问题，等等（Steele & Aronson, 1995）。此外，为了保护自我概念，避免受到不良学业表现的自我实现预言的影响，学生们可能对自己选择的学科去认同化，觉得该学科并不是最适合自己（Major et al., 1998）。因此，刻板印象威胁通过两个相互联系的调节机制起作用：一个是认知机制，另一个是动机机制。刻板印象威胁是一种有趣而又复杂的现象，相关研究中强调的许多细节，在此处我们不能展开阐述。然而，在这里我们要强调一点：对材料和任务的表述方式是很重要的，它会对学习和学业表现产生影响。幸运的是，研究表明，尽管刻板印象很容易被激活，它也可以被去除（参见"策略"部分）。

语气

　　课堂气氛并非仅仅涉及种族、性别、地位较低的群体的成员，或者与之相关的刻板印象。它同时也涉及教师如何与学生交流，学生感知到的适宜性，体验到的更为一般的包容性和舒适感。石山和哈特拉伯（Ishiyama & Hartlaub, 2002）通过调整课程大纲，探讨了教师所设定的语气如何影响课堂气氛。他们为同一课程大纲创建了两套版本，二者在内容主旨上是相同的,但其中一套的措辞带有惩罚性的语气,另一套则是鼓励性的语气。他们发现,教师使用的语气会影响学生对教师是否容易接近的评价。在他们的研究中,学生更多地向那些以鼓励性语气陈述课程大纲的老师寻求帮助,而较少向那些以惩罚性语气陈述大纲的老师求助。鲁宾(Rubin,1985)把有些教师称为"责备者"。这些教师以粗体字母来强调自己的教学要求,并约定严厉的惩罚方式,但不说明自己为什么提出这样的要求。尽管关于语气的研究集中于课程大纲,但我们有理由相信,它的影响更为普遍。语气的其他方面包括,在教室里使用何种语言(鼓励性的,还是讽刺性的),特别是何种方式提供负面反馈(建设性的针对任务,还是贬损性的针对个人)。事实上,在关于为什么大学生退出自然科学课的研究中,西摩和休伊特(Seymour & Hewitt, 1997)发现,学生报告的原因中就包括教职人员的讽刺、贬损和嘲笑。在本章开头的第二个故事中,助教的那种贬低性的语气,让他被很多学生视为是难以接近的。语气的影响甚至还波及课堂中一些不礼貌的行为,诸如迟到、上课玩手机、玩笔记本电脑,以及某些粗鲁行为。博伊斯(Boice, 1998)研究了学生的不文明行为,发现这些行为与教师言语和非言语符号中缺乏激励因素有关。由此我们可以看出,语气通过动机和社会情感机制来影响学习和学业表现(参见第3章)。

师生之间和学生之间的互动

阿司汀(Astin, 1993)探讨了大学生的个人变量和情境变量对几类学业成绩的影响,他的某些研究结果自然地涉及课堂气氛与学习之间的关系。在这项以200所大学的超过20万名学生和2.5万名教师为被试的研究中,阿司汀找出了一些促进大学学习的因素。他认为,"教师与学生之间的关系"是与课堂气氛联系最紧密的因素。该因素包括:学生认为老师是否关心自己学业上的难题,是否关心少数群体的忧虑,在课堂外是否可以接近,是否把学生当作个人而非一组数字看待。他发现,这一因素显著影响课堂上的学生人数,继续读研究生的学生比例,以及学生的分析能力、批判性思维和问题解决技能。西摩和休伊特(Seymour & Hewitt, 1997)发现,学生不学自然科学课程的一个重要原因,就在于难以接触到教师。但是,如果教师在学生学业和个人生活的关键时刻加以干预,则可能改变他们从自然科学课程退出的想法。类似地,帕斯卡里拉和特伦兹尼(Pascarella & Terenzini, 1977)发现,大学生退学某些课程的一个决定因素,是无法与教师接触,或者认为这些接触在很大程度上只是形式主义的交流。与语气一样,师生之间的互动也会借助动机和社会情绪的调节机制来影响学习和学业表现,它会影响学生的参与性、冒险性和坚韧性。当然,学生自己的行为也会对课堂气氛产生影响,就像第一个故事中 Gloria 和 Kayla 所做的那样。但是,教师对这些行为的反应方式,才是课堂气氛的最终决定因素。如果 Battaglia 教授提醒大家注意讨论的基本规则,为自己选择的阅读材料提供充分的理论依据,或者改变课堂目标去深入地探讨 Gloria 的评论,这些调控情绪反应的方法,就可能让讨论以一种明显不同的方式结束。

内容

至此,我们讨论的课程气氛变量都是过程变量,亦即教师和学生的言论和行为,不管它们是明晰的还是微妙的。我们所教的课程内容怎么样呢?我们所教的内容,而非方式,是否会以某种内在方式影响课堂气氛呢?马奇萨尼和亚当斯(Marchesani & Adams, 1992)描述了一个从排外到接受例外,再到包容的课程内容连续体。排外性课程内容只呈现占统治地位的观点;在接受例外的课程内容中,会象征性地包容一个边缘化的观点,仅仅用来迎合某种要求(例如,在一堂美国诗歌课的内容中要包含一位印第安诗人);在包容性的课程内容中,多样化的观点被摆在中心议程上。虽然这种划分更多针对艺术、人文和社会科学课程,但在任何课程中,我们对内容的感知都会影响到课堂气氛。课堂阅读属于内容的范畴,但所涉及的内容更广,它包括教师在课堂中运用的例子和隐喻,以及我们让学生选择的学习案例和讨论专题。就其对课堂气氛的影响来说,那些被忽视的内容,与那些被选用的内容一样重要,因为它们都能传递关于某个领域及哪些人属于这一领域的信息。其实,如果 Guttman 教授系统地强调女性在工程学上的贡献,这会向选修工程学课程的女生传递强有力的信息。对于那些正在发展认同感、目标感和竞争意识的学生来说,这类信息会改变他们对自己的能力、身份的认识,改变他们对学校的认识,进而影响他们在该学科领域的投入水平和坚韧性。阿司汀(Astin, 1993)在研究中找出了一个因素,他称之为"教师多元定向",这一因素包含若干要素,如在课程阅读材料中包含性别和种族问题。他发现,这一因素显著影响学生的平均绩点(GPA)。Battaglia 教授在教经济学课程时,把种族问题孤立出来,这会让 Gloria 这样的学生感到泄气。实际上,西摩和休伊特(Seymour & Hewitt, 1997)发现,很多女生和少数民族学生离开自然科学课程,转而参加另外一些课程,就是因为这些课程把种族和性别作为合理的分析视角,而不是当作"工程学院里肮脏的小秘密"。总之,内容可以通过认知的、动机的和社会情绪的机制来影响学习,因为它决定了学生学什么、不学什么,决定了学习材料和学科领域对学生有着怎样的意义。

研究的启示

关于课堂气氛的已有研究成果对教学和学习有哪些启示呢?首先,学习并不是在真空中发生的,而是发生在课程和课堂情境中。在这种情境中,智力的追求与社会情绪问题交互影响。其次,课堂气氛会以明显的或微妙的方式起作用,很多善意的或者看上去微不足道的决定,却会对课堂气氛产生意料之外的消极影响。最后,作为教师,我们对自己营造的课堂气氛有着很大的控制力。明白课堂气氛为何、如何影响学生的学习后,我们就可以通过调节课堂气氛来促进学习。由于课堂气氛与学生发展密切相关,所以有助于形成一种富有成效的课堂气氛的策略,也会相应地促进学生的发展。在下一部分,我们将介绍一些有助于营造积极课堂气氛的策略。

研究提出了哪些策略?

下面列出了一系列建议,这些建议对你鼓励学生发展,创建一种富有成效的课堂气氛,都有所裨益。这些建议中的大多数都有双重目标,并强调了我们的主张:必须把学生的发展放在课堂环境的背景下来考虑。

关于促进学生发展、形成富有成效的课堂气氛的策略

确保不同意见的安全 对于那些习惯于黑白二分世界观的学生来说,可能对智力发展有一种情绪上的抵触。因而,在他们处理模棱两可的问题时,给予适当支持是非常重要的。我们可以通过很多方式来实现这一点。例如,认可不同的观点,甚至那些不受欢迎的观点;明确地告诉学生,接受复杂性而不将事情过度简单化,是批判性思维的组成部分;向学生阐明:尽管看起来令人沮丧,但课堂讨论的目的并不是达成共识,而是丰富每个人的思考。在你的课上,请展示这种态度。

拒绝唯一正确答案 教材通常以线性方式呈现信息,但是知识是生成的,并随着时间推移变得富有争议。如果你希望学生在你的课堂上对课文进行讨论,就得创建一种支持这种氛围的课堂结构。你可以要求学生对一个问题提出多种解答方法,或者对口无遮拦的人的观点作出辩驳。在你阐述自己的观点之前,要先让学生清晰地表述他

们的看法，以免影响他们的观点表达。如果可能，要采用有多种正确解决方案的作业任务。

把证据整合到学业表现和评分标准中　如果你希望学生用证据来支撑自己的观点，就创建一个评分细则或其他辅助工具，以此来引导他们。你可以教学生这样一种方法：相互阅读各自的作品，把涉及证据的句子圈起来，从而做到直观、突出。如果你把提供证据整合到评分方案中，也能有效地减少"评分误差"，因为评分误差往往是因为个人的看法是主观的，难以公正地给予等级分数所致。

检视你对学生的假设　因为我们对学生所做的假设影响着我们与学生交流的方式，反过来又影响了他们的学业表现，所以我们需要检视并时常反思这些假设。教师常常假设学生和自己有着相同的背景和知识结构（如历史或者文学背景）。同样常见的是，教师会对学生的能力（如亚裔学生数学成绩更好）、认同感和立场（如学生和自己的性取向或者政治立场一致）以及特征（如犹豫不定的语言预示着智力不佳）等方面做出假设。这些假设，会产生无意的疏远行为，影响课堂气氛和学生认同感的发展。

留意低能的暗示　在帮助学生的过程中，一些教师无意中传递了基于某些假设的复杂信息（如"我很高兴帮助你解决这个问题，因为我知道女生在数学方面有困难"）。这类暗示，会让学生把学习成败归因于持久且不可控的原因，如性别，从而削弱他们的自我效能感。更有成效的方法是归因于可控的因素，诸如努力（如"练习越多，学得越多"）。教师"漫不经心"的评论，会无意中传递某种有力的信息，它可能加深学生的认同感负担，使他们对自己的群体属性产生消极认知，并影响他们对课程气氛的感知。

不要让个人代表整个群体发言　少数群体学生常常报告，感觉自己在课堂上要么被视而不见，要么被作为少数群体的代表而突出。当他们被选为整个群体的发言人时，这种体验会进一步增强，并对学业表现产生影响（例如，如果他们变得不专注、愤怒、好斗，就会影响学习）。这些情绪，会扰乱学生们的清晰思考、逻辑思维、解决问题等方面的能力。

减少匿名性　创建一种有效的学习气氛，通常需要让学生感到自己被老师和同伴当作独立个体看待。努力记下学生的姓名，为学生提供记住他人姓名的机会，邀请学生到办公室聊天，参加学生的戏剧演出或者体育活动，等等，都有助于打破大班级所产生的种种交流障碍。

示范包容性的语言、行为和态度　教师在上课时总是基于一套或对或错的假设，学生们也是如此。通过包容性的示范，来分析这些假设（如，我们生来就有相同的权利、经验或目标），可以为所有学生提供一种有效的学习经历。例如，避免对男性和女性都用男性代词，或者当你使用美国习语时，要向非英语母语者提供解释。这类行为，可以在教室中流行开来，创建出一种欢迎所有人的气氛，从而不会使那些未被关注或认可的学生失去学习动力。感到被包容且未被边缘化，是发展积极认同感的必备条件。

使用多样化的例子 使用多样化的例子，不仅有助于学生懂得理论和概念可以适用于各种情境和条件，而且会增加学生与部分例子联系起来的可能性。因而，我们所准备的例子，要围绕男女两性，具有跨文化性，联系到不同社会经济地位的人群，既适合一般年龄的学生，也适合那些返回学校的成年学生。这一简单的策略，可以让学生感到自己与内容是有关联的，属于这个课程或领域，并促进他们的能力感和目标感的发展。

建立并强化互动的基本规则 为了创建有效的学习气氛，促进学生的发展，需要建立一些基本规则，确保同学之间互相包容和尊重。为了使基本规则得到最大程度的认可，你可以在制定规则时让学生们参与进来。有关这种做法的例子，可参见附录 E。当然，基本规则建立后，你仍然需要时常强化这些规则，并纠正学生们偶尔出现的不包容行为或者缺乏尊重的评论。

确认课程内容没有忽视部分学生 认真思考在你的课程材料中，某些观点是否被系统性地忽视了（例如，关于家庭的课程仅聚焦于传统型家庭，有关公共政策的课忽视了种族问题）。忽视某些问题，实际上蕴含了某种价值判断，这会伤害特定群体的学生，阻碍他们形成认同感。

利用课程大纲和第一堂课来建立课堂气氛 第一印象十分重要，因为它会长期保留。由于学生会对你和课程形成第一印象，所以在第一堂课上，你要设定好本学期上课的基调。你应仔细考虑如何介绍自己和课程。如，在建立自己的胜任感和权威性，与作为支持性和容易接近的形象之间，如何取得平衡？哪种破冰行动有助于学生之间互相认识，并对你和课程感到满意，同时兴致盎然地专注于学习内容？

运用一些获取课堂气氛的反馈的方法 因为一些使人感到疏远的态度、行为和语言，所产生的影响隐藏在表象之后（也就是说，它们是微妙的），因而，要想了解是否所有学生在课堂中感到被平等地重视、尊重和聆听，并非是一件容易的事。你可以持续地监控课堂气氛，尤其那些涉及敏感问题的课程中，要定期与学生代表见面，分享从课堂中获得的反馈；或者通过早期课程评价，重点关注那些与课堂气氛有关的问题。

你也可以在课堂上录音,或者邀请第三方(助教、教学中心咨询员、同事),在教室里收集你与学生交流的数据。你的监控指标可以包括:哪些群体被提问、被打断、被问及更简单的问题,或者比其他群体得到更多的表扬。

对比较敏感的问题有所预期和准备　根据自己或同事的已有经验,我们通常可以知道哪些问题可能对一些学生来说是"热点话题"。要让学生从这些内容中获得学习,需要仔细地组织教学(如申明此话题可能对一些学生来说有特殊的个人意义,清晰地表述自己对讨论方式的期望),解释在课程中讨论这个问题的原因(如有必要听取各方面的争论,以达成多层次的理解),阐明文明讨论所需遵循的基本规则(参照前文)。

及时处理紧张气氛　如果你密切监控课堂气氛,明确地发现自己或其他人正在无意中排斥他人,将他人边缘化,"让某人抓狂",等等,就应及时处理这类问题,以免失去控制。这可能意味着,必要的时候要替自己或他人道歉(如"很抱歉,如果你们当中有人把我的评论理解成……"),课后要单独向某个学生解释某一评论的影响,要明确地讨论紧张局势(如"有些人认为……是种族主义的言论"),通过一系列疑问来深入探究问题(如"人们可能对这番言论作出怎样的不同理解?")。记住下面这一点:大学生正在学习管理自己的情绪,只是有时不知道如何恰当地加以表达。在这类情况下,你可能需要讨论意图和影响的区别(例如,"你可能并不是指这个,但有些人可能把你当作性别歧视者而打断你的评论,因为……")。这种策略保护了那些发表不成熟评论的学生,使之不至于在引起班级其他人产生沮丧感的同时,自己也中断学习和发展。

把纷争和紧张气氛转化为学习机会　学生们需要明白,辩论、紧张气氛、纷争以及认知失调全都是机会,可以用来拓宽自己的视野,深入地探究某一话题,更好地理解相反的观点,因而自己不必避讳它们。然而,由于大学生正处于发展社会性技能和情绪技能的阶段,这些紧张气氛常会影响到智力、逻辑和理性思维。因此,我们需要持续地营造我们的课堂气氛,不要仅仅因为紧张气氛不断加剧而轻易终止讨论;相反,要把那些情绪引导到有效的对话中。例如,你可以让学生通过角色扮演来接纳其他的观点;暂停讨论(如记下学生的反应,以确保他们的讨论更具实用性和成效);或者仅仅解释苦恼感和紧张气氛为何、如何会成为学习的一个有价值的构成部分。

促进积极倾听　紧张气氛的产生,有时候是因为学生们没有认真倾听他人的讲话。为了帮助学生发展这一重要技能,促进课堂上的交流,你可以要求学生改述他人的讲话,之后就他们的理解是否准确或全面,提出一系列问题。你也可以自己示范这种技能:改述一个学生的回答,然后想一想自己是否准确地理解了他的观点。

小结

在本章,我们主张需要全面考虑学生的智力、社会性及情感发展。我们回顾的文献,描述了学生在上述方面及认同感方面,正处于怎样的发展中。我们也阐述了学生的发展水平如何影响其学习和学业表现。我们认为,教室不仅是学生智力发展的环境,也是其社会性和情绪发展的环境。我们指出,课程氛围的所有方面,都与学生的发展交互作用,并影响他们的学习和学业表现。我们还指出,教师不仅可以鼓励学生发展,而且可以通过改善课堂气氛促进其发展。我们希望,教师能够更加关注如何营造课堂气氛,以此促进学生的学习。

7 学生怎样成长为自主学习者?

一名"A"等生

上周末,阅读完学生的 25 篇论文并评定等级后,我感到疲惫不堪。但想到能够这么快将作业归还给学生,我还是感到很高兴。这是我为一年级新生开设的讨论课中布置的第一个有关移民问题的大作业,它要求学生提出一个论点,并从课程阅读材料和补充阅读中寻找证据来支持它。课后,一名叫 Melanie 的学生向我走来,坚持要立即和我谈谈自己的论文等级(请注意,不是关于她的论文!)。说实话,她的论文是本课程中典型的初级论文,缺乏清晰的论点,而且只有虚弱无力的证据可以支持她的那些据我推测出来的论点。在我们穿过校园,走向办公室的途中,她开始解释说,自己在写作方面很有天赋,高中英语论文总是得 A。她确信地告诉我,自己的论文等级一定是被弄错了,因为她的妈妈,一名中学英语教师,在周末读过这篇论文,觉得它好极了。Melanie 承认她在交作业前一晚才开始做这项作业,但是她坚持认为自己在压力之下做得最好,她说:"那才是我创造力爆发的方式。"

Sara Yang 教授

停滞不前的学生

看到 John 的第二次《现代化学》测验的等级后,我不禁问自己:"一个从不缺课,总是聚精会神地坐在前排,而且参加了每一次练习课和实验课的学生，为何化学测验仍成绩不佳？"我曾经明确地告诉学生，我的测验主要考察概念理解，John 则似乎对此感到很意外。他第一次测验成绩也很低，但是他并不是唯一成绩不佳的。考虑到学生第一次测验时会紧张，所以我没有把它当回事。这一次，我原本认为他已适应了考试方式，看来情况不是这样。我问他怎么回事，他似乎也有些不知所措。"我复习了好几周，"刚说完，他就迅速地翻开了教科书。我简直不敢相信，他的书上有这么多地方被划了出来，页面几乎被荧光的黄色照亮！他继续讲述自己如何反复阅读相关章节，然后把不同的术语定义写在卡片上记忆。我问他从哪里获得这个学习方法，他解释说，在高中时他总是这样来准备科学课的测试。

Gar Zeminsky 教授

这两则故事中发生了什么？

从表面上看，这两个故事似乎是不同的：Melanie 是在交作业的最后时刻开始她的历史论文，而 John 在化学测验之前已努力（非常努力）学习了几个星期。然而，这两位同学的成绩都远低于他们的期望，而且不明白为什么。然而，当我们详细地分析每个故事时，就会发现其他的问题。我们可以看出，John 有一套学习策略——主要包括死记硬背事实和定义，这些方法应付高中阶段的学习足够了，但事实证明，它无法满足大学课程的智力要求。尽管第一次测验成绩很糟糕，但 John 并没有改变学习方法，而是固执地加倍付出努力，最终发现于事无补。Melanie 同样也有曾经适用的策略，但是她未能认识到：因为在学科方法和复杂性水平两方面有着重大差异，高中英语作文和大学历史课程论文的评价标准并不相同。她甚至不承认自己在作业任务中表现很差。Melanie 和 John 遭遇了一系列新的智力挑战。不幸的是，他们俩谁也没有认识到已有策略的不足，也未能开发出新的策略。更糟的是，以过去的经验为基础，Melanie 对自己能力所持有的某些信念，使得她不愿意承认现在的方法出了问题。

此处什么学习原理起作用?

虽然这两名学生应对的是完全不同的课程学习任务,但他们的共同困难都在于元认知(Metacognition)出了问题。元认知指的是"反省与指导自己的思维的过程"(National Research Council, 2001, P.78)。Melanie 和 John 难于准确评估自己的学习和成绩,他们没有及时调整学习方法以适应当前的学习。结果,他们的学习和学业成绩都受到不良影响。换句话说,当谈到应用元认知技能来指导自己的学习时——这是本章讨论的重点,Melanie 和 John 都做得不够好。

> **原理**:要想成为自主学习者,学生必须学会评估任务的要求,评价自己的知识和技能,设计自己的学习方法,监控自己的学习进步,并根据需要调整自己的学习策略

这一原理指出了元认知技能在成为一名高效的自主学习者(也称"自我调节学习者"或者"终生学习者")中所起的关键作用。随着个体承担越来越复杂的任务,为自己的学习承担更大的责任,元认知技能在学习和职业生涯中所扮演的角色越来越重要。例如,与高中相比,大学生通常需要完成规模更大、耗时更长的学习、研究项目,而且往往要独立工作。这些项目通常要求学生识别出已有知识中与任务相关的知识,明确自己还需要学习什么技能,规划独立学习新知识所需采用的方法,而且,还可能需要重新界定自己能够切实完成的项目的范围,并不断地监控和调整自己所采用的方法。因而,毫无疑问的一点是,学生进入大学后,在智力方面所面临的一个主要挑战是管理自己的学习(Pascarella & Terenzini, 2005)。

不幸的是,大部分课程内容并没有涉及元认知技能,这种技能在教学中常常被忽视。然而,帮助学生提高元认知技能,无疑会让他们获益匪浅。这包括:形成有助于多个学科学习的思维习惯(如规划完成大项目的方法,考虑替代方案,评估自己的观点),获取更加灵活实用的学科专业知识。设想一下,如果 John 和 Melanie 已经学会了评价任务要求,并能相应地调整学习方法,那么在第二次测验中,John 可能已经从注重教科书和记忆事实,转变为专注于化学的基本概念,并生成了概念地图,以检测自己对

关键概念及其因果关系的理解。Melanie 则可能改用一种新的写作策略,重点关注清晰地阐释论点,并引用论据来加以支持,而不是遵循高中时用过的描述性方法。换句话说,更好的元认知技能会帮助 John 和 Melanie 学得更多,进而提升他们的学业成绩。

关于元认知的已有研究告诉我们什么？

研究者们提出了各种模型,用来描述学习者如何充分运用元认知技能来促进学习和学业成绩(Brown et al., 1983；Butler, 1997；Pintrich, 2000；Winne & Hadwin, 1998)。尽管这些模型在细节上有所不同,但它们都指出学习者需要不断地监视(Monitor)和调控(Control)自己的学习(Zimmerman, 2001)。此外,由于监视和调控过程相互影响,这些模型往往是循环式的。图 7.1 描述了一个基本的元认知循环过程,在此过程中,学习者：

- 评估当前的学习任务,同时考虑到任务的目标和限制条件；
- 评价自己的知识和技能,确认自身优势和劣势；
- 设计出适用于现有情境的方法；
- 运用多种策略实施计划,并不断监控任务进展；
- 反思当前方法在多大程度上有效,以便根据需要调整方法,并重新启动元认知循环过程。

自主学习的过程以多种方式相互交叉和相互作用。此外,学生关于智力和学习的信念(例如智力是固定不变的还是可塑的,学习是快速、轻松的还是缓慢、需要努力的),也能以多种方式影响整个学习循环(见图 7.1 的中心部分)。接下来,我们将考查与该学习循环中的每个过程相关的重要研究发现,以及那些关于学生的智力和学习信念的相关研究结论。

评估手头的任务

当学生提交的作业抓不住要领时,教师经常会困惑地问自己："他们读过这篇作业的要求了么？"事实上,你的学生可能没有阅读,或者读完后不能准确评估应该做什么,也有可能基于先前的学习经历对任务作出了各种推测。在一项关于大学生写作困难的研究中,凯瑞、弗拉沃和哈耶斯(Carey, Flower, Hayes, et al., 1989)等人发现,在他们所观察的大学生中,有一半人忽视了老师对写作任务的要求,而直接使用在高中时

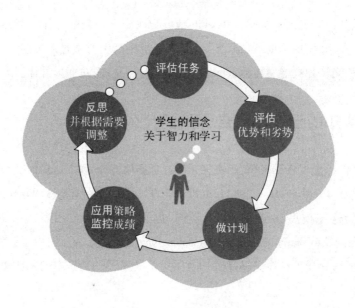

图 7.1　自主学习循环

习得的"写作作为知识讲授"的策略。因而,这些学生在论文中列出了自己所知道的所有与主题相关的知识,而没有考虑作业的特定目标或目的。

这一研究表明,元认知的第一阶段——任务评估,对学生而言并非总是轻松自然的。在本章开头的故事里,我们已经看到了这一点。尽管 Yang 教授的作业详细说明了论文中应该使用证据来支持论点,但 Melanie 仍然依赖于高中英语课上学到的策略。John 也忽略或误解了教授关于测验目的(考察概念知识)的说明,他也是基于自己的高中学习经验(识记事实性知识而不是理解关键概念及其关系),想当然地认为自己已知道该如何学习。在这两种情况下,尽管老师给出了清晰的指导,学生仍然对学习任务作出了不恰当的评估。

由于学生会轻易地错误评估当前的作业任务,因而简单地提醒学生"认真阅读作业要求",可能远远不够。事实上,学生可能需要:(1)学习如何评估任务;(2)反复练习如何把任务评估整合到自己的计划过程,直到养成习惯;(3)在从事某种作业任务之前,获得关于任务评估的准确性的反馈。

评估自己的优势和劣势

即使学生能充分评估一项任务,亦即他们知晓有效地完成任务需要做些什么工作,这里仍然会有一个问题,也就是为了完成手头的任务,该做怎样的准备。研究发现,人们通常难以认识到自己的优势和劣势,学生也似乎格外地难以评判自己的知识和技能。例如,护理专业的学生评价自己在几个基本操作步骤上(如静脉注射)的熟练程度时,大多数人会高估自己的实际能力。这种现象在各种情境中都会出现(Dunning,2007)。而且,研究还发现,与知识和技能较强的学生相比,知识和技能较弱的学生更不擅长评估自己的能力。例如,在心理学本科的课程学习过程中,让学生在测验之前和之后预测自己的分数,以他们的实际测验分数作对照,结果发现,他们预测的准确性参差不齐:成绩最好的学生在测验前后都预测得准确(并且在测验后的预测更加准确);而成绩差的学生在测验前后都严重高估了他们的成绩,而且随着时间的推移在这方面几乎没有改善(Hacker et al.,2000)。

这种不能准确评估自己的知识和技能与特定目标的关系的倾向,特别对新手来说,是非常麻烦的,因为它会严重影响人们实现目标的能力。例如,对于实现特定目标,如果学生不能正确评估自身是否已具备相应的技能,他们就会严重低估有效完成任务所需的时间,低估所需的外部帮助及完成任务所必需的资源。在本章开头的两个故事里,两名学生显然都缺乏自我评价能力。Melanie坚信自己是一个有天分的写作者,认为自己擅长在压力情境下写作。这种自负的结果,使她一直把历史论文拖到最后一分钟。同样地,John以他一丝不苟的阅读和反复地勾划化学课本为自豪,但他把这种勤奋与成功学习关键概念弄混了。如果这些学生能够更现实地评估自己的能力,就可能已经找到更恰当的学习策略,进而提升学习成绩。

规划适当的方法

由于学生在评估学习任务和自身能力时存在一些困难,他们有效地作出学习规划的能力也相应地受到损害。在本章开头的故事里,我们可以看出学生规划学习时的两种偏离方式:(1)计划不充分,特别是在复杂任务方面;(2)制订的计划不适合当前情境。Melanie犯了第一种错误。由于把作业拖到了最后一晚,在写作之前,她只有极少时间乃至根本没有时间考虑该写什么(以及怎样写)。John确实为化学测验制订了复习计划,然而该计划并不适合于Zeminsky教授所进行的这种测验。有关学生计划行为的研究,已为这两类问题提供了证据。

像Melanie这样的缺乏学习规划的现象,已经得到大量的研究。结果显示,许多学生倾向于花费极少时间做计划,尤其是与专家相比。在一项研究中,要求物理专家(研究生和教师)与新手(参加导论类课程的学生)解决各种物理问题。结果发现,专家毫无疑问地比新手更快速、更准确地解决问题。然而有趣的是,专家比新手花费了更多的时间做计划。相比之下,新手几乎没有花费时间做计划,而是马上应用各种方程式,试图找到解答办法。这种缺乏计划,导致新手浪费了大量时间,因为他们在开始时便犯了错误,而且采取的步骤并不能引向正确的解答办法(Chi et al. , 1989)。在其他学科,如数学和写作,研究者也发现了类似的现象(Hayes & Flower, 1986;Schoenfeld, 1987)。换言之,即使对任务做出规划可以增加成功的几率,学生仍倾向于觉得没有这种必要。

研究还表明,学生所做的计划,往往不能很好地与当前学习任务相匹配。例如,一项研究分析了专家(大学写作教师)与新手(学生)的计划行为,然后让独立的评判者来评判他们的最终书面文稿的质量。结果显示,写作新手以及写作水平低的学生,他们所做的计划都不太合适(Carey et al. , 1989)。

策略运用和行为监控

一旦学生有了计划,并开始应用各种策略来执行计划的时候,他们需要监控自己的行为。换言之,学生需要问自己:"这个策略有用么,是不是另有更有效的策略?"如果对自己的学习进展缺乏有效的自我监控,学生们可能就会像本章开头提到的John一样,继续使用无效策略,既浪费时间,又得不到好的成绩。

关于学生自我监控行为的效果,相关研究有两个重要发现。首先,与那些较少进行自我监控和自我解释活动的同学相比,自主地监控学习进展并试图不断向自己说明已学到什么的学生,往往会取得更大的学习收获。例如,在一项研究中,要求学生在学习科学导论教材中的某一主题时,出声地说出自己所学的东西。学习结束后,让学生做一份问题解决测验,以检测他们学会了多少。研究人员根据解决问题的成绩,把学生分成两组,亦即好的问题解决者和差的问题解决者;然后借助之前的言语报告,来分析两类学生研习课本的方式是否有差异。结果发现,关键的区别是好的问题解决者在学习中更可能监控自己的理解;他们在阅读过程中时常停下,提问自己是否理解了前面的概念(Chi et al. , 1989)。

虽然该研究表明,自然的自我监控与学习效果呈现正相关,但教师真正关心的是,教学生自我监控是否可以真正改善他们的学习。多个科学领域的相关研究,都显示答案是肯定的。研究表明,那些被要求对自己的理解进行监控,或者向自己说明已学到什么东西的学生,其学习收获明显大于那些未获得任何自我监控指导的学生(Bielaczyc, Pirolli & Brown, 1995; Chi et al.,1994)。此外,研究还显示,引导学生在阅读过程中相互提问一些理解—监控类的问题,他们会更频繁地进行自我监控,因此从阅读中会学到更多的东西(Palinscar & Brown, 1984)。

反思并调整学习方法

即使学生能够监控自己的学习行为,并找出方法中的失败和不足之处,也不能保证他们就会调整或尝试更有效的策略。他们可能会出于各种原因而拒绝改变当前的学习方法,或者,压根儿就找不出更好的学习方法。例如,Melanie 就不愿意背离自己在高中时赢得称赞的写作风格。但即使她能够认识到自己在分析性写作上的不足,她也可能仍不知道如何用不同的方式去写作。类似地,除了现有的学习方法,John 可能也不知道其他应试的方法。

研究表明,如果当前的策略无效,好的问题解决者会去尝试新策略,而差的问题解决者将会继续使用已被证明失败的策略(National Research Council, 2001, P.78)。同样,优秀的作家将从读者的角度评估他们的写作,并修改那些词不达意的内容(Hayes & Flower, 1986)。然而,如果改用新方法的预期成本太高的话,人们仍不会对方法作出调整。这里的成本包括:改变一个人的习惯所花费的时间和精力;为了新方法的长远收益,以开始时的效果不佳为代价。因而,学习繁忙或学习拖延的学生,可能不愿意为某一方面的改变而作出预先投资。事实上,研究表明,人们通常会持续使用自己所熟悉的效果一般的策略,而不是转向更有效的新策略(Fu & Gray, 2004)。这意味着,除非预期收益大大超过预期成本,尤其是精力和时间成本,否则学生不会轻易采用新学到的策略。

关于智力和学习的信念

在本章开头,我们指出,学生关于智力和学习的信念对元认知过程具有普遍性的影响。学生认为学习是快速、容易的,还是缓慢、困难的,认为智力是固定的,还是可塑的,都属于这种信念的范畴。学生对于自身能力高低的评判,对自己的特定天赋的认识,也属于这类信念。

研究表明,学生在这些领域的信念,与他们的学习行为及学习效果相关联,会影响他们的课程等级及考试成绩(Schommer,1994)。在一项研究中,研究人员收集了关于学生信念的各种测量结果,包括智力是固定不变的(智力不能提高)还是可提升的(人可以通过学习发展智力),自我效能感,动机,学习时间,学习策略和学习行为。借助各种统计手段,研究者找出了所有变量间的关系。结果发现,学生的智力信念与学习策略和学习行为密切相关(Henderson & Dweck,1990)。这种关联与我们的直觉判断相符合:如果学生相信智力是固定不变的,就没有理由付出时间和努力以求改善智力,因为付出努力将收效甚微乃至根本无效。付出很少努力的学生,自然不太可能学得好,取得好成绩。反之,如果学生相信智力是可提升的(也就是说,那些能带来更大学术成就的技能是可以习得的),就有更好的理由把时间和精力花在各种学习策略上,因为他们相信这能提高他们的技能,获得更好的学习成绩。学生付出相对更多努力,特别是面临困难时,自然更可能取得好的学习效果和成绩。

让我们再看一下本章开头的第一个故事,它是如何说明自身能力信念对元认知过程和学习产生影响的。Melanie 对自身的信念——"我是一名好的写作者"、"我的写作总是得 A",影响了她在完成 Yang 教授布置的学习任务时所采用的方法。她很晚开始写论文,设想自己天生的写作才能和在压力情境下的工作能力,可以让她顺利过关。当结果,也就是得到低分,与她的信念和预期不符时,Melanie 把原因归咎于老师评分不准确,而不是她自己在任务理解、技能或学习投入方面存在问题。如果 Melanie 继续坚持这些信念,她很可能不会改变自己的学习方法或写作技巧,即便在历史课上有充分练习写作的机会。

与之相反的一种推理路线是,如果学生对自己在特定领域中的能力持消极信念(如"我不擅长数学"),可能在一开始就有挫败感,从而懒得计划或实施那些需要付出努力的策略,因为他们相信付出任何时间和精力几乎都没有什么效果。不幸的是,关于自身能力的信念,无论走入哪一个极端——过强或过弱,都会严重妨碍一个人的元认知过程,并因此影响学习和发展。

为了帮助学生获得更多有关学习的积极信念,我们可以做些什么工作呢?尽管研究者普遍认为,信念和态度很难被改变,但近期研究表明,修正学生的信念并由此促进其学习,仍然是有可能的。在一项以斯坦福大学学生为被试的研究中(Aronson, Fried & Good, 2002),有一半学生听了一个简短的宣讲会,其目的在于让学生形成智力是"可塑的"信念,即练习和努力工作可以提高智力。另一半学生则在宣讲中被告知,智力由多种成分组成(例如言语的、逻辑的、人际关系的),是"固定的";所以,人们只需要发现在这些固定属性中,哪些属于自己的特长,从而扬长避短即可。两组学生都参与了随后三个阶段的任务,其间,他们被告知给那些还在学业上奋斗的高中生写信。写信时,鼓励学生们在信中讨论在信息宣讲阶段所获得的智力观,并通过这种方式去激励他们的高中"笔友"(事实上不存在)。后续评估发现,相对于智力"固定"组和控制组的学生,智力"可塑"组的学生在智力观上改变更多,更加支持智力"可塑"的观点。随着时间推移,智力可塑组的学生更加强烈地支持智力可塑观,而智力"固定"组和控制组没有表现出这种倾向。最为重要的是,与智力"固定"组和控制组的学生相比,持智力"可塑"观的学生,学术兴趣更浓厚,并在后面的学习中取得了更好的成绩。

研究的含义

如果把前面六个部分的研究作最简单的概括,结论也许就是学生不能很好地、经常地使用元认知技能。这意味着,在学习、提炼及有效运用基本的元认知技能方面,学生通常需要我们教师的支持。为了满足这些需求,教师应认识到这些技能从长远来看能给学生带来的益处,然后把发展元认知技能纳入我们的课程目标中。

在评估手头学习任务和规划适当的学习方法方面,学生不仅可能作出不适当的评估和规划,而且有时完全没有认真考虑关键的步骤。这意味着,在任务评估和学习计划方面,学生可能需要大量的练习,而且要记得运用这些技能。在监控自己的学习进展和反思自己的成功程度方面,研究业已指出,明确地教授学生参与这些过程是有益的。不过,学生要想有效地应用这些技能,可能也需要大量的练习。

最后,关于学生评价自身长处和弱点的能力、调整策略的能力,以及他们的学习观和智力观所产生的影响的研究,大都表明在学生身上有些大的障碍有待克服。针对这些情况,最自然的办法是尽可能直接地解决这些问题,如帮助学生提高面对挑战的意识,借助一些干预措施帮助学生改善他们对智力的不当看法。同时,对于学生取得多大的进步,也要设置合理的期望。

研究提出了哪些策略?

在本部分,我们列出了一些旨在促进本章所讨论的元认知的各个方面的策略。此外,我们还提出了两个有助于发展元认知技能的一般策略。

204 评估手头的学习任务

尽可能详尽地向学生交代任务目标 教师往往自然地认为,对任务作以基本说明就足够了。但学生对任务性质的设想,可能与老师有所不同。例如,在一堂设计课中,学生可能会根据已有经验作出假设,认为任何项目的目标,都不过是获得自己喜欢的最终产品。如果这样考虑,他们就可能只关注最终的设计或展示。然而,如果教师的目标是让学生获得更为熟练的过程技能(例如,研究相关的设计理念以激发他们的创造性,记录他们对多重概念的探索,解释他们的设计理念以及在确定最终产品前做了哪些修改),那么他们不仅需要清晰地向学生表述目标,而且要向学生阐释怎样做才能实现任务目标(例如,要写过程日记,记录设计更改情况,说明自己的设计思路)。向学生解释为什么有些特定目标很重要(如"形成更强的过程技能,有助于你更有效地以连贯的方式应对复杂任务"),也对学生很有裨益。

告诉学生哪些是你不希望的 除了清楚地阐释你的任务目标外,通过指出学生以往出现的常见误解,或解释为什么有些作业不符合你的任务目标,也有助于他们明确你的作业要求。例如,在写作中,与学生一起分析例文中写得好和不好的地方,就对学生很有帮助。这些例文也可以作为练习,让学生找出其中写得好的成分,以便能在自己的文章中也加以运用(例如,找出论点及其支持证据)。

205

检查学生对任务的理解 为了确保学生能准确评估手头的作业任务,你可以询问他们,完成一项作业任务需要做什么,或者如何为即将到来的测验制订复习计划。然后,给予他们反馈。如果他们的策略与任务要求不匹配,可以建议他们选择另外一些策略。对于复杂的作业,你可以让学生用自己的语言重写任务的主要目标,然后让他们描述为了完成这一目标需要采取的步骤。

提供作业标准 布置作业时,你应明确阐释评估学生作业的标准。你可以做一个清单,明确地列出作业的关键要求,如内容、结构方面的特征,以及在格式上有哪些具体要求。你要鼓励学生在完成作业过程中参照这个清单,并要求他们把这一清单签好名,与最终的作业一同上交。随着类似作业的不断练习,学生就会主动检查自己的作业,此时,这样的清单就可以逐步不再使用了。

你的标准也可以通过作业评分细则呈现给学生。在作业评分细则中,要明确注明在不同的精熟水平下,所完成的各项任务成分具有什么特征(请参阅附录 C)。你要把作业评分细则与作业要求一起下发给学生,而不能仅仅下发评过等级的作业,以此来帮助学生更准确评估作业任务。除了能帮助学生评估某项特定作业任务外,评分细则也有助于学生形成其他的元认知习惯,如根据一系列标准来评价自己的作业。随着时间的推移,这些元认知技能将逐渐变得内化和自动化,因而对评分细则的依赖也就逐步减少了。

评估自己的优势和劣势

尽早给予以成绩为基础的评估 要为学生提供充足的练习和及时的反馈,以帮助他们对自己的优势和劣势进行更准确的评估。在一个学期中,要尽早开始这项工作,使学生有时间消化你的反馈,并对学习作出必要的调整。要指明问题和作业所需要的特定技能(如,"前5个问题需要给术语和概念下定义,而后5个问题要求更熟练地综合运用各种理论方法"),以便于学生能够看到他们在这些技能上的表现怎样,使之能够集中精力改善较差的技能。这些形成性评估,有助于学生检测自己需要弥补的知识差距。

提供自我评价的机会 你也可以让学生对自己的作业作出自我评估,而不必再单独为他们评分。例如,你可以给学生一些练习性的测验(或其他任务),模拟真正测验中将会出现的各类问题,然后提供答案要点,让学生检查自己的回答情况。如果这样做,有一点需要注意:要向学生强调,真正的收获来自解答和反思过程;也就是说,要写出问题的答案,要解答问题并对解题过程进行反思,而不能简单地查看老师提供的答案。这一点很重要,因为事先没有尝试解决问题,就直接参考解答方法或标准答案,会导致学生误认为自己可以得出答案,而实际上,他们只是知道如何从给予的答案中辨别哪个更好。更多有关自我评估的信息,请参阅附录A。

规划恰当的学习方法

让学生实施你提供的计划 对于复杂的作业,你可以为学生提供一份临时的完成时间表,从中反映出你所规划的任务完成阶段;也就是说,要为他们提供一个有效计划的榜样示范。例如,为了完成学期的研究论文,你可以要求学生在第4周提交他们预计将使用的参考文献目录,第6周提交一份关于论文论点的草稿,第8周提交支持论点的证据,第10周上交论文结构的示意图,第12周上交至少由3名同学评阅并修改过的草稿。尽管要求学生按照你提供的计划来安排学习任务,并不能让他们练习制订自己的计划，但这有助于学生思考复杂任务的组成成分，以及任务的逻辑排序。记住，对于新手来说，制订计划是极为困难的。随着学生经验的增加，这种外显的示范可以逐步移除，并要求他们自己制订和提交计划，以便教师审定和批准。

让学生制订自己的计划　当学生的计划能力发展到一定程度，基本上可以独立地制订计划时，你可以要求他们针对一些较大的作业任务，提交一份"可行的"计划。它的形式可以是项目研究方案，带注解的参考书目，或者是反映主要任务阶段的日程规划。你要为他们的计划提供反馈，让他们持续地完善这项技能。如果学生认识到做计划是很重要的，而且是任务评估的一部分，他们就会更加关注在计划方面投入的时间和精力，并从中受益。

把制订计划作为任务的中心目标　如果你希望强化学生对学习计划的认识，并帮助他们发展制订、修改计划的技能，那么就可以布置一些只关注计划的任务。例如，可以要求学生对一系列问题的解答作出方案策划，并描述自己将如何解决各个问题，但不必真正解决或完成任务。这类作业可以让学生集中精力思考问题，找出合适的解决办法。它也可以让学生的思路更清晰，而不会导致教师只能从最终的作业中凭直觉推断其思路。在后续的作业中，你可以要求学生执行自己的计划，并反思其优势和不足。

策略应用和行为监控

为自我纠正提供一些简单的启发式　你要教给学生一些启发式，以便于他们快速地评估自己的作业，找出其中的错误。例如，你可以鼓励学生自我发问，"这是问题的合情合理的答案吗？"如果答案是不合理的，例如长度测量出现负数，学生就会知道自己做错了，从而重新考虑推理过程或重新进行计算。每个学科中都有一些启发式，学生应该学会运用这些启发式。例如，在人类学课程中，学生可能会问自己："我在这里作出了什么假定？它们在多大程度上适用于跨文化分析？"同样，教师也可以为作业提供更多实用性指导，如告诉学生完成一项作业任务需要多长时间。如果学生发现，他们完成任务所花的时间比正常情况时要长得多，他们就会想到采用不同方法，或者寻求帮助了。

让学生进行有指导的自我评估　你可以要求学生根据你提供的一套标准，评估自己的学习活动。自我评估练习，可以提升学生对任务要求的意识，增强他们辨别作业质量高低的能力，并教会他们监控自己达成学习目标的程度。然而，如果学生事先没有见过这种技能，或者没有得到一些明确的指导和练习，可能就难以准确地评估自己的学习。有些教师发现，在要求学生评估自己的作业之前，让学生看看自己的作业是怎样被老师批改的，作业的好的方面和差的方面是如何被评判的，会提升学生的自我评估能力。

要求学生反思和解释自己的学习活动　要把学生解释做了些什么、为什么这样做，以及描述自己如何应对各种挑战，作为作业的一个构成部分。在不同的学科，可以用各种形式来反映这样的要求。例如，工程学的学生，可以诠释问题的解答方法；社会学的学生，可以回答关于方法选择和假设的反思性问题；建筑学的学生，能通过"过程记录"记下各种设计更迭过程，并对此作出解释。要求学生对学习作出反思或解释，可以帮助他们更清晰地意识到自己的思维过程和学习策略，从而引导他们对学习做出更适当的调整。

使用同伴评阅/读者反馈　你可以要求学生分析同学的作业，并提供反馈。评估他人的作业，可以帮助学生更有效地评估和监控自己的作业，并作出相应修正。然而，只有在你把有关评阅的细则提供给学生，告诉他们如何寻找评阅点时（例如，要回答的问题或需要遵循的某条准则），同伴评阅才会有效。例如，你可以要求学生评估同伴的写作，看它是否具备清晰的论点和相应的支持证据。同样地，你也可以让学生评阅同学解决数学问题的方式，并让他们就采用更有效的策略提出自己的建议。有关同伴评阅/读者反馈的更多信息，请参考附录 H。

反思并调整学习方法

提供机会，要求学生反思自己的行为表现　你所布置的研究项目或作业任务中，应该包含着一个成分：明确要求学生反思和分析自己的行为表现。例如，你可以让他们回答如下问题：我从这个项目中学到了什么？需要学习什么技能？通过整个学期的反馈，我应以何种不同的方式去准备和处理期末的作业任务？通过最后三次作业，我的技能有了怎样的改善？要求学生进行这样的自我反思，就等于为他们提供一个宝贵的机会，让他们停下来评估一下自身的优势和劣势，从而发展自己的元认知技能。

引导学生分析学习方法的有效性　当学生学会反思自己的学习方法的有效性时，他们就能找出问题，并进行必要的调整。关于反思活动的一个具体例子是"考试反思表"。考试反思表是一份简短的表格，它要求学生在考试结束后完成，旨在引导学生对自己的考试表现作以简短的分析，从中找出自己的考试表现与自己的学习和复习方法之间的关系。例如，考试反思表可以问学生：（1）他们犯了什么类型的错误（如是数学计算方面的，还是概念理解方面的）；（2）他们是如何学习的（如，在考前头一晚"浏览"问题,还是在考前一周就解答了各种问题);(3)下一次考试会做什么样的改进(如,从头开始认真地研究问题,还是简单地浏览答案)。如果在每次考试后,学生都完成考试反思表,在下次考试前把反思表返还给他们,就可以不断地提醒他们从先前的考试经历中学到些什么,从而帮助他们更有效地学习。有关考试反思表的更多信息,请参见附录F。

呈现多重策略 要向学生展示,对同一个任务或问题,可以有多种理解、表达和解答的方法。在人文艺术类学科中,一个可行的办法是公开讨论,让学生分享自己对问题的不同看法,相互分享一系列可能的解决办法。采用这种方式,学生就会面对多种问题解决方法,并考虑这些方法在不同情境下的优势和劣势。在其他课程中,我们可以要求学生用多种方法解答同一问题,然后讨论不同方法的优劣。向学生展示不同的问题解决方法,并分析其优点和不足,能够彰显批判性探索的价值。

布置聚焦于策略运用而不是操作过程的作业任务 我们可以让学生提出一系列可能有用的策略,并预测这些策略的优势和劣势,而不必真地选择并运用其中的某一策略。例如,针对某一问题或任务,我们可以要求学生评估不同的公式、方法或艺术技巧的适用性。通过把作业重点放在对问题的全盘思考而不是解决步骤上,学生就可以在评价策略的适宜性和有效性方面得到一些练习。

关于智力和学习的信念

直接纠正学生的学习信念 即使与课程内容没有直接关系,教师也应考虑与学生一起讨论学习和智力的本质,以便纠正他们的不当看法(如"我不会画画"或"我不擅长数学"),帮助他们充分认识到练习、努力和适应的积极作用。有些教师喜欢这样类比:大脑是一块需要练习的肌肉,就像音乐家、舞蹈家、运动员需要不断地练习和训练一样,发展智力技能也必须进行心智训练和练习。

拓展学生对学习的理解 学生常常相信"你要么知道某一事物,要么不知道"。事实上,学习或知识可以表现为多种水平,例如,从回忆事实、概念、理论(陈述性知识)的能力,到懂得如何运用(程序性知识),再到懂得何时运用(情境知识),最后到懂得它为什么适用于某一特定情境(概念性知识)。换句话说,你可能在一个水平上知道某一事物(认识它),却仍然没有懂得它(知道如何使用它)。教师应考虑向学生介绍这些不同形式的知识,以便他们能够更精确地评估学习任务(如"这需要我给 x 下定义,并解释它的适用条件"),评估自己在相关任务方面的优势和劣势(如"我能定义 x

却不知道何时运用它"),并找出自己的知识差距(如"我从未学过如何使用 x")。教师也应该向学生指出,不同类型的知识适用于不同的任务。例如,问题解决、诗歌写作、产品设计和舞台表演,就需要不同的知识。让学生考虑知识的不同类型和维度,可以扩展他们的智力观和能力观,进而促进其元认知发展(更多关于知识类型的信息,请参考第 1 章和附录 D)。

帮助学生设置现实的期望 对于学生发展某些特定技能所需的时间,你的期望应该切合实际。回想一下你做学生时经历的挫折,描述一下你自己(或本学科领域的名人)是如何克服各种障碍的,这对学生也有帮助。看到聪明而富有成就的人有时也需要通过努力才能达到精熟水平,看到学习不可能神奇地发生,或者经过努力才能发生,学生们就会修正自己的学习期望和对智力的看法,遇到困难时就会持之以恒。正确的学习观,有助于学生消除无益的、不准确的归因(在自我方面,如"我做不到,我一定是个笨蛋"、"太累了,我不适合学习科学";在环境方面,如"我没有学会,这个老师不好","我不及格,因为测试不公平"),而将注意力集中在他们可以控制的学习方面,如努力、专心、学习习惯、参与水平等等。

促进元认知发展的通用策略

除了上述针对元认知循环过程中的步骤的策略外,另外还有两个策略——示范和提供支架,也可用来支持各种元认知技能的发展。这些策略既可以用来同时促进多种元认知技能的发展,也可以用于改善某一特定的元认知技能。

向学生示范你的元认知过程 向学生展示你自己如何处理一项任务,让他们逐步看清你的元认知过程的各个阶段。当你描述自己评估任务的方式,或者是评估自己在完成该任务方面所具有的优势和劣势时,要借助"大声说出"确保学生听到你的评估方式(如"一开始,要考虑核心问题是什么,并要考虑读者的感受")("我对基本概念理解得不错,但我还不知道就这一主题近来有什么研究")。接下来,你要清晰地交代你的行动计划,并详细阐释为了完成任务,你将要采取的各个步骤("我从浏览有关的电子期刊着手,然后列出探索性的提纲,再后……")。在你的示范中,也可以包含一些关于自己如何评估和监控学习进展的讨论,例如,如何向自己提出各种问题,以确保自己的学习方向是正确的("我可以更有效地解决这一问题吗?"或者"这里的假设有问题吗?")。如果学生看到,即使是专家——事实上尤其是专家,也经常重新评价并调整自己的策略,就会从中获益匪浅。最后,你可以向学生演示如何评价最终的学习产物("我将看一下最初的项目目标,看看自己是否达成了这个目标",或者,"我会让一位同学科的朋友读一读自己的文章,指出其中不合逻辑的地方")。

示范的另一种方式,或者说是第二个阶段,是让学生在一系列问题的引导下,完成某项特定的任务。这里的问题,要针对学习的每一阶段,由学生自己提问自己(例如,怎样开始?下一步是什么?如何知道自己的策略是有效的?有没有可供选择的替代性的方法?)。

为学生的元认知过程提供认知支架　教师在学生学习的早期为其提供认知支持,然后随着学生日益达到学习的精熟,逐步移除认知支持。这一过程就是提供认知支架(Scaffolding)。有几种形式的认知支架可以帮助学生提升元认知技能。首先,教师为学生提供一些练习,让他们先分别练习元认知过程的各特定阶段,然后再把各阶段整合起来(关于元认知的特定阶段的例子,我们此前已经讨论过)。把元认知过程分解为诸如任务评估和计划等阶段,可以凸显每一特定阶段的重要性,避免学生在教师针对每一特定技能为其提供练习和反馈时,低估或忽视这些阶段。在学生分别练习特定的元认知技能之后,让他们进一步练习整合运用这些技能也是同样重要的。这种先分解后综合的认知支架的最终目标,是使学生的元认知技能发展得更为复杂和整合化。

第二种形式的认知支架,是教师先提供大量伴有结构化指导的任务,然后再呈现要求学生逐步自主解决直至完全自主完成的任务。例如,你可以先布置一项任务,要求学生必须按照你设定的计划来完成,你的计划可能包括任务成分的分解、完成的时间表、各阶段的完成期限。再后,你就可以在一些项目中,让学生更多地承担制订计划和自我监控的责任。

小结

大学教师几乎都拥有较强的元认知技能,即使他们并没有明确意识到自己在使用这些技能。他们可能会认为学生们也具备这些技能,或者会自然而然地获得这些技能。结果,他们既会高估学生的元认知能力,又会低估这些技能和习惯必须通过有目的的教学来教授和强化的程度。事实上,本章所引用的研究结果表明,元认知未必会自动地发展起来,教师在帮助学生发展元认知技能方面,扮演着极为重要的角色。评估手头的学习任务,评估自己的优势和劣势,制订学习计划,监控学习进展,对自己学习成功程度的反思,都属于元认知技能。它们都是学生成功地完成大学阶段的学习所需要的。

8 结语：将7条原理运用到我们自身

至此，本书所描述的学习原理的作用已显而易见。这些原理能解释并预测各种学习行为和现象，对我们的课程设计和课堂教学都很有帮助。它们之间的联系也是很明显的。当学习源于知识、社会和情绪因素的互动时，学生会遇到许多问题。因而，我们所采取的教学策略，必须同时涉及这些因素和方面。本书所列的7条原理，如果加以综合运用，就可以明确地应对学生的问题。这意味着，要想成为一名高效的教师，所需掌握的策略也不是无穷的。事实上，尽管贯穿本书的具体策略在每章都有所不同，它们也常常涉及同样的主题，如收集学生数据，示范专家行为，为复杂任务提供认知支架，清晰地阐明目标和期望。这些基本主题，共同指向认知、动机和发展方面的目标。例如，清晰地阐明学习目标和评分标准，有助于学生看到复杂任务的组成部分，并因此能使他们明确自己的练习目标，逐步熟练地掌握所学内容。它也可以起到动机激发作用，因为它可以增强学生在任务中对成功的期望，甚至能够通过促进公平感，影响学生的学习气氛。

有一点看上去似乎不太明显，那就是这些原理同样也适用于教师。之所以这样说，是因为我们中的大多数教师，仍然在学习如何教学。教学是一项复杂的活动，而我们中的大多数人没有接受正式的教学法培训。教学又是一种高度情境化的活动，需要随着我们所教学生的变化，各学科领域的发展，以及教学技术的变革，而相应发生变化。因而，我们的教学必须不断适应各种时刻变化着的因素。尽管这样的认识会让一些人不堪重负，但它也能帮助我们改进教学方法，提升教学质量。因为这意味着，我们不能指望教学会达到静态的完美，而是需要不断地发展教学的精熟水平。学习改善自己的教学，是一个渐进的提炼过程。就像其他学习过程一样，它也会从本书所阐述的学习原理中得到启示。在本章，我们将把 7 条学习原理，应用到学习教学的过程中。我们强调，每条原理都对学习教学有所启示。就像在前面各章中一样，为了便于展开，我们将分别讨论每条原理对学习教学的含义，但这里要记住，源于这 7 条学习原理的各种理念，彼此都是相互关联的。

219　　与学生一样，我们也拥有大量的先行知识。教学时，我们会有意或无意地运用这些知识，这些知识也会影响我们的进一步学习和行为表现。但正如我们所看到的，已有知识可能存在不足、不正确、不恰当的问题，这会阻碍进一步的学习。例如，作为各学科领域的专家，我们都拥有丰富的学科内容知识，但对于有效的教学来说，仅有这类知识还是不够的。我们中的一些教师往往有这样的错误认识：好的教学不过是有娱乐性和个性化，因而要成为好教师，必须做到外向和风趣。这种观点不仅是错误的，而且会带来问题，因为它将内向和外向的老师都框定在狭窄、死板的角色中，让人感觉没有更多的成长空间了。最后，尽管回想一下我们作为学习者的经历是有益的，但如果认为所有的学生都拥有与我们一样的经验，因而任何对我们有效的教学方法，也同样适用于学生，这也是不正确的。正如本书反复指出的那样，我们在许多方面，是与学生存在明显的差异的。在本书中反复强调的一个策略，是收集学生的相关资料，以此来引导我们的教学实践。从这一点来看，了解我们的学生，是借助于了解更多的情境信息，拓展我们的已有知识的一条重要途径，它可以使我们的教学更加适合于我们的受众。

　　当然，谈到我们拥有的教学知识时，我们需要考虑这些知识的组织。我们中的许多教师，在开始任教时，并没有拥有丰富、完整、灵活的关于教学的知识体系。事实上，相当普遍的一种情况是，教师根据课程来组织自己的教学知识，如"这类作业更适合于本课程"，"教一年级的学生时，这些课程要求是必须的"，等等。这种知识组织方式，尽管来自经验，但它不能引导我们灵活、系统地思考教学问题，因为它所关注的只是课程的表面特征。本书介绍的学习原理，为教师组织自己的教学和学习知识，进一步学习这方面的知识，提供了一个更深、更有意义的结构。在诸如为新的受众设计一门新课程这样的教学设计中，它都可以为你提供帮助。

220　　但是完善我们的教学，并非仅仅是一个认知过程。我们学习（并继续学习）教学的动机也很重要。在我们的职业有所限制的情况下，我们怎样才能维持自己的努力，不断改进自己的教学呢？正如我们所看到的，动机很大程度上取决于价值观和期望。大多数教师都是注重效率的。我们都很忙，可用的时间都有限，教学会占用我们的有限资源。因此，时间投入的回报很重要。本书中提出的几条策略，要求你开始时要投入时间，但随后能帮你节约时间，尤其是在你反复上同一门课的过程中。例如，创建一个评分细则很耗时，特别是你从来没有创建过，但是之后，它除了能让学生从中受益外，还能通过精简作业评定过程、减少学生抱怨而节省时间。从期望角度看，如果我们为自己设置的教学目标是现实的，我们就更可能维持自己的动机，更可能对自己达成这些目标的能力保持自信。这可能意味着，在某一个学期，我们应该专注于改进教学的一两个方面，而不是同时去解决所有问题。这也意味着，我们应该对教学逐步地做出改善，并随着教学进展不断进行反思，而不能对课程作出激进的改变。许多有经验的成功教师认为，要建设一门有效的课程，至少需要用三年时间来逐步完善。

　　做出现实的期望，这一点尤其重要，因为教学是一项复杂的技能。为了达到教学的精熟，我们需要获得教学的各项成分技能，把它们整合在一起，并且能恰当地进行运用。当然，这需要我们首先把教学任务的各方面分解开来。例如，引导学生进行富有成效的高参与度的讨论的能力，需要几项子技能：提出恰当的问题，设身处地的倾听，保持讨论的流畅，注意纠正错误观念，有效控制时间，等等。将所有这些技能综合起来，是一项相当困难的复杂任务。为此，我们需要熟练地掌握每项子技能，使之达到足够的自动化，以降低执行时所需的认知负荷。而且，随着其它方面的逐步精熟，教学还需要知道在何时、何处运用各种教学策略和方法。如，一个人的学习目标，在何时通过小组项目或个案研究方式能达成得最好，何时用这些方式效果不好；何时采用多项选择题形式的测验好，何时不能采用这种测验。换言之，完善我们的教学实践，需要我们将所学的教学技能，从一种情境迁移到另一种情境，并根据我们的课程、学生、学科内容的变化，灵活地作出调整。

　　教学达到精熟的过程，也是一个学习的过程，因此它需要练习和反馈。正如我们所看到的，练习的效果要想达到最佳，就应该指向明确的目标。为了设置恰当的教学目标，我们应该注意接受来自课程效果方面的反馈，知道哪些方面是有效的，哪些方面效果不佳，并据此调整自己的教学。大多数高校都有期末评价制度，让学生对老师的教学作出反馈，但是这种反馈，对于直接改进我们的教学实践并不是最有用的，因为它在学期末才进行。最好的反馈是形成性反馈，它贯串整个学期的始终。这种反馈可以来自多个渠道，如早期课程评价，学生管理小组，同事以及教学中心人员。例如，如果学生提出了关于我们的课的组织结构的问题，就有助于我们把注意集中于这一特定目标，有针对性地对教学作出改善。就像我们的许多学生不认为家庭作业是练习特定技能一样,大多数教师也不认为教学是种"练习"。然而,与学生一样,只有我们将目标定位于最需要发展的技能时,我们对教学技能的学习才变得最有效。如果我们把教学视为一种刻意的练习,那么在上述假想的情境中,我们就会明确自己需要做什么样的特定练习。譬如,是每次上课制订一个日程,还是使教学主题的转换变得更加明晰。

222　　如果把教学视为一种逐步完善的过程,就引出了在特定情境氛围中所发生的发展问题。教师的发展过程是什么样的呢?首先,与学生一样,教师也经历了智力发展的过程。我们的开始阶段可能是寻找"正确答案",如有什么样的神奇教学方法,可以让所有学生都参与到课堂讨论中。在其它阶段,我们可能只将教学视为一种个人风格,并认为教学不存在好坏的问题。在后期的一些阶段,我们可能认识到教学的高度情境化,作为教育者,我们应根据学生的学习,做出诸多决策。其次,我们的认同感也经历了若干发展阶段。作为教师,我们必须通过工作,发展自己教学上的胜任感和自主感,形成自我的统合性,构建自己的发展目标,掌握有效的教学方法,并学会用恰当的方法在课堂上表达自己的情绪。在智力和认同感发展的高级阶段,尽管我们的教学技能还在不断改善,但我们对自己的教学风格,可能已产生了信任感。由于这种发展过程涉及智力、社会性和情绪方面,导致我们学习教学时的气氛,也会产生相应的影响。例如,置身于一个重视教学的院系,教学时你会感到士气高涨。反之,在一个不太重视教学改进的院系,你的教学士气会丧失殆尽。正如我们所讨论的,无论我们是否认识到,氛围都对我们产生影响。然而,如果我们意识到当前氛围正在对我们产生负面影响,我们也可以采取诸多应对措施。譬如,我们可以另辟蹊径,通过与其他院系同事进行交流,与各种职业协会的教育部门或者是学校的教学中心进行沟通,来获取更多的支持氛围。

223　　在本章,我们用学习原理作为分析视角,突出了学习教学的各个方面。一般来说,所有这些原理,都能帮助我们更好地反思我们的教学,亦即对我们的教学进行元认知调控。如本书所示,自主学习(元认知)需要几个阶段,涉及循环往复的过程。具体说来,首先,我们需要仔细考虑自己在教学方面所具有的优势和不足。这不仅可以让我们充分发挥自己的优势,而且能挑战自我,改善我们存在不足的地方。其次,由于教学任务不断变化(如随着学生人群而变,随着我们所教的新课程而变,随着我们修改旧课程、纳入新材料而变,随着我们尝试新的教学方法而变),我们必须不断地重新评估教学任务,规划有效的教学方法,监控我们的教学进展,评价教学的效果,并对教学做出必要调整。正如许多学生在开始作业任务前不会自发地想到制订学习计划一样,许多教师在开始教学前,也不制订自己的教学规划。例如,他们把课程评估作为以后要考虑的事情,而不是在课程开始时就根据课程的学习目标和教学策略,事先设计好课程评估方案。认识到我们可能跳过元认知循环中的某些步骤,这有助于我们注意到其中的问题,并采取相应的补救措施。

最后,完善我们的教学实践,要求我们清晰地意识到自己对教学和学习有哪些基本看法。例如,我们对教学目标持什么样的看法?我们对智力、能力和学习的本质怎么看?所有这些信念,都会影响我们的元认知过程。例如,如果我们认为教学技能是一种天赋,要么有,要么没有,那么我们就不可能采取一些旨在改善教学技能的行动(如,自我反思,与同事比较教学策略,寻求专业发展,以及阅读本书)。反之,如果我们认为教学是一套能够发展和完善的技能,那么对教学进行逐步完善和元认知调控,对我们就变得富有意义。阅读本书是你完善自身教学的开始,它会引导你不断思考和学习教学技能。我们希望,随着本书所呈现的观点不断得到应用和提炼,你对教学能产生更多的见解,能想出更多的策略。

附录 A　学生的自我评估及其应用

　　了解学生的已有知识和技能的一种方式，是让学生对自己的知识和技能作出自我评估。自我评估的目的不仅是对个体学生作出评价，而且对班级的整体能力和经验水平作以了解。自我评估中包含的问题，可以集中考察学生的知识、技能或经验等一切你认为学生在课程学习之前已获得或者必须要掌握的内容，也可以涉及你认为有一定价值但不一定是特别重要的内容，还可以包括你打算在课程中要讲授的主题和技能。学生对这些问题的回答，不仅能帮助你准确地设计课程，而且还有助于你指导学生学习补充材料，帮助他们弥补当前知识、技能方面存在的差距和不足，避免这些因素对学习产生阻碍。这些问题也有助于学生关注在你的课程中将要学习的重要知识和技能，并把适用于你的课程的已有知识准备好。

　　自我评估的优点在于，相应的评估表易于编制和计分，可以匿名回答，不会引起学生的焦虑。其缺点是，学生可能不能准确地评估自己的能力。一般来说，人们倾向于高估自己的知识和技能。但是，如果问题的回答选项叙述清晰，与具体的概念和行为相联系，学生能够据此作出反思乃至心理模拟，评估的准确性就会得到提高。例如，让学生界定一个术语，解释一个概念，回忆特定类型和性质的经验（如在特定情境下的设计、写作或表演活动），等等，就可以提升学生自我评估的准确性。

　　在示例 A.1 中，呈现了一些自我评估的题目及其回答项的样例。

示例 A.1　自我评估表的样例

1. 你对"卡诺图"了解多少？
   a 我从来没有听说过，或我听说过但不知道它是什么。
   b 我知道它是什么，但不会用。
   c 我清楚地知道它是什么，但是还没有使用过。
   d 我能解释它是什么，做什么用的，并且能够用它。

2. 你有没有设计或制作过数字逻辑电路？
   a 我没设计或制作过。
   b 我设计过，但从没有制作过。
   c 我制作过但没有设计过。
   d 我设计并且制作过数字逻辑电路。

3. 你熟悉 t 检验吗？
   a 从没听说过。
   b 听说过但不知道具体是什么。
   c 知道一些，但并不明确它是什么。
   d 知道并且能够解释它的用途。
   e 知道它是什么，何时应用，并且能用它分析数据。

4. 你熟悉 Photoshop 吗？
   a 从没用过，或曾经尝试使用但没有用它真正做过什么。
   b 能够应用预置的选项对单幅图片进行简单的编辑（例如，设置标准色，定位和尺寸修改）。
   c 我能应用预置的编辑特征对多幅图片进行编辑，以创造出想要的效果。
   d 我能轻松应用编辑工具对多幅图片进行修改，使之达到专业的图片质量。

下面有四部莎士比亚的戏剧，请在符合自己经历的空格内打钩。

戏剧	看过电视或电影	看过现场演出	读过书	写过关于它的大学水平的论文
哈姆雷特				
李尔王				
亨利四世				
奥赛罗				

附录 B　概念图及其应用

概念图是表示知识组织方式和结构的图形工具（Novak & Caňas，2008）。它是用节点和连线构成的网络结构。其中，节点代表概念，用圆圈或方形表示；连线代表的是概念之间的关系，通常用两个节点之间的线段来表示。线段上的词语，被称为关系词，用来指明两个概念之间的关系。

你和学生都可以从创建概念图的过程中获益。通过创建概念图，学生可以了解自己当前的知识水平和知识表征方式。教师可以利用这些信息指导自己的教学。通过概念图，教师还可以了解学生的知识理解水平的动态变化。例如，你可以在课程推进过程中（课程开始、中间和结束），要求学生多次创建概念图，对比早期和后期的概念图，讨论自己对学习内容的理解在整个学期发生了什么变化。

学生在创作概念图的过程中，最好是参照某些他们期望回答的问题，这类问题被称为焦点问题（Focus question）。概念图中可能会涉及某些情境或事件，它需要我们借助概念图这种知识组织来理解，也为概念图提供背景。例如，你可以借助概念图，让学生回答"2008—2009 年的金融危机形成的原因有哪些"。

图 B.1 是一个概念图。它以直观的方式，回答了"什么是概念图"的问题。关于如何创建和运用概念图的更多信息，请参考诺维克（Novak，1998）的相关著作。

附录 B 概念图及其应用 143

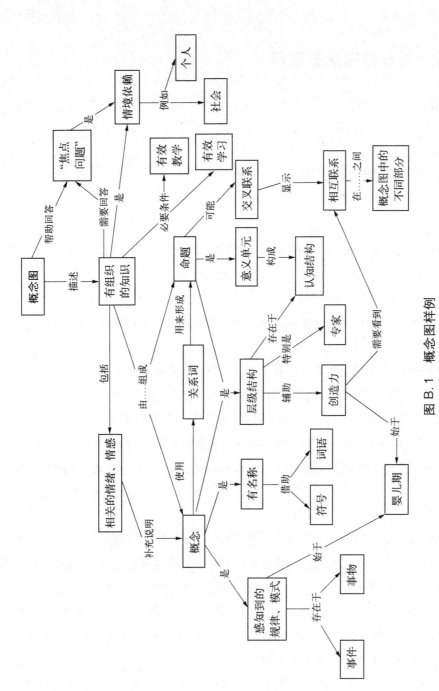

图 B.1 概念图样例

摘自 Novak, J. D., & Cañas, A. J. (2008). "*The Theory Underlying Concept Maps and How to Construct Them.*" (Technical Report IHMC Camp Tools 2006-01 Rev 2008-01). Pensacola, FL: Institute for Human and Machine Cognition. Retrieved March 26, 2009, from http://cmap.ihmc.us/Publications/ResearchPapers/TheoryUnderlyingConceptMaps.pdf

附录 C　评分细则及其应用

评分细则是用来详细描述教师对于学生的作业期望的评分工具。它将指定的作业任务分为多个组成部分，并对每个部分的完成质量，从不同的水平上作出相应的明确说明。评分细则可用于各种作业，包括论文、研究项目、口头演讲、艺术表演、小组项目等等。此外，它还可以为评分或等级评定提供指导，为学生提供形成性评价反馈，以引导其后继学习。

使用评分细则，对学生和教师都有帮助。按照详细的评价标准(旨在反映作业任务中各目标的权重)进行等级评定，可以确保教师评定标准的一致性。尽管教师开始时可能需要花费一些时间来编制评分细则，但在此后，它可以帮助教师节省时间。因为一方面，它可以减少教师在评定过程中浪费在琢磨学生作业上的时间；另一方面，它让教师只需参考相关标准的描述来撰写评语，而无需再通过组织自己的言语来写出评语。特别在多位教师(其他教师、助教等等)进行课程评定时，评分细则更能显现出其价值，因为它有助于确保评定的一致性。

在实施形成性评估时，评分细则可以帮助教师更为清晰地了解学生群体的优势和不足。通过记录各子项目的分数，计算在每项中处于可接受水平之下学生的数目，教师可以确定后继教学中需要重点教授的概念和技能，并指明学生应该努力的方向。

在给学生布置作业时，附上评分细则，能够帮助学生在完成作业的过程中，监控和评估自己的任务方向和进展。借助评阅过的作业和评分细则，学生更容易找出自己学习中的优势和不足，明确自己的努力方向。

关于评分细则的例子，请参阅示例 C.1、C.2、C.3 和 C.4。更多关于如何编制评分细则的信息，请参阅斯蒂文斯和列维(Stevens & Levi, 2005)的著作。

示例 C.1　课堂参与评分细则

	A(优秀)	B(良好)	C(中等)	D(不及格)
频率和质量	按时上课,课上讨论能提出有见解的问题,能分析相关问题,经常参考别人的意见,能将文献阅读和讨论内容相结合,能拓宽课堂讨论视角,能恰当地质疑别人的假设和观点。	按时上课,有时以前述方式参与课堂讨论。	按时上课,极少以前述方式参与课堂讨论。	按时上课,从不参加讨论。

来源:埃伯利卓越教学中心,卡耐基-梅隆大学

示例 C.2　口试评分细则

维度	A(18—20分) 优秀	B(16—17分) 良好	C(14—15分) 中等	D 不及格
整体理解	主题理解透彻,论点鲜明,并具有下列特征	对主题的理解不够充分,论点不够完善,具有下列特征	对主题的理解比较肤浅,提出的论点不明确,具有下述特征	不理解主题,没有论点,具有下述方面的特征
论点	论点、立场明确	论点、立场的阐述不够完整,或存在局限	论点、立场表达模糊,没有重点	没有提出自己的论点或立场
证据	论据准确、充分,能很好地支持论点	大部分论据合理、准确,但有些论据不能支持论点	有些论据不准确、与论点无关,但提示后能作出纠正;论据不足以支撑论点,但提示后能补充论据	论据不准确且与主题无关,无法支持论点;反复提示后仍不能有所改善
含义	充分讨论了论点和所持立场的主要含义	部分地讨论了所持立场的主要含义	讨论了次要含义或没有充分讨论主要含义	没有讨论论点或立场的含义
结构	有清晰的论述逻辑	部分内容脱节或缺乏清晰的逻辑	思想不连贯或逻辑不够清晰,造成理解困难	思路杂乱无章,不合逻辑,难以找出论点
提示	探究问题时不需要提示	(在一两个问题的探究上)需要一点提示	需要在一系列问题上给出许多提示	

来源:埃伯利卓越教学中心,卡耐基-梅隆大学

示例 C.3 论文评分细则

	优秀	良好	中等	差
创造性和原创性	超越任务的基本要求,提出了独到的见解,或者是思路新颖。	符合作业任务的所有要求。	符合作业任务的大部分要求。	不符合作业要求。
论点	中心论点明确、有趣、可以论证(即基于证据,而不是观点);论文的分论点能清晰明确地支撑中心论点;论点和分论点反映了对本课程核心观点的深刻、细致的理解。	中心论点明确,可论证。论文的分论点能支持自己的中心论点。论点和分论点反映了对本课程核心观点的充分理解。	中心论点可论证,但表述不够清晰;有些分论点不能支撑中心论点;中心论点和分论点反映了对本课程核心观点有一定程度的理解。	中心论点不清且无法论证;分论点不能支撑中心论点;论点与分论点几乎不涉及本课程的核心观点。
论据	论据丰富、具体、多样,有力地支持了分论点;文中引用和插图结构合理,阐述准确。	所用论据能支撑分论点;文中引用和插图的结构合理,阐述准确。	有些论据不能支撑分论点;部分引用和插图结构不合理,阐述不当。	几乎没有论据能支撑分论点;引用和插图结构不合理,阐述不当。
结构	文章逻辑性强,条理清楚连贯,有明显的主题句指引读者阅读。读者能轻松地看出论述的基本结构。	几乎不用费力,读者即可看出文章的论述结构。	读者不能完全清楚文章的基本论述结构。	读者完全看不清文章的基本论述结构。
清晰度	遣词造句简洁、准确;读者能轻松地理解作者表达的意思。	几乎不用推敲,读者就能理解作者表达的意思。	读者不明白作者表达的某些意思。	读者完全无法理解作者表达的意思。
细节	引用格式正确;没有拼写、标点符号和语法错误。	引用格式正确;存在少量拼写错误、标点符号误用或语法错误。	部分引用格式不正确;存在一些拼写错误、标点符号误用或语法错误。	引用格式错误;存在大量拼写错误、标点符号误用和语法错误。

来源:埃伯利卓越教学中心,卡耐基-梅隆大学

示例 C.4　高级设计项目评分细则

成分	优秀	一般	不合格
研究和设计 基于任务描述和客户要求确定设计目标。	能找出所有主要和次要目标，并按照其重要性正确排序。	找出了主要目标，但遗漏一两个次要目标，或没有按优先程度排列目标。	很多主要目标没有被找出来。
找出相关的、可靠的信息，以支持决策。	找到所有相关信息，信息来源可靠；设计思路得到相关信息的充分支撑。	信息比较充分，大部分来源可靠；设计思路大部分得到相关信息支撑。	获取的信息不充分，信息来源不可靠；设计思路得不到相关信息支撑。
提出和分析备选方案。	考虑了3个或3个以上的备选方案；对每个方案的可行性都进行过恰当而正确的分析。	至少考虑了3个备选方案；对方案进行恰当的分析，但分析中包含一些小错误。	考虑了1—2个备选方案；对方案的分析不当，出现程序或概念方面的错误。
找出相关的限制条件（经济、环境、安全、可持续性等方面的）。	能准确找出并分析所有限制条件。	找出大部分限制条件；有些限制条件没有涉及，或分析中存在错误。	几乎没有认识到限制条件，或找出部分限制条件但分析中存在错误。
得出可靠的结论，或作出可靠的决定。	基于所要求的标准、所作的分析和限制条件，提出了建议性方案。	方案或决策合理，但对某些备选方案或限制条件作进一步分析，可能得出不同的建议意见。	只考虑一种解决方案，忽视其它方案或只进行初步分析，很多限制条件都没有得到考虑。
交流 陈述 视觉辅助 口头表达 肢体语言	幻灯片中没有错误；合乎逻辑地展示设计过程的主要成分和推荐方案；文字材料易读，图片材料能很好地突出主要思想。	幻灯片中没有错误；合乎逻辑地展示设计过程的主要成分和推荐方案；大部分材料易于理解，图片对主要思想有突出展示。	幻灯片中存在错误且缺乏逻辑性；缺少对主要部分的分析或缺少推荐意见；缺少图表和图片，听众不知所云。
	演讲者能够脱稿演讲，表述清楚流利，能够准确、恰当地回答听众的问题和评论。	演讲者基本可以脱稿，表述基本能做到清楚流利；对大部分听众的问题，能够作出准确、恰当的回答。	演讲基本依靠演讲稿提示，表述不够清楚，经常停顿；不能清楚、准确地回答听众的问题。

续表

成 分	优 秀	一 般	不合格
	肢体语言得体,身体姿态恰当,且蕴含意义(如双手对指表示接触,举起双臂表示抬高),和听众有眼神交流,与听众有高水平的互动,且让人感觉舒适。	肢体语言有轻度的反复,会分散注意力(如敲打钢笔,拧动双手,挥舞手臂,握紧拳头),会中断与听众间的眼神交流,会让听众感到轻微的不适。	肢体语言单调、重复,且容易分散注意力,极少与听众进行眼神交流,姿势僵硬,让听众感觉不适。
团队合作 (根据同伴评价、对团体会议的观察和项目展示情况) 任务的分配和完成	公平地承担任务;每个成员都在项目完成中作出有价值的贡献;所有成员都参加每次讨论;能在截止日期前完成任务。	任务分配中有些小的不公平;部分成员作出更多的贡献,但所有成员都有贡献;成员通常都参加集体讨论,但有时存在缺席情况;能够在截止日期前完成任务。	任务分配存在不公平的情况;组中存在无所事事的成员,他们不承担任何任务,乃至阻碍别人完成任务;组员经常不参加集体讨论;在截止日期前不能完成任务。
团队士气和凝聚力	为达成目标而通力协作;团队成员之间乐于相互交流,相互学习。各方面都显示出高水平的相互尊重和协作能力。	团队在大部分时间能通力协作,偶尔会出现沟通不力或是合作失败的情况;大部分成员间相互尊重。	团队间不能够很好地合作或沟通。有些成员独自工作,而不考虑团队目标和任务的优先等级。团队成员之间缺乏相互尊重和相互关注。

引用时得到 John Oyler 许可

附录 D 学习目标及其应用

学习目标准确地表达了在课程或特定作业完成之后，你期望学生所获得的知识和技能。清晰地陈述你的目标，对你和学生来说都有很多好处。首先，学习目标把你的意图转达给学生，这些信息可以让学生更好地引导他们的努力，监控学习的进步。其次，学习目标也为你选择和组织课程内容，提供了一个组织框架，并能引导你选择合适的课程评估和评价方法。最后，学习目标为选择合适的教学和学习活动，也提供了一个组织框架（Miller, 1987）。

怎样使学习目标变得更加清晰、更有帮助作用呢？这里有四个要素：首先，学习目标应当是以学生为中心。例如，目标应陈述成"学生应当能够_____"。其次，它应该分解学习任务，并聚焦于具体的认知过程。许多被教师认为是只需要单一技能的活动（如写作或问题解决），实际上包含着多种成分技能的综合。为了掌握这些复杂的技能，学生必须练习这些具体的成分技能，并使之高度熟练。例如，写作可能包含确定论点，搜集合适的论据，组织段落等成分技能；问题解决可能要求界定问题的参数，选择合适的公式，等等。再次，清晰的目标应当使用行为动词来指明具体的行动和行为，让我们清晰地看到学生的学习行为，并且能告诉学生老师期望他们做出何种类型的智慧努力。而且，行为动词的使用，可以减少诸如"理解"等要求所造成的模棱两可。最后，清晰的目标应该是可以测量的。我们应该能够轻松地确认（即评估）学生是否已掌握了某一项技能（例如，让学生"陈述"一个定理，"解答"课本上的问题，或"确认"合适的原理）。

本杰明·布卢姆（Benjamin Bloom）所做的工作，使得为学习目标确定行为动词变得更容易。布卢姆创建了教育目标分类学（1956），它经过一些小的修订（Anderson &

Krathwohl, 2001),目前仍为全世界的教育者所使用。该分类学提出了六种水平的智力行为,从简单的回忆事实,一直到创造新知识。这些水平,以及代表该智力活动水平的动词,能够帮助教师准确地阐述他们的课堂目标,从而使他们及学生能更好地聚焦自己的注意和努力。

关于行为动词的例子,请参阅表 D.1;关于学习目标的实例,请参阅示例 D.1。

表 D.1　布卢姆目标分类中的行为动词样例

记忆	理解	应用	分析	评价	创造
排列	联系	计算	分解	估价	组合
定义	分类	建造	组合	辩论	建造
讲述	比较	证明	比较	评估	创作
复写	对比	开发	对照	检查	构建
识别	描述	使用	辩论	总结	设计
标记	区别	估价	图解	批评	规划
列出	讨论	考察	考察	检测	生成
定位	举例	执行	实验	评判	整合
命名	解释	规划	推算	判定	制作
回忆	推断	实施	阐述	监控	计划
背诵	阐释	修改	阐明	评级	重置
再认	释义	概述	组织	评定	创立
再现	改述	解决	预测	推荐	转换
挑选	概括	应用	质疑	选择	
陈述	翻译			测试	
				权衡	

示例 D.1　学习目标样例

本课程结束后,学生应该能够:
- 准确地表达、揭露关于墨西哥移民的常见神话(历史)
- 讨论各种抽样程序和研究方法的特征及局限(统计学)
- 设计一个实验研究,恰当地对数据进行统计分析,并对数据分析结果作出合理的解释(决策科学)
- 分析包含有电阻和电容的简单电路(工程学)
- 演示不同风格的舞蹈(舞蹈艺术)
- 把草图设计和原型法运用到生活领域(设计)
- 分析发声乐谱,并为个体的试唱、排练、表演准备相同的曲谱(音乐戏剧)

附录 E 基本行为规则及其应用

通过清晰、明确地表达预期的课堂行为,特别是班级讨论时的行为,基本行为规则可以帮助我们维持一种积极的课堂气氛。基本行为规则可以由教师设立,也可以由学生自己创立(有些人认为,学生对于自己参与创立的基本规则,会遵守得更好)。基本行为规则应当反映课程的目标。例如,如果课程的某一目标是学生能为观点提供论据,相应的基本行为规则就能强化这一目标;如果目标是把内容材料与学生的个人经验联系起来,那么保护个人隐私、创建安全的信息分享环境等基本行为规则,就显得非常重要。

基本行为规则应当在课程开始时建立,教师应解释制订这些规则的目的(例如,为了确保讨论生动活泼、充满激情,每一个人都能听到,参与者能够协作,以达成更深入的理解,而不是仅仅提供只言片语)。有些教师要求学生根据基本行为规则签一份契约,有些教师则是仅仅非正式地讨论并同意基本行为规则。但对教师来说,重要的是要定期提醒学生遵守这些基本行为准则,特别是在出现某些问题时(如,在讨论中,学生相互打断,或作出不合适的个人评论)。教师也应采取一些相应措施,确保学生遵守这些规则。例如,对违背规则者严格执行一些小惩罚(这可以用一些轻松愉快的方式执行,如要求违反规则的学生为班里的聚会基金捐献一美元),把课堂讨论情况列入课程等级评定时考虑的因素,或者把违背规则的学生叫到一边,与他谈一谈。

关于基本行为规则的样例,请参阅示例 E.1;关于帮助学生创建他们自己的基本行为规则的方法,请参阅示例 E.2。

示例 E.1　基本行为规则的样例

讨论
主动、认真地倾听。
要求澄清你的疑问。
不要相互打断。
相互挑战,但保持尊重。
批评观点而不是批评人。
不要提出没有证据支持的观点。
避免反讥(即使是用幽默的口吻)。
要注重讨论的质量。
要以别人的评论为基础,分享大家的理解。
面前要有一些书籍和阅读资料。
不要一个人说个没完。
从自己的经验谈起,不要概括。
如果你在讨论中被别人的话激怒,应马上意识到这一点。
要考虑班级讨论的内容是否需要保密。

听课
准时到达。
关掉手机。
只在正当的班级活动中(记笔记、完成作业任务)使用笔记本电脑。
老师还没有宣布结束课时,不要离开教室。
如果你有疑惑,就问清楚。
不要去打扰或分散同学的注意力。

示例 E.2　帮助学生创建自己的基本规则的一种方法

1. 要求学生思考他们所参与的最佳课堂讨论是什么样的,并反思一下为什么这些讨论如此令人满意。
2. 接下来,要求学生思考他们参与过的最糟的课堂讨论,并反思一下为什么这些讨论如此令人不满意。
3. 找出良好的课堂讨论的积极特征后,让学生对课堂讨论提出三条建议,确保课堂讨论中能具备这些积极特征。
4. 找出不良课堂讨论中的消极特征后,让学生对课堂讨论提出三条建议,确保课堂讨论中不出现这些消极特征。
5. 根据学生的建议,草拟一份大家都同意的基本行为规则,并以书面形式分发给他们。
6. 定期要求学生反思是否在学期初建立的这些基本行为规则是有效的,如果需要,对此作出调整。

来源:布罗克菲尔德和普瑞斯基尔(Brookfield & Preskill, 2005)

附录 F 考试反思表及其应用

当学生接到教师阅过的试卷后,他们往往都只关注一个方面——自己的分数。尽管这种只关注"成绩等级"的行为是可以理解的,但它也会导致学生错失许多从评估中获得学习的机会。这些机会包括:

- 找出自己的优势和弱势方面,以便引导后继学习;
- 反思自己的考试准备是否充分,自己的学习方法是否得当;
- 分析自己的错误的特征,并找出是否重犯了某些可以纠正的错误。

为了鼓励学生更为深入地分析自己的试卷,教师可以运用考试反思表。在批阅过的试卷下发给学生后,让他们填写这一简短的表格。考试反思表旨在引导学生回顾、分析他们当前的考试表现(以及教师的反馈意见),以便于他们调整自己的后继学习。

使用考试反思表的一种方式,是让他们收到教师阅过的试卷后,完成该反思表的填写。这种方式,能让学生立刻思考他们为什么获得这样的分数(他们犯了哪种类型的错误,他们的成绩与学习方法之间有什么关系),怎么做才会使下次考试成绩更好。学生完成考试反思表后,教师要把它收集起来,一是供教学团队审阅,二是为了妥善保存(因为在下一次考试之前会用到,详见下一段)。在审阅学生填写的考试反思表时,教师和助教应浏览学生的回答,看看学生在分析自己的优势和不足、描述自己的备考方法中,是否反映出其学习存在一些共性问题。这些共性问题,可以帮助教师深入地分析学生的学习方式,为其取得更好的考试成绩提供建议(例如,在以问题解决为主的考试中,如果学生仅仅重读他们的笔记而不做解题练习,教师就建议他们实际地解答一些考试样题)。

在下一次考试前的一周,教师要把考试反思表返还给学生。这可以在辅导课上返还,也可以在一些能够进行有组织的讨论的情境中返还。考试之前,我们应让学生重温自己在上一次考试结束后填写的考试反思表,考虑一下如何根据自己的反思及教师的建议,采用更好的学习方法来准备考试。针对考试反思表进行有组织的课堂讨论,也有助于学生分享自己的学习策略,并从教学团队中获取支持和鼓励。

示例 F.1 是一份关于物理考试反思表的样例,可供大家参阅。

示例 F.1 考试反思表样例

物理学考后反思   姓名:_____

本活动旨在帮助你反思自己的考试表现,特别是,你对考试所做的准备是否有效。请如实地回答这些问题。你的回答将被收集起来,以告知教学团队,学生围绕本次考试都做了什么工作,以便于我们据此更好地支持你的学习。在下一次考试之前,我们将把本表交还给你,以便提示和引导你为下一次考试做好准备。

1. 为了这次考试,你大约花多长时间来准备?_____
2. 在下列每项活动中,你所花的考试准备时间占多大比例?
   a. 首次阅读教材章节_____
   b. 重读教材章节_____
   c. 复习家庭作业的解答及教师评阅结果_____
   d. 练习解答问题_____
   e. 复习笔记_____
   f. 复习课程网站中的材料_____
      (什么材料?_____)
   g. 其它_____
      (请具体说明:_____)
3. 现在,你已经看到了自己的考试成绩,请评估一下下述原因导致你失分的比例(请确保百分比的总和为 100%):
   a. 向量方面的困难和向量标记法_____
   b. 代数或算术错误_____
   c. 对概念的理解存在欠缺_____
   d. 不知道如何解答问题_____
   e. 因粗心而犯错_____
   f. 其它_____
      (请具体说明:_____)
4. 基于你对以上问题的回答,请列出为了下一次考试考得更好,你需要在哪三个方面作出改善。例如,是否打算花更多的学习时间?是否要改变某一特定的学习习惯或尝试一种新的学习习惯(如果是,请列出来)?是否让数学运算更熟练使之不妨碍物理学习?是否要努力练习一些其它技能(如果是,请列出来)?是否要解答更多的练习题?或者采取其它措施?
5. 为了帮助你学习,使你能更好地准备下一次考试,我们能做什么?

附录 G 核查表及其应用

核查表有助于老师把自己对某项活动或任务的期望,清晰地告知学生。由于学生并非总是完全明白我们的期望,他们可能被课程传统或文化习俗,甚至是其他教师的期望所支配,从而导致当前的学习活动或任务与我们的期望不一致,所以使用核查表通常很有裨益。此外,核查表能提高学生对复杂任务的构成要素的意识,从而帮助他们对有效地完成一项作业任务所需要的步骤,形成更为完整的认识。

在作业任务截止日期之前,应当把核查表事先下发给学生,并让学生知道,自己有责任把该表填写好,并在必要时,根据核查结果修改自己的作业。作业完成后,应将完成的核查表与作业订在一起上交。这样就更能提升学生作业达标的水平,避免学生出现一些令人恼怒的问题(例如,不把作业装订就上交)。关于论文作业的一个核查表样例,请参阅示例 G.1。

示例 G.1 论文核查表样例

姓名:

注意:请完成这份核查表,并把它与你上交的本课程中的每篇论文订在一起。

__我已经完成了作业的所有部分。
__我的论点清晰,不会让读者感到模糊不清。
__我的段落有逻辑组织,有助于论点的展开。
__我使用了各种类型的论据(如引证、例子、事实、插图)来支持我的论点。
__我的结论总结了我的论点,并探讨了它的含义,而不是简单地重述主题段。
__为了改善论文的组织结构、论点、句子结构及行文风格,我对论文修改了___遍。
__我已经仔细校对过我的论文,并没有依赖电脑的自我检查。

续　表

__我的名字在论文开头。
__该论文已装订好。
__该论文是 2 倍行距。
__我对别人的作品、观点、语段的引用,都做到了规范。
__我的所有参考资料均在我的参考文献中列出了,而且以 APA 的格式恰当地编排。
__我逐字逐句地阅读大纲中关于抄袭的声明,理解了它,并同意遵守其中各项规定与处罚。

学生签名:_____　日期:_____

附录 H　读者反应/同伴评阅及其应用

读者反应(又称同伴阅读)是指通过学生互相阅读及评论对方的作业,以提高同伴(及自己的)作业完成水平的过程。为了使学生更有效地参与到这一过程中,评阅者应当有一个评阅表来引导他们的阅读及反馈,作者应当接受来自多位读者的评阅意见,并应有足够的时间来根据反馈修改自己的作业。相应地,教师应当计划好作业的日期,并设计相关工具来引导这一过程。

读者反应/同伴阅读可以使读者、作者及教师从中受益。对作者来说,其好处是这一过程可以提供定向反馈,以引导作业修改。对教师来说,其好处是在评阅学生作业之前,学生就已参与修改过程,从而使其最终作业变得更完善。一些实证研究已表明,如果学生从四个同伴那里获得集中反馈,他们的作业修改水平,就比仅仅接受教授反馈时的水平更高。而且,可以预期的是,通过分析他人的长处和不足,读者和评阅者也能够更好地认识和弥补自身的不足。

示例 H.1 是一位教师为学习学术论文写作基础的学生提供的一份同伴评阅表的样例。请注意,这份评阅表旨在帮助评阅者找出论文的主旨,然后提供反馈。正如教师们在课堂上使用的任何工具一样,只有这些工具根植于课程情境时,才会变得最有价值。

示例 H.1　读者反应/同伴评阅表的样例

致评阅者:同伴评阅的目的,在于向作者提供一些反馈,告诉作者哪些方面写得好,哪些方面存在一些问题。
Ⅰ. 为了熟悉本文,请先通读全文,并不要在上面做任何标记。

续　表

Ⅱ. 读第二遍时,请按如下要求做:
　　a) 划出文章的主旨句;
　　b) 请在支持该主旨的论据的左边页面划一个"√";
　　c) 圈出结论。
Ⅲ. 完成第二遍阅读时的任务后,再进行第三遍和最后的阅读,并简短地回答如下问题:
　　d) 第一段落是否陈述了作者的论点,并交代了作者的写作思路? 如果没有,哪一部分遗漏了、不清楚、没有陈述,或存在其他问题?
　　e) 论点是逐段清晰地展开的吗(如,是否按一定逻辑组织和排列)? 是否每一段都支撑论点(也就是说,把论据与该文的主旨联系起来)? 如果不是,文章的组织在什么地方不合适? 或者说,哪一段是有问题的? 为什么有问题?
　　f) 作者是否用论据支持论点? 请标出哪一段中论据较弱,或者是论据不能支持论点,等等。
　　g) 结论把论点都概括起来了吗? 如果没有,遗漏了什么?
　　h) 这篇文章写得最好的部分是哪里?
　　i) 这篇文章在哪些方面最需要改善(如,论点、组织结构、句子结构或用词,论据)? 请具体作以说明,以便作者能够知道他需注意什么,将精力集中在哪些地方。

参考文献

Adams, M., Bell, L. A., & Griffin, P. (Eds.) (1997). *Teaching for diversity and social justice: A sourcebook.* New York: Routledge.

Ahmed, L. (1993). *Women and gender in Islam: Historical roots of a modern debate.* New Haven: Yale University Press.

Alexander, L., Frankiewicz, R. G., & Williams, R. E. (1979). Facilitation of learning and retention of oral instruction using advance and post organizers. *Journal of Educational Psychology, 71*, 701–707.

Alexander, P., Schallert, D., & Hare, V. (1991). Coming to terms: How researchers in learning and literacy talk about knowledge. *Review of Educational Research, 61*, 315–343.

Alibali, M. W. (1999). How children change their minds: Strategy change can be gradual or abrupt. *Developmental Psychology, 35*, 27–145.

Allport, G. (1954). *The nature of prejudice.* Cambridge, MA: Addison-Wesley.

Alvermann, D., Smith, I. C., & Readance, J. E. (1985). Prior knowledge activation and the comprehension of compatible and incompatible text. *Reading Research Quarterly, 20*, 420–436.

Ambrose, S. A., Dunkle, K. L., Lazarus, B. B., Nair, I., & Harkus, D. A. (1997). *Journeys of women in science and engineering: No universal constants.* Philadelphia: Temple University Press.

American Psychological Society (2008). 25 Principles of Learning. Retrieved May 15, 2009, from http://www.psyc.memphis.edu/learning/whatweknow/index.shtml

Ames, C. (1990). Motivation: What teachers need to know. *Teachers College Record, 91*, 409–472.

Anderson, J. R. (1983). *The architecture of cognition.* Cambridge, MA: Harvard University Press.

Anderson, J. R. (1992). Automaticity and the ACT theory. *American Journal of Psychology, 105*, 165–180.

Anderson, J. R., Conrad, F. G., & Corbett, A. T. (1989). Skill acquisition and the LISP tutor. *Cognitive Science, 13*(4), 467–505.

Anderson, J. R., Corbett, A. T., Koedinger, K. R., & Pelletier, R. (1995). Cognitive tutors: Lessons learned. *Journal of the Learning Sciences, 4*, 167–207.

Anderson, L. W., & Krathwohl, D. R. (Eds.) (2001). *A taxonomy for learning teaching and assessing: A revision of Bloom's taxonomy of educational objectives.* New York: Longman.

Aronson, J., Fried, C. B., & Good, C. (2002). Reducing the effects of stereotype threat on African American college students by shaping theories of intelligence. *Journal of Experimental Social Psychology*, 38(2), 113–125.

Astin, A. W. (1993). *What matters in college? Four critical years revisited*. San Francisco: Jossey-Bass.

Atkinson, J. (1964). *An introduction to motivation*. Princeton, NJ: Van Nostrand.

Atkinson, J. W. (1957). Motivational determinants of risk taking behavior. *Psychological Review*, 64, 369–372.

Ausubel, D. P. (1960). The use of advance organizers in the learning and retention of meaningful verbal material. *Journal of Educational Psychology*, 51, 267–272.

Ausubel, D. P. (1978). In defense of advance organizers: A reply to the critics. *Review of Educational Research*, 48, 251–257.

Ausubel, D. P., & Fitzgerald, D. (1962). Organizer, general background, and antecedent learning variables in sequential verbal learning. *Journal of Educational Psychology*, 53, 243–249.

Balzer, W. K., Doherty, M. E., & O'Connor, R. (1989). Effects of cognitive feedback on performance. *Psychological Bulletin*, 106, 410–433.

Bandura, A. (1997). *Self-efficacy: The exercise of control*. New York: Freeman.

Barnett, S. M., & Ceci, S. J. (2002). When and where do we apply what we learn? A taxonomy for far transfer. *Psychological Bulletin*, 128(4), 612–637.

Barron, K., & Harackiewicz, J. (2001). Achievement goals and optimal motivation: Testing multiple goal models. *Journal of Personality and Social Psychology*, 80, 706–722.

Bartlett, F. C. (1932). *Remembering: A study in experimental and social psychology*. Cambridge: Cambridge University Press.

Bassok, M. (1990). Transfer of domain-specific problem-solving procedures. *Journal of Experimental Psychology: Learning Memory, and Cognition*, 16(3), 522–533.

Baxter-Magolda, M. (1992). *Knowing and reasoning in college: Genderrelated patterns in students' intellectual development*. San Francisco: Jossey-Bass.

Beaufort, A. (2007). *College writing and beyond: A new framework for university writing instruction*. Logan, UT: Utah State University Press.

Beilock, S. L., Wierenga, S. A., & Carr, T. H. (2002). Expertise, attention and memory in sensorimotor skill execution: Impact of novel task constraints on dual-task performance and episodic memory. *The Quarterly Journal of Experimental Psychology A: Human Experimental Psychology*, 55A(1211–1240).

Belenky, M., Clinchy, B., Goldberger, N., & Tarule, J. (1986). *Women's ways of knowing: The development of self, voice, and mind*. New York: Basic Books.

Bereiter, C., & Scardamalia, M. (1987). *The psychology of written composition*. Hillsdale, NJ: Erlbaum.

Berry, D. C., & Broadbent, D. E. (1988). Interactive tasks and the implicitexplicit distinction. *British Journal of Psychology*, 79, 251–272.

Biederman, I., & Shiffrar, M. M. (1987). Sexing day-old chicks: A case study and expert systems analysis of a difficult perceptual-learning task. *Journal of Experimental Psychology: Learning Memory, and Cognition*, 13(4), 640–645.

Bielaczyc, K., Pirolli, P. L., & Brown, A. L. (1995). Training in self-explanation and self-regulation strategies: Investigating the effects of knowledge acquisition activities on problem solving. *Cognition and Instruction*, *13*(2), 221-252.

Black, P., & William, D. (1998). Assessment and classroom learning. *Assessment in Education*, *5*, 7-74.

Blessing, S. B., & Anderson, J. R. (1996). How people learn to skip steps. *Journal of Experimental Psychology: Learning Memory, and Cognition*, *22*, 576-598.

Bloom, B. S. (Ed.) (1956). *A taxonomy of educational objectives: Handbook I: Cognitive domain*. New York: David McKay.

Bloom, B. S. (1984). The 2-sigma problem: The search for methods of group instruction as effective as one-to-one tutoring. *Educational Researcher 13*, 4-6.

Boice, R. (1998). Classroom incivilities. In K. A. Feldman & M. B. Paulson (Eds.), *Teaching and learning in the college classroom*. Needham Heights, MA: Simon & Schuster Custom Publications.

Boster, J. S., & Johnson, J. C. (1989). Form or function: A comparison of expert and novice judgments of similarity among fish. *American Anthropologist*, *91*, 866-889.

Bower, G. H., Clark, M. C., Lesgold, A. M., & Winzenz, D. (1969). Hierarchical retrieval schemes in recall of categorical word lists. *Journal of Verbal Learning and Verbal Behavior*, *8*, 323-343.

Bradshaw, G. L., & Anderson, J. R. (1982). Elaborative encoding as an explanation of levels of processing. *Journal of Verbal Learning and Verbal Behavior*, *21*, 165-174.

Bransford, J. D., & Johnson, M. K. (1972). Contextual prerequisites for understanding: Some investigations of comprehension and recall. *Journal of Verbal Learning and Verbal Behavior*, *11*, 717-726.

Brewer, M. B. (1988). A dual process model of impression formation. In T. K. Srull & R. S. Wyer, Jr. (Eds.), *Advances in Social Cognition*, *1* (pp. 1-36). Hillsdale, NJ: Erlbaum.

Brewer, W. F., & Lambert, B. L. (2000, November). *The theory-ladenness of observation and the theory-ladenness of the rest of the scientific process*. Paper presented at the Seventeenth Biennial Meeting of the Philosophy of Science Association, Vancouver, British Columbia, Canada.

Brookfield, S. D., & Preskill, S. (2005). *Discussion as a way of teaching: Tools and techniques for democratic classrooms* (2nd ed.). San Francisco: Jossey-Bass.

Broughton, S. H., Sinatra, G. M., & Reynolds, R. E. (2007). *The refutation text effect: Influence on learning and attention*. Paper presented at the Annual Meetings of the American Educational Researchers Association, Chicago, Illinois.

Brown, A. L., Bransford, J. D., Ferrara, R. A., & Campione, J. C. (1983). Learning, remembering, and understanding. In *Handbook of child psychology* (pp. 77-166). New York: Wiley.

Brown, A. L., & Kane, M. J. (1988). Preschool students can learn to transfer. Learning to learn and learning from example. *Cognitive Psychology*, *20*, 493-523.

Brown, D. (1992). Using examples to remediate misconceptions in physics: Factors influencing conceptual change. *Journal of Research in Science Teaching*, *29*, 17-34.

Brown, D., & Clement, J. (1989). Overcoming misconceptions via analogical reasoning: Factors influencing understanding in a teaching experiment. *Instructional Science*, *18*, 237-261.

Brown, L. T. (1983). Some more misconceptions about psychology among introductory psychology students. *Teaching of Psychology*, *10*, 207-210.

Butler, D. (1997). *The roles of goal setting and self-monitoring in students self-regulated engagement of tasks*. Paper presented at the annual meeting of the American Educational Research Association, Chicago, IL.

Cardelle, M., & Corno, L. (1981). Effects on second language learning of variations in written feedback on homework assignments. *TESOL Quarterly*, *15*, 251–261.

Carey, L. J., & Flower, L. (1989). *Foundations for creativity in the writing process: Rhetorical representations of ill-defined problems* (Technical Report No. 32). Center for the Study of Writing at University of California at Berkeley and Carnegie Mellon University.

Carey, L. J., Flower, L., Hayes, J., Shriver, K. A., & Haas, C. (1989). *Differences in writers' initial task representations* (Technical Report No. 34). Center for the Study of Writing at University of California at Berkeley and Carnegie Mellon University.

Carver, C. S., & Scheier, M. F. (1998). *On the self-regulation of behavior*. Cambridge: Cambridge University Press.

Cass, V. (1979). Homosexual identity formation: A theoretical model. *Journal of Homosexuality*, *4*, 219–235.

Catrambone, R. (1995). Aiding subgoal learning: Effects on transfer. *Journal of Educational Psychology*, *87*, 5–17.

Catrambone, R. (1998). The subgoal learning model: Creating better examples so that students can solve novel problems. *Journal of Experimental Psychology: General*, *127*, 355–376.

Catrambone, R., & Holyoak, K. J. (1989). Overcoming contextual limitations on problem solving transfer. *Journal of Experimental Psychology*, *15*(6), 1147–1156.

Chase, W. G., & Ericsson, K. A. (1982). Skill and working memory. In G. H. Bower (Ed.), *The psychology of learning and motivation* (Vol. 16, pp. 1–58). New York: Academic Press.

Chase, W. G., & Simon, H. A. (1973a). Perception in chess. *Cognitive Psychology*, *1*, 31–81.

Chase, W. G., & Simon, H. A. (1973b). The mind's eye in chess. In W. G. Chase (Ed.), *Visual information processing*. New York: Academic Press.

Chi, M. T. H. (2008). Three types of conceptual change: Belief revision, mental model transformation, and categorical shift. In S. Vosniadou (Ed.), *Handbook of research on conceptual change* (pp. 61–82). Hillsdale, NJ: Erlbaum.

Chi, M. T. H., Bassok, M., Lewis, M. W., Reimann, P., & Glaser, R. (1989). Self-explanations: How students study and use examples in learning to solve problems. *Cognitive Science*, *13*, 145–182.

Chi, M. T. H., DeLeeuw, N., Chiu, M.-H., & LaVancher, C. (1994). Eliciting self-explanations improves understanding. *Cognitive Science*, *18*, 439–477.

Chi, M. T. H., Feltovich, P. J., & Glaser, R. (1981). Categorization and representation of physics problems by experts and novices. *Cognitive Science*, *5*, 121–152.

Chi, M. T. H., & Roscoe, R. D. (2002). The processes and challenges of conceptual change. In M. Limon & L. Mason (Eds.), *Reconsidering conceptual change: Issues in theory and practice* (pp. 3–27). The Netherlands: Kluwer.

Chi, M. T. H., & VanLehn, K. (1991). The content of physics self-explanations. *Journal of the Learning Sciences*, *1*, 69–105.

Chickering, A. (1969). *Education and identity*. San Francisco: Jossey-Bass.

Chickering, A., & Reisser, L. (1993). *Education and identity* (2nd ed.). San Francisco: Jossey-Bass.

Chinn, C. A., & Malhotra, B. A. (2002). Children's responses to anomalous scientific data: How is conceptual change impeded? *Journal of Educational Psychology*, *94*, 327–343.

Clarke, T. A., Ayres, P. L., & Sweller, J. (2005). The impact of sequencing and prior knowledge on learning mathematics through spreadsheet applications. *Educational Technology Research and Development*, *53*, 15–24.

Clement, J. (1993). Using bridging analogies and anchoring intuitions to deal with students' misconceptions in physics. *Journal of Research in Science Teaching*, *30*, 1241–1257.

Clement, J. J. (1982). Students' preconceptions in introductory mechanics. *American Journal of Physics*, *50*, 66–71.

Cognition and Technology Group at Vanderbilt (1994). From visual word problems to learning communities: Changing conceptions of cognitive research. In K. McGilly (Ed.), *Classroom lessons: Integrating cognitive theory and classroom practice* (pp. 157–200). Cambridge, MA: MIT Press/Bradford Books.

Confrey, J. (1990). A review of the research on student conceptions in mathematics, science, and programming. In C. B. Cazden (Ed.), *Review of Research in Education*. Washington, DC: American Educational Research Association.

Cooper, G., & Sweller, J. (1987). The effects of schema acquisition and rule automation on mathematical problem-solving transfer. *Journal of Educational Psychology*, *79*, 347–362.

Croizet, J. C., & Claire, T. (1998). Extending the concept of stereotype threat to social class: The intellectual underperformance of students from low socio-economic backgrounds. *Personality and Social Psychology Bulletin*, *24*, 588–594.

Cross, W. (1995). The psychology of nigrescence: Revisiting the cross model. In J. Ponterotto, J. Casas, L. Suzuki, & C. Alexander (Eds.), *Handbook of multicultural counseling* (pp. 93–122). Thousand Oaks, CA: Sage.

Csikszentmihalyi, M. (1991). *Flow: The psychology of optimal experience*. New York: Harper Collins.

Cury, F., Elliot, A. J., Da Fonseca, D., & Moller, A. C. (2006). The social-cognitive model of achievement motivation and the 2 × 2 achievement framework. *Journal of Personality and Social Psychology*, *90*(4), 666–679.

D'Augelli, A. R. (1994). Identity development and sexual orientation: Toward a model of lesbian, gay, and bisexual development. In E. Trickett, R. Watts, & D. Birman (Eds.), *Human diversity: Perspectives on people in context* (pp. 312–333). San Francisco: Jossey-Bass.

Dean, R. S., & Enemoh, P. A. C. (1983). Pictorial organization in prose learning. *Contemporary Educational Psychology*, *8*, 20–27.

DeGroot, A. (1965). *Thought and choice in chess*. New York: Mouton.

DeJong, T., & Ferguson-Hessler, M. (1996). Types and qualities of knowledge. *Educational Psychologist*, *31*, 105–113.

Del Mas, R. C., & Liu, Y. (2007). Students' conceptual understanding of the standard deviation. In M. C. Lovett & P. Shah (Eds.), *Thinking with data* (pp. 87–116). New York: Erlbaum.

DeSurra, C., & Church, K. A. (1994). *Unlocking the classroom closet: Privileging the marginalized voices of gay/lesbian college students*. Paper presented at the Annual Meeting of the Speech Communication Association.

DiSessa, A. A. (1982). Unlearning Aristotelian physics: A study of knowledge-based learning. *Cognitive Science*, *6*, 37–75.

Dooling, D. J., & Lachman, R. (1971). Effects of comprehension on retention of prose. *Journal of Experimental Psychology*, *88*, 216–222.

Dunbar, K. N., Fugelsang, J. A., & Stein, C. (2007). Do naïve theories ever go away? Using brain and behavior to understand changes in concepts. In M. C. Lovett & P. Shah (Eds.), *Thinking with data*. New York: Lawrence Erlbaum.

Dunning, D. (2007). *Self-insight: Roadblocks and detours on the path to knowing thyself*. New York: Taylor & Francis.

Dweck, C., & Leggett, E. (1988). A social-cognitive approach to motivation and personality. *Psychological Review*, *95*, 256–273.

Egan, D. E., & Schwartz, B. J. (1979). Chunking in recall of symbolic drawings. *Memory & Cognition*, *7*, 149–158.

El Guindi, F. (1999). *Veil: Modesty, privacy, and resistance*. New York: Berg Publishers.

Elliot, A. J. (1999). Approach and avoidance motivation and achievement goals. *Educational Psychologist*, *34*, 169–189.

Elliot, A. J., & Fryer, J. W. (2008). The goal construct in psychology. In J. Y. Shah & W. L. Gardner (Eds.), *Handbook of motivation science* (pp. 235–250). New York, NY: Guilford Press.

Elliot, A. J., & McGregor, H. A. (2001). A 2 × 2 achievement goal framework. *Journal of Personality and Social Psychology*, *80*(3), 501–519.

Ericsson, K. A., & Charness, N. (1994). Expert performance: Its structure and acquisition. *American Psychologist*, *49*, 725–747.

Ericsson, K. A., Chase, W. G., & Faloon, S. (1980). Acquisition of a memory skill. *Science*, *208*, 1181–1182.

Ericsson, K. A., Krampe, R. T., & Tescher-Romer, C. (2003). The role of deliberate practice in the acquisition of expert performance. *Psychological Review*, *100*, 363–406.

Ericsson, K. A., & Lehmann, A. C. (1996). Expert and exceptional performance: Evidence on maximal adaptations on task constraints. *Annual Review of Psychology*, *47*, 273–305.

Ericsson, K. A., & Smith, J. (1991). *Toward a general theory of expertise: Prospects and limits*. Cambridge: Cambridge University Press.

Ericsson, K. A., & Staszewski, J. J. (1989). Skilled memory and expertise: Mechanisms of exceptional performance (pp. 235–267). In D. Klahr, & K. Kotovsky (Eds.), *Complex information processing: The impact of Herbert A. Simon*. Hillsdale, NJ: Erlbaum.

Erikson, E. (1950). *Childhood and society*. New York: Norton.

Evans, N., Forney, D., & Guido-DiBrito, F. (1998). *Student development in college: Theory, research, and practice*. San Francisco: Jossey-Bass.

Eylon, B., & Reif, F. (1984). Effects of knowledge organization on task performance. *Cognition and Instruction*, *1*, 5–44.

Finucane, M. L., Alhakami, A., Slovic, P., & Johnson, S. M. (2000). The affect heuristic in judgments of risks and benefits. *Journal of Behavioral Decision Making*, *13*, 1-17.

Fiske, S. T., & Taylor, S. E. (1991). *Social cognition*. New York: McGraw-Hill.

Ford, M. E. (1992). *Motivating humans: Goals, emotions and personal agency beliefs*. Newbury Park, CA: Sage Publications, Inc.

Fries-Britt, S. (2000). Identity development of high-ability black collegians. In M. Baxter-Magolda (Ed.), *Teaching to promote intellectual and personal maturity: Incorporating students' worldviews and identities into the learning process* (Vol. 82). San Francisco: Jossey-Bass.

Fu, W. T., & Gray, W. D. (2004). Resolving the paradox of the active user: Stable suboptimal performance in interactive tasks. *Cognitive Science*, *28*(6), 901-935.

Gardner, R. M., & Dalsing, S. (1986). Misconceptions about psychology among college students. *Teaching of Psychology*, *13*, 32-34.

Garfield, J., del Mas, R. C., & Chance, B. (2007). Using students' informal notions of variability to develop an understanding of formal measures of variability. In M. C. Lovett & P. Shah (Eds.), *Thinking with data* (pp. 117-147). New York: Erlbaum.

Gentner, D., Holyoak, K. J., & Kokinov, B. N. (2001). *The analogical mind*. Cambridge, MA: MIT Press.

Genmer, D., Loewenstein, J., & Thompson, L. (2003). Learning and transfer: A general role for analogical encoding. *Journal of Educational Psychology*, *95*, 393-405.

Gick, M. L., & Holyoak, K. J. (1980). Analogical problem solving. *Cognitive Psychology*, *12*, 306-355.

Gick, M. L., & Holyoak, K. J. (1983). Schema induction and analogical transfer. *Cognitive Psychology*, *15*, 1-38.

Gilligan, C. (1977). In a different voice: Women's conception of self and morality. *Harvard Educational Review*, *47*, 481-517.

Gobet, F., & Charness, N. (2006). Expertise in chess. In K. A. Ericsson et al. (Eds.), *The Cambridge handbook of expertise and expert performance* (pp. 523-538). New York: Cambridge University Press.

Gonzales, P. M., Blanton, H., & Williams, K. J. (2002). The effects of stereotype threat and double-minority status on the test performance of Latino women. *Personality and Social Psychology Bulletin*, *28*(5), 659-670.

Goodrich Andrade, H. (2001). The effects of instructional rubrics on learning to write. *Current Issues in Education* [On-line], *4*. Available: http://cie.ed.asu.edu/volume4/number4/.

Gutman, A. (1979). Misconceptions of psychology and performance in the introductory course. *Teaching of Psychology*, *6*, 159-161.

Guzetti, B. J., Snyder, T. E., Glass, G. V., & Gamas, W. S. (1993). Meta-analysis of instructional interventions from reading education and science education to promote conceptual change in science. *Reading Research Quarterly*, *28*, 116-161.

Hacker, D. J., Bol, L., Horgan, D. D., & Rakow, E. A. (2000). Test prediction and performance in a classroom context. *Journal of Educational Psychology*, *92*, 160-170.

Hall, R. (1982). *A classroom climate: A chilly one for women?* Washington, DC: Association of American Colleges.

Hall, R., & Sandler, B. (1984). *Out of the classroom: A chilly campus climate for women*. Washington, DC: Association of American Colleges.

Hansen, D. (1989). Lesson evading and dissembling: Ego strategies in the classroom. *American Journal of Education, 97*, 184–208.

Harackiewicz, J., Barron, K., Taucer, J., Carter, S., & Elliot, A. (2000). Short-term and long-term consequences of achievement goals: Predicting interest and performance over time. *Journal of Educational Psychology, 92*, 316–330.

Hardiman, R., & Jackson, B. (1992). Racial identity development: Understanding racial dynamics in college classrooms and on campus. In M. Adams (Ed.), *Promoting diversity in college classrooms: Innovative responses for the curriculum, faculty and institutions*. (Vol. 52, pp. 21–37). San Francisco: Jossey-Bass.

Hattie, J., & Timperley, H. (2007). The power of feedback. *Review of Educational Research, 77*, 81–112.

Hayes, J. R., & Flower, L. S. (1986). Writing research and the writer. *American Psychologist Special Issue: Psychological Science and Education, 41*, 1106–1113.

Hayes-Baustista, D. (1974). Becoming Chicano: A "dis-assimilation" theory of transformation of ethnic identity. Unpublished doctoral dissertation. University of California.

Healy, A. F., Clawson, D. M., & McNamara, D. S. (1993). The long-term retention of knowledge and skills. In D. L. Medin (Ed.), *The psychology of learning and motivation* (pp. 135–164). San Diego, CA: Academic Press.

Helms, J. (1993). Toward a model of white racial identity development. In J. Helms (Ed.), *Black and white racial identity: Theory, research and practice*. Westport, CT: Praeger.

Henderson, V. L., & Dweck, C. S. (1990). Motivation and achievement. In S. S. Feldman & G. R. Elliott (Eds.), *At the threshold: The developing adolescent* (pp. 308–329). Cambridge, MA: Harvard University Press.

Hidi, S., & Renninger, K. A. (2006). The four-phase model of interest development. *Educational Psychologist, 41*(2), 111–127.

Hinds, P. J. (1999). The curse of expertise: The effects of expertise and debiasing methods on predictions of novice performance. *Journal of Experimental Psychology: Applied, 5*(2), 205–221.

Hinsley, D. A., Hayes, J. R., & Simon, H. A. (1977). From words to equations: Meaning and representation in algebra word problems. In M. A. Just & P. S. Carpenter (Eds.), *Cognitive processes in comprehension*. Hillsdale, NJ: Erlbaum.

Holyoak, K. J., & Koh, K. (1987). Surface and structural similarity in analogical transfer. *Memory & Cognition, 15*, 332–340.

Howe, N., & Strauss, W. (2000). *Millennials rising: The next great generation*. New York: Vintage.

Hurtado, S., Milem, J., Clayton-Pedersen, A., & Allen, W. (1999). *Enacting diverse learning environments: Improving the climate for racial/ethnic diversity in higher education*. Washington, DC: The George Washington University.

Inzlicht, M., & Ben-Zeev, T. (2000). A threatening intellectual environment: Why females are susceptible to experience problem-solving deficits in the presence of males. *Psychological Science, 11*(5), 365–371.

Ishiyama, J., & Hartlaub, S. (2002). Does the wording of syllabi affect student course assessment in introductory political science classes? *PS: Political Science and Politics*, 567–570. Retrieved from http://www.apsanet.org/imgtest/WordingSyllabiAssessment-Ishiyama.pdf.

Judd, C. H. (1908). The relation of special training to general intelligence. *Educational Review*, *36*, 28–42.

Kahnemann, D. (1973). *Attention and effort*. Englewood Cliffs, NJ: Prentice-Hall.

Kahnemann, D., & Frederick, S. (2002). Representativeness revisited: Attribute substitution in intuitive judgment. In T. Gilovich, D. Griffin, & D. Kahnemann (Eds.), *Heuristics and biases: The psychology of intuitive judgment*. New York: Cambridge University Press.

Kaiser, M. K., McCloskey, M., & Proffitt, D. R. (1986). Development of intuitive theories of motion: Curvilinear motion in the absence of external forces. *Developmental Psychology*, *22*, 67–71.

Kalyuga, S., Ayres, P., Chandler, P., & Sweller, J. (2003). Expertise reversal effect. *Educational Psychologist*, *38*, 23–31.

Kandel, A. (1986). *Processes of Jewish American identity development: Perceptions of Conservative Jewish women*. Unpublished Doctoral Dissertation. University of Massachusetts at Amherst.

Kaplan, J., Fisher, D., & Rogness, N. (2009). Lexical ambiguity in statistics: What do students know about the words: association, average, confidence, random and spread? *Journal of Statistics Education*, *17*(3).

Kim, J. (1981). Processes of Asian American identity development: A study of Japanese American women's perceptions of their struggle to achieve positive identities as Americans of Asian ancestry. Unpublished doctoral dissertation. University of Massachusetts.

Klahr, D., & Carver, S. M. (1988). Cognitive objectives in a LOGO debugging curriculum: instruction, learning, and transfer. *Cognitive Psychology*, *20*, 362–404.

Koedinger, K. R., & Anderson, J. R. (1990). Abstract planning and perceptual chunks: Elements of expertise in geometry. *Cognitive Science*, *14*(4), 511–550.

Koedinger, K. R., & Anderson, J. R. (1993). Reifying implicit planning in geometry: Guidelines for model-based intelligent tutoring system design. In S. Lajoie & S. Derry (Eds.), *Computers as cognitive tools*. Hillsdale, NJ: Erlbaum.

Kohlberg, L. (1976). Moral stages and moralization: The cognitive-developmental approach. In T. Lickona (Ed.), *Moral development and behavior: Theory, research, and social issues* (pp. 31–53). New York: Holt, Rinehart & Winston.

Kole, J. A., & Healy, A. (2007). Using prior knowledge to minimize interference when learning large amounts of information. *Memory & Cognition*, *35*, 124–137.

Lamburg, W. (1980). Self-provided and peer-provided feedback. *College Composition and Communication*, *31*(1), 63–69.

Lansdown, T. C. (2002). Individual differences during driver secondary task performance: Verbal protocol and visual allocation findings. *Accident Analysis & Prevention*, *23*, 655–662.

Larkin, J., McDermott, J., Simon, D. P., & Simon, H. (1980). Expert and novice performance in solving physics problems. *Science*, *208*(4450), 1335–1342.

Lesgold, A., et al. (1988). Expertise in a complex skill: Diagnosing x-ray pictures. In M. T. H. Chi & R. Glaser (Eds.), *The nature of expertise* (pp. 311–342). Hillsdale, NJ: Erlbaum.

Levi-Strauss, C. (1969). *The elementary structures of kinship*. Boston: Beacon Press.

Levy, B. (1996). Improving memory in old age through implicit self-stereotyping. *Journal of Personality and Social Psychology*, *71*(6), 1092–1107.

Loewenstein, J., Thompson, L., & Gentner, D. (2003). Analogical learning in negotiation teams: Comparing cases promotes learning and transfer. *Academy of Management Learning and Education*, 2(2), 119 – 127.

Lovett, M. C. (2001). A collaborative convergence on studying reasoning processes: A case study in statistics. In S. Carver & D. Klahr (Eds.), *Cognition and instruction: Twenty-five years of progress* (pp. 347 – 384). Mahwah, NJ: Erlbaum.

Maehr, M., & Meyer, H. (1997). Understanding motivation and schooling: Where we've been, where we are, and where we need to go. *Educational Psychology Review*, 9, 371 – 409.

Major, B., Spencer, S., Schmader, T., Wolfe, C., & Crocker, J. (1998). Coping with negative stereotypes about intellectual performance: The role of psychological disengagement. *Personality and Social Psychology Bulletin* 24(1), 34 – 50.

Marchesani, L., & Adams, M. (1992). Dynamics of diversity in the teaching-learning process: A faculty development model for analysis and action. In M. Adams (Ed.), *Promoting diversity in college classrooms: Innovative responses for the curriculum, faculty, and institutions* (Vol. 52, pp. 9 – 20). San Francisco: Jossey-Bass.

Marcia, J. (1966). Development and validation of ego identity status. *Journal of Personality and Social Psychology*, 5, 551 – 558.

Martin, F., Klein, J. D., & Sullivan, H. (2007). The impact of instructional elements in computer-based instruction. *British Journal of Educational Technology*, 38, 623 – 636.

Martin, V. L., & Pressley, M. (1991). Elaborative-interrogation effects depend on the nature of the question. *Journal of Educational Psychology*, 83, 113 – 119.

Mason Spencer, R., & Weisberg, R. W. (1986). Context-dependent effects on analogical transfer. *Memory and Cognition*, 14(5), 442 – 449.

Mathan, S. A., & Koedinger, K. R. (2005). Fostering the intelligent novice: Learning from errors with metacognitive tutoring. *Educational Psychologist*, 40(4), 257 – 265.

Mayer, R. E. (2002). *The promise of educational psychology, volume 2: Teaching for meaningful learning*. Upper Saddle River, NJ: Merrill Prentice Hall.

McCloskey, M. (1983). Naïve theories of motion. In D. Gentner and A. Stevens (Eds.), *Mental models* (pp. 289 – 324), Hillsdale, NJ: Erlbaum.

McCloskey, M., Caramazza, A., & Green, B. (1980). Curvilinear motion in the absence of external forces: Naïve beliefs about the motion of objects. *Science*, 210, 1139 – 1141.

McDaniel, M. A., & Donnelly, C. M. (1996). Learning with analogy and elaborative interrogation. *Journal of Educational Psychology*, 88, 508 – 519.

McGregor, H., & Elliot, A. (2002). Achievement goals as predictors of achievement-relevant processes prior to task engagement. *Journal of Educational Psychology*, 94, 381 – 395.

McKendree, J. (1990). Effective feedback content for tutoring complex skills. *Human-Computer Interaction*, 5 (4), 381 – 413.

McKeough, A., Lupart, J., & Marini, A. (1995). *Teachingfortransfer: Fostering generalization in learning*. Mahwah, NJ: Erlbaum.

Meece, J., & Holt, K. (1993). A pattern analysis of student's achievement goals. *Education Psychology*, 85,

582-590.

Merrill, D. C., Reiser, B. J., Ranney, M., & Trafton, G. J. (1992). Effective tutoring techniques: A comparison of human tutors and intelligent tutoring systems. *Journal of the Learning Sciences*, 2(3), 277-305.

Miller, A. H. (1987). *Course design for university lecturers*. New York: Nichols Publishing.

Miller, R., Greene, B., Montalvo, G., Ravindran, B., & Nichols, J. (1996). Engagement in academic work: The role of learning goals, future consequences, pleasing others and perceived ability. *Contemporary Educational Psychology*, 21, 388-422.

Minstrell, J. A. (1989). Teaching science for understanding. In L. B. Resnick & L. E. Klopfer, (Eds.), *Toward the thinking curriculum: Current cognitive research*. Alexandria: ASCD Books.

Minstrell, J. A. (1992). Facets of students' knowledge and relevant instruction. In R. Duit, F. Goldberg, & H. Niedderer (Eds.), *Proceedings of the International Workshop on Research in Physics Education: Theoretical Issues and Empirical Studies* (pp. 110-128). Kiel, Germany: Institut fur die Padagogik der Naturwissenshaften.

Mitchell, T. R. (1982). Motivation: New directions for theory, research, and practice. *Academy of Management Review*, 7, 80-88.

Monteith, M. J., & Mark, A. Y. (2005). Changing one's prejudiced ways: Awareness, affect, and self-regulation. *European Review of Social Psychology*, 16, 113-154.

Monteith, M. J., Sherman, J. W., & Devine, P. G. (1998). Suppression as a stereotype control strategy. *Personality and Social Psychology Review*, 2, 63-82.

Morris, P. E., Gruneberg, M. M., Sykes, R. N., & Merrick, A. (1981). Football knowledge and the acquisition of new results. *British Journal of Psychology*, 72, 479-483.

Nathan, M. J., & Koedinger, K. R. (2000). An investigation of teachers' beliefs of students' algebra development. *Journal of Cognition and Instruction*, 18(2), 209-237.

Nathan, M. J., & Petrosino, A. (2003). Expert blind spot among preservice teachers. *American Educational Research Journal*, 40(4), 905-928.

National Research Council (2000). *How people learn: Brain, mind, experience, and school*. Washington, D. C.: National Academy Press.

National Research Council (2001). *Knowing what students know: The science and design of educational assessment*. Washington, DC: National Academy Press.

Navon, D., & Gopher, D. (1979). On the economy of the human-processing system. *Psychological Review*, 86, 214-255.

Naylor, J. C., & Briggs, G. E. (1963). Effects of task complexity and task organization on the relative efficiency of part and whole training methods. *Journal of Experimental Psychology*, 65(2), 217-224.

Nelson, J. (1990). "This was an easy assignment": Examining how students interpret academic writing tasks. *Research in the Teaching of English*, 24(4), 362-396.

Nickerson, R. (1999). How we know—and sometimes misjudge—what others know: Imputing one's own knowledge to others. *Psychological Bulletin*, 125(6), 737-759.

Novak, J. (1998). *Learning creating and using knowledge: Concept maps as facilitative tools in schools and* corporations. Mahwah, NJ: Erlbaum.

Novak, J. D. & Cañas, A. J. (2008). "The theory underlying concept maps and how to construct them." (Technical Report IHMC CmapTools 2006 - 01 Rev 2008 - 01). Pensacola, FL: Institute for Human and Machine Cognition. Retrieved March 26, 2009, from http://cmap.ihmc.us/Publications/ResearchPapers/TheoryUnderlyingConceptMaps.pdf.

Onken, S., & Slaten, E. (2000). Disability identity formation and affirmation: The experiences of persons with severe mental illness. *Sociological Practice: A Journal of Clinical and Applied Sociology*, 2(2), 99 - 111.

Paas, F., Renkl, A., & Sweller, J. (2003). Cognitive load theory and instructional design: Recent developments. *Educational Psychologist*, 38(1), 1 - 4.

Paas, F., Renkl, A., & Sweller, J. (2004). Cognitive load theory: Instructional implications of the interaction between information structures and cognitive architecture. *Instructional Science*, 32, 1 - 8.

Paas, F., & van Merrienboer, J. (1994). Variability of worked examples and transfer of geometrical problem solving skills: A cognitive-load approach. *Journal of Educational Psychology*, 86(122 - 133).

Palinscar, A. S., & Brown, A. L. (1984). Reciprocal teaching of comprehension-fostering and comprehension-monitoring activities. *Cognition & Instruction*, 1, 117 - 175.

Pascarella, E., & Terenzini, P. (1977). Patterns of student-faculty informal interaction beyond the classroom and voluntary freshman attrition. *Journal of Higher Education*, 5, 540 - 552.

Pascarella, E., & Terenzini, P. (1991). *How college affects students: Findings and insights from twenty years of research*. San Francisco: Jossey-Bass.

Pascarella, E. T., & Terenzini, P. T. (2005). *How college affects students: A third decade of research*. San Francisco: Jossey-Bass.

Pascarella, E., Whitt, E., Edison, M., & Nora, A. (1997). Women's perceptions of a "chilly climate" and their cognitive outcomes during the first year of college. *Journal of College Student Development*, 38(2), 109 - 124.

Peeck, J., Van Den Bosch, A. B., & Kruepeling, W. (1982). The effect of mobilizing prior knowledge on learning from text. *Journal of Educational Psychology*, 74, 771 - 777.

Perfetto, G. A., Bransford, J. D., & Franks, J. J. (1983). Constraints on access in a problem-solving context. *Memory and Cognition*, 11, 24 - 31.

Perry, W. (1968). *Forms of intellectual and ethical development in the college years: A scheme*. New York: Holt, Rinehart & Winston.

Pintrich, P. R. (2000). The role of goal orientation in self-regulated learning. In M. Boekaerts, P. R. Pintrich, & M. Zeider (Eds.), *Handbook of self-regulation* (pp. 451 - 502). San Diego Academic Press.

Pittsburgh Science of Learning Center. (2009). Instructional principles and hypotheses. Retrieved May 15, 2009, from http://www.learnlab.org/research/wiki/index.php/InstructionalPrinciples.

Ram, A., Nersessian, N. J., & Keil, F. C. (1997). Special issue: Conceptual change. *The Journal of the Learning Sciences*, 6, 1 - 91.

Rankin, S. (2003). *Campus climate for gay, lesbian, bisexual, and transgender people: A national perspective*. New York: The National Gay and Lesbian Task Force Policy Institute.

Reber, P. J., & Kotovsky, K. (1997). Implicit learning in problem solving: The role of working memory capacity.

Journal of Experimental Psychology: General, 126, 178 – 203.

Reder, L. M., & Anderson, J. R. (1980). A partial resolution of the paradox of interference: The role of integrating knowledge. *Cognitive Psychology*, 12, 447 – 472.

Reed, S. K., Ernst, G. W., & Banerji, R. (1974). The role of analogy in transfer between similar problem states. *Cognitive Psychology*, 6, 436 – 450.

Resnick, L. B. (1976). Task analysis in instructional design: Some cases from mathematics. In D. Klahr (Ed.), *Cognition and Instruction* (pp. 51 – 80). Hillsdale, NJ: Erlbaum.

Resnick, L. B. (1983). Mathematics and science learning. *Science*, 220, 477 – 478.

Ritter, S., Anderson, J. R., Koedinger, K. R., & Corbett, A. (2007). Cognitive tutor: Applied research in mathematics education. *Psychonomic Bulletin & Review*, 14(2), 249 – 255.

Ross, B. H. (1987). This is like that: The use of earlier problems and the separation of similarity effects. *Journal of Experimental Psychology: Learning Memory, and Cognition*, 13, 629 – 639.

Ross, B. H. (1989). Distinguishing types of superficial similarity: Different effects on the access and use of earlier problems. *Journal of Experimental Psychology: Learning Memory, and Cognition*, 15, 456 – 468.

Rothkopf, E. Z., & Billington, M. J. (1979). Goal-guided learning from text: Inferring a descriptive processing model from inspection times and eye movements. *Journal of Educational Psychology*, 71, 310 – 327.

Rubin, S. (1985). Professors, students, and the syllabus. (1985, August 7). *The Chronicle of Higher Education*, p. 56.

Ryan, T. A. (1970). *Intentional Behavior*. New York: Ronal Press.

Salden, R. J. C. M., Paas, F., & van Merrienboer, J. J. G. (2006). A comparison of approaches to learning task selection in the training of complex cognitive skills. *Computers in Human Behavior*, 22, 321 – 333.

Sandler, B., & Hall, R. (1986). *The campus climate revisited: Chilly for women faculty, administrators, and graduate students*. Washington, DC: Association of American Colleges.

Schoenfeld, A. H. (1987). What's all the fuss about metacognition? In A. H. Schoenfeld (Ed.), *Cognitive Science and Mathematics Education* (pp. 189 – 215). Hillsdale, NJ: Erlbaum.

Schommer, M. (1994). An emerging conceptualization of epistemological beliefs and their role in learning. In R. Barner & P. Alexander (Eds.), *Beliefs about text and instruction with text* (pp. 25 – 40). Hillsdale, NJ: Erlbaum.

Schwartz, D. L., & Bransford, J. D. (1998). A time for telling. *Cognition and Instruction*, 16, 475 – 522.

Schwartz, D. L., Lin, X., Brophy, S., & Bransford, J. D. (1999). Toward the development of flexibly adaptive instructional designs. In C. M. Reigelut (Ed.), *Instructional design theories and models: Volume 2*. Hillsdale, NJ: Erlbaum.

Seymour, E., & Hewitt, N. (1997). *Talking about leaving: Why undergraduates leave the sciences*. Boulder, CO: Westview Press.

Shih, M., Pittinsky, T., & Ambady, N. (1999). Stereotype susceptibility: Identity salience and shifts in quantitative performance. *Psychological Science*, 10, 80 – 83.

Shuman, R. E. (1979). How to grade student writing. In G. Stanford (Ed.), *Classroom practices in teaching English 1979 – 1980: How to handle the paper load*. Urbana, IL: National Council of Teachers of English.

Singley, M. K. (1995). Promoting transfer through model tracing. In A. McKeough, J. Lupart, & A. Marini

(Eds.), *Teaching for transfer*. Mahwah, NJ: Lawrence Erlbaum Associates.

Singley, M. K., & Anderson, J. R. (1989). *The transfer of cognitive skill*. Cambridge, MA: Harvard University Press.

Smith, E. E., Adams, N., & Schorr, D. (1978). Fact retrieval and the paradox of interference. *Cognitive Psychology*, 10, 438–464.

Smith, M. D., & Chamberlin, C. J. (1992). Effect of adding cognitively demanding tasks on soccer skill performance. *Perceptual and Motor Skills*, 75, 955–961.

Soloway, E., Adelson, B., & Ehrlich, K. (1988). Knowledge and processes in the comprehension of computer programs. In M. T. H. Chi & R. Glaser (Eds.), *The nature of expertise* (pp. 129–152). Hillsdale, NJ: Erlbaum.

Somuncuoglu, Y., & Yildirim, A. (1999). Relationship between achievement goal orientations and use of learning strategies. *Journal of Educational Research*, 92, 267–277.

Spiro, R. J., Feltovich, P. J., Coulson, R. L., & Anderson, D. K. (1989). Multiple analogies for complex concepts: Antidotes for analogy-induced misconception in advanced knowledge acquisition. In S. Vosniadou & A. Ortony (Eds.), *Similarity and analogical reasoning* (pp. 498–531). New York: Cambridge University Press.

Sprague, J., & Stuart, D. (2000). *The speaker's handbook*. Fort Worth, TX: Harcourt College Publishers.

Steele, C. M., & Aronson, J. R. (1995). Stereotype threat and the intellectual test performance of African Americans. *Journal of Personality and Social Psychology*, 69(5), 797–811.

Stevens, D. D., & Levi, A. J. (2005). *Introduction to rubrics: An assessment tool to save grading time, convey effective feedback and promote student learning*. Sterling, VA: Stylus.

Stone, L. (2000). *Kinship and gender: An introduction*. Boulder, CO: Westview Press.

Strayer, D. L., & Johnston, W. A. (2001). Driven to distraction: Dual-task studies of simulated driving and conversing on a cellular telephone. *Psychological Science*, 12(6), 462–466.

Sun, R., Merrill, E., & Peterson, T. (2001). From implicit skills to explicit knowledge: A bottom-up model of skill learning. *Cognitive Science*, 25, 203–244.

Sweller, J., & Cooper, G. A. (1985). The use of worked examples as a substitute for problem-solving in learning algebra. *Cognition and Instruction*, 2, 59–89.

Tatum, B. D. (1997). *Why are all the black kids sitting together in the cafeteria? And other conversations about race*. New York: Basic Books.

Taylor, A. K. & Kowalski, P. (2004), Naïve psychological science: The prevalence, strength, and sources of misconceptions. *The Psychological Record*, 54.

Teague, R. C., Gittelman, S. S., & Park, O.-C. (1994). *A review of the literature on part-task and whole-task training and context dependency* (Report No. 1010). Army Research Institute for the Behavioral and Social Sciences.

Thonis, E. (1981). *Schooling and language minority students: A theoretical framework*. Los Angeles, CA: Evaluation, Dissemination and Assessment Center, California State University.

Thorndike, E. L., & Woodworth, R. S. (1901). The influence of improvement in one mental function upon the efficiency of other functions. *Psychological Review*, 8(3), 247–261.

Traxler, M. J., & Gernsbacher, M. A. (1992). Improving written communication through minimal feedback. *Language and Cognitive Processes*, 7, 1–22.

Valle, A., Cabanach, R., Nunez, J., Gonzales-Pienda, J., Rodriguez, S., & Piñeiro, I. (2003). Multiple goals, motivation and academic learning. *British Journal of Educational Psychology*, 73, 71–87.

Vosniadou, S., & Brewer, W. F. (1987). Theories of knowledge restructuring in development. *Review of Educational Research*, 57, 51–67.

Vygotsky, L. S. (1978). *Mind in society: The development of the higher psychological processes*. Cambridge, MA: The Harvard University Press (Originally published 1930, New York: Oxford University Press.)

Watson, L. W., Terrell, M. C., & Wright, D. J. (2002). *How minority students experience college: Implications for planning and policy*. Sterling, VA: Stylus.

Weiner, B. (1986). *An attributional theory of motivation and emotion*. New York: Springer-Verlag.

White, B. Y., & Frederickson, J. R. (1990). Causal models progressions as a foundation for intelligent learning environments. *Artificial Intelligence*, 42, 99–157.

Whitt, E., Nora, A., Edison, M., Terenzini, P., & Pascarella, E. (1999). Women's perceptions of a "chilly climate" and cognitive outcomes in college: Additional evidence. *Journal of College Student Development*, 40(2), 163–177.

Wickens, C. D. (1991). Processing resources and attention. In D. L. Damos (Ed.), *Multiple task performance* (pp. 3–34). London: Taler & Francis, Ltd.

Wigfield, A., & Eccles, J. (1992). The development of achievement task values: A theoretical analysis. *Developmental Review*, 12, 265–310.

Wigfield, A., & Eccles, J. (2000). Expectancy-value theory of achievement motivation. *Contemporary Educational Psychology*, 25, 68–81.

Wightman, D. C., & Lintern, G. (1985). Part-task training for tracking and manual control. *Human Factors*, 27(3), 267–283.

Wikan, U. (1982). *Behind the veil in Arabia: Women in Oman*. Chicago: University of Chicago Press.

Winne, P. H., & Hadwin, A. F. (1998). Studying as self-regulated learning. In D. Hacker, J. Dunlosky & A. Graesser (Eds.), *Metacognition in educational theory and practice*. Mahwah, NJ: Erlbaum.

Woloshyn, V. E., Paivio, A., & Pressley, M. (1994). Use of elaborative interrogation to help students acquire information consistent with prior knowledge and information inconsistent with prior knowledge. *Journal of Educational Psychology*, 86, 79–89.

Zimmerman, B. J. (2001). Theories of self-regulated learning and academic achievement: An overview and analysis. In B. J. Zimmerman & D. H. Schunk (Eds.), *Self-regulated learning and academic achievement* (2nd ed., pp. 1–38). Hillsdale, NJ: Erlbaum.

人名索引*

A

Adams, M., 167, 178 亚当斯
Adams, N., 50 亚当斯
Adelson, B., 56 阿德尔森
Ahmed, L., 22 艾哈迈德
Alexander, L., 53 亚历山大
Alexander, P., 18 亚历山大
Alibali, M. W., 26 阿里巴里
Allport, G., 25 奥尔波特
Alvermann, D., 17, 24 埃尔佛曼
Ambrose, S. A., 162 安布罗斯
Ames, C., 69 埃姆斯
Anderson, J. R., 18, 50, 57, 98, 100 – 101, 108, 131 安德森
Anderson, L. W., 18, 245 安德森
Aronson, J. R., 174, 176, 202 阿伦森
Astin, A. W., 177, 179 阿司汀
Atkinson, J., 69 阿特金森
Ausubel, D. P., 53 奥苏贝尔
Ayres, P., 102 艾尔斯
Ayres, P. L., 102, 105, 131 艾尔斯

B

Balzer, W. K., 140 巴尔泽
Bandura, A., 77 班杜拉
Banerji, R., 108 巴纳吉
Barnett, S. M., 108 巴尼特
Barron, K., 72 巴伦
Bartlett, F. C., 21 巴特莱特
Bassok, M., 111 巴索克
Baxter-Magolda M., 163, 165 巴克斯特-麦高达
Beaufort, A., 21 博福特
Beilock, S. L., 98, 104 贝洛克
Belenky, M., 163, 165 比林基
Ben-Zeev, T., 175 本-泽夫
Bereiter, C., 132 – 133 伯雷特
Berry, D. C., 19 百利
Biederman, I., 111 贝德曼
Bielaczyc, K., 198 贝拉泽
Billington, M., 128 比林顿
Black, P., 139 布莱克
Blanton, H., 175 布兰顿
Blessing, S. B., 98 布莱辛
Bloom, B. S., 131, 245, 246 布卢姆
Boice, R., 177 博伊斯

---

* 索引中的数字，为原版书页码，也即本书边码。

Boster, J. S., 98 博士德
Bower, G. H., 53 鲍尔
Bradshaw, G. L., 50,57 布拉德肖
Bransford, J. D., 16,22,58,109 布兰斯福德
Breene, B., 72 布里尼
Brewer, M. B., 25 布鲁尔
Brewer, W. F., 24 布鲁尔
Briggs, G. E., 102 布里格斯
Broadbent, D. E., 19 布罗德本特
Brookfeld, S. D., 250 布洛克菲尔德
Brophy, S., 22 布罗菲
Broughton, S. H., 24 布劳顿
Brown, A. L., 111,132,192,198,199 布朗
Brown, D., 26 布朗
Brown, L. T., 25 布朗
Butler, D., 192 巴特勒

C

Cañas, A. J., 228 – 229 卡尼亚斯
Carmazza, A., 25 卡拉马萨
Cardelle, M., 139 – 140 卡德拉
Carey, L. J., 194,197 凯瑞
Carr, T. H., 98,104 卡尔
Carter, S., 72 卡特
Carver, C. S., 76 卡弗
Carver, S. M., 111 卡弗
Cass, V., 167 凯斯
Catrambone, R., 51,111 卡特兰布恩
Ceci, S. J., 108 塞西
Chamberlin, C. J., 98,104 常伯林
Charness, N., 55,128 查尼斯
Chase, W. G., 51,55,56,98 蔡斯
Chi. M. T. H., 24,26,54,58,98,197,198 – 199 齐
Chickering, A., 160,161 齐克林
Chinn, C. A., 24 切恩
Church, K. A., 171,172,173 丘奇
Claire, T., 175 克莱尔
Clarke, T. A., 102,105,131 克拉克

Clawson, D. M., 133 克劳森
Clement, J. J., 19,26 克莱门特
Confrey, J., 25 康佛瑞
Conrad, F. G., 101 康拉德
Cooper, G. A., 105 – 106 库珀
Corbett, A. T., 101,131 科贝特
Corno, L., 139 – 140 考诺
Croizet, J. C., 175 克洛泽
Cross, W., 167,168 克洛斯
Csikszentmihalyi, M., 133 基克森特米哈伊
Cury, F., 72 科里

D

Dalsing, S., 25 道尔辛
D'Augelli A. R., 169 德奥格雷
Dean, R. S., 53 迪恩
deGroot, A., 55,98 德哥鲁特
DeJong, T., 18 德乔
del Mas, R. C., 20 德尔马斯
DeSurra, C., 171,172,173 德苏拉
Devine, P. G., 26 迪瓦恩
DiSessa, A. A., 50 迪赛萨
Donnelly, C. M., 58 唐纳利
Dooling, D. J., 16 杜林
Dunbar, K. N., 24,25 邓巴
Dunning, D., 195 邓宁
Dweck, C. S., 71,200 德韦克

E

Eccles, J., 69,74 – 75 埃克尔斯
Egan, D. E., 56 伊根
Ehrlich, K., 56 埃利希
El Guindi, F., 22 厄尔金迪
Elliot, A. J., 71,72 埃利奥特
Enemoh, P. A. C., 53 艾尼莫哈
Ericsson, K. A., 51,98,127,128,131 埃里克森
Erikson, E., 166 埃里克森
Ernst, G. W., 108 恩斯特
Evans, N., 159 埃文斯

Eylon, B., 48　艾伦

F

Faloon, S., 51　法隆
Feltovich, P. J., 98　菲尔特维克
Ferguson-Hessler, M., 18　弗格森-赫斯勒
Finucane, M. L., 26　费纽肯
Fisher, D., 20　费舍尔
Fiske, S. T., 24,25　费斯克
Fitzgerald, D., 53　菲兹杰拉德
Flower, L. S., 194,199　弗拉沃
Ford, M. E., 71,73,80　福特
Frankiewicz, R. G., 53　弗兰克维兹
Franks, J. J., 109　弗兰克斯
Frederick, S., 26　弗雷德里克
Frederickson, J. R., 102　弗雷德里克森
Fried, C. B., 202　弗莱德
Fries-Britt, S., 168　弗莱斯-布利特
Fryer, J. W., 71　弗莱耶
Fu, W. T., 200　福
Fugelsang, J. A., 24,25　弗格森

G

Gamas, W. S., 24　加马斯
Gardner, R. M., 25　加德纳
Gentner, D., 58,110,111　金特纳
Gernsbacher, M. A., 142　金斯巴赫
Gick, M. L., 16,110,111　吉克
Gilligan, C., 165　吉利根
Gittelman, S. S., 102　吉特曼
Glaser, R., 98　格雷泽
Glass, G. V., 24　格拉斯
Gobet, F., 55　格伯特
Gonzales, P. M., 175　冈萨雷斯
Good, C., 202　古德
Goodrich Andrade, H., 129–130　古德里奇.安德拉德
Gopher, D., 103　格佛尔
Gray, W. D., 200　格雷

Green, B., 25　格林
Greene, B., 72　格林尼
Gutman, A., 25　古特曼
Guzetti, B. J., 24　古泽蒂

H

Hacker, D. J., 195　海克尔
Hadwin, A. F., 192　哈德温
Hall, R., 162,173　霍尔
Hansen, D., 80　汉森
Harackiewicz, J., 72　海拉克维泽
Hardiman, R., 167–168　哈迪曼
Hare, V., 18　海尔
Hartlaub, S., 176　哈特拉伯
Hattie, J., 142　哈迪
Hayes, J. R., 54,197,199　哈耶斯
Hayes-Bautista, D., 167　哈耶斯-伯帝斯塔
Healy, A. F., 16,133　海莉
Helms, J., 169　赫尔姆斯
Henderson, V. L., 200　汉德森
Hewitt, N., 177,178,179　休伊特
Hidi, S., 76　海迪
Hinsley, D. A., 54　辛斯莱
Holt, K., 72　霍尔特
Holyoak, K. J., 16,108,110,111　霍尔约克
Howe, N., 161　豪威
Hurtado, S., 173　赫塔度

I

Inzlicht, M., 175　因吉里奇
Ishiyama, J., 176　石山

J

Jackson, B., 167–168　杰克逊
Johnson, J. C., 98　约翰逊
Johnson, M. K., 16　约翰逊
Johnston, W. A., 103–104　约翰斯顿
Judd, C. H., 110　贾德

K

kahneman, D., 26,103　卡尼曼
Kaiser, M. K., 25　卡塞尔
Kalyuga, M. K., 25　卡尔于加
Kandel, A., 167　坎德尔
Kane, M. J., 111　凯恩
Kaplan, J., 20　卡普兰
Keil, F. C., 25　凯尔
Kim, J., 167　金
Klahr, D., 111　克拉赫
Klein, J. D., 133　克莱因
Koedinger, K. R., 98,99,100-101,131,143　克迪根
Koh, K., 108,111　康赫
Kohlberg, L., 165　科尔伯格
Kokinov, B. N., 111　柯金诺夫
Kole, J. A., 16　科尔
Kotovsky, K., 19　科托夫斯基
Kowalski, P., 25　科瓦尔斯基
Krampe, R. T., 127,131　克兰普
Krathwohl, D. R., 18,245　克拉斯沃尔
Kruepeling, W., 17　克卢佩林

L

Lachman, R., 16　拉奇曼
Lambert, B. L., 24　兰伯特
Lamburg, W., 140　兰伯格
Lansdown, T. C., 98,104　兰斯登
Larkin, J., 98　拉金
Leggett, E., 71　雷格特
Lehmann, A. C., 98,128　拉哈曼
Lesgold, A., 56　拉斯古德
Levi, A. J., 232　列维
Levi-Strauss, C., 47　列维-斯特劳斯
Levy, B., 175　勒维
Lin, X., 22　林
Lintern, G., 102　林腾
Liu, Y., 20　刘
Loewenstein, J., 110　罗温斯坦

Lovett, M. C., 100,101　罗维特
Lowenstein, J., 58　罗温斯坦
Lupart, J., 108　路帕特

M

Maehr, M., 68　麦赫拉
Major, B., 176　梅杰
Malhotra, B. A., 24　马霍特拉
Marchesani, L., 178　马奇萨尼
Marcia, J., 167　马西娅
Marini, A., 108　马里尼
Mark, A. Y., 26　马克
Martin, F., 133　马丁
Martin, V. L., 16　马丁
Mason, L., 109　梅森
Mathan, S. A., 143　马森
Mayer, R. E., 3　梅耶
McCloskey, M., 25　麦克罗斯基
McDaniel, M. A., 58　麦克丹尼尔
McGregor, H. A., 71,72　马克格雷戈
McKendree, J., 140　马克肯德里
McKeough, A., 108　马克考夫
McNamara, D. S., 133　马克纳马拉
Meece, J., 72　梅斯
Merrill D. C., 131　梅里尔
Meyer, H., 68　梅耶
Miller, A. H., 72,144　米勒
Minstrell, J. A., 22,26-27　敏斯特瑞尔
Mitchell, T. R., 71　米切尔
Montalvo, G., 72　蒙塔尔沃
Monteith, M. J., 26　蒙泰斯
Morris, P. E., 16　莫里斯

N

Nathan, M. J., 99　纳森
Navon, D., 103　内温
Naylor, J. C., 102　奈勒
Nelson, J., 130　奈尔森
Neressian, N. J., 25　奈瑞逊

Newton, I., 57-59　牛顿
Nichols, J., 72　尼科尔斯
Nickerson, R., 99　尼克逊
Novak, J. D., 228-230　诺瓦克

O

Onken, S., 167　昂肯
Oyler, J., 239-243　欧耶勒

P

Pass, F., 102, 106　帕斯
Paivio, A., 16　佩维奥
Palinscar, A. S., 132, 199　帕琳斯卡
Park, O.-C., 102　帕克
Pascarella, E., 157, 173, 178, 191　帕斯里卡拉
Peeck, J., 279　皮克
Pelletier, R., 131　佩勒蒂尔
Perfetto, G. A., 109, 111　裴佛多
Perry, W., 163, 165　佩里
Petrosino, A., 99　佩特罗西奴
Pintrich, P. R., 192　宾特拉奇
Pirolli, P. L., 198　皮洛里
Preskill, S., 250　普瑞斯基尔
Pressley, M., 16　普雷斯利
Proffitt, D. R., 25　普罗菲特

R

Ram, A., 25　兰姆
Rankin, S., 169　兰金
Ranney, M., 131　兰尼
Ravindran, B., 72　拉卫英
Readance, J. E., 17, 24　雷登斯
Reber, P. J., 19　雷伯
Reder, L. M., 50　雷德
Reed, S. K., 108　里德
Reif, F. 48　雷夫
Reiser, B. J., 131　瑞瑟
Reisser, L., 161　瑞瑟尔
Renkl, A., 106　伦珂尔

Renninger, K. A., 76　任宁格
Resnick, L. B., 100　雷斯尼克
Reynolds, R. E., 24　雷诺兹
Ritter, S., 101　里特尔
Rogness, N., 20　罗格尼斯
Roscoe, R. D., 26　罗斯科
Ross, B. H., 54　罗斯
Rothkopf, E. Z., 128　罗斯科夫
Rubin, S., 176-177　鲁宾
Ryan, T. A., 71　瑞恩

S

Salden, R. J. C. M., 102　萨尔登
Sandler, B., 173　桑德勒
Scardamalia, M., 132-133　斯加达玛利亚
Schallert, D., 18　沙勒
Scheier, M. F., 76　史西尔
Schoenfeld, A. H., 197　舍恩费尔德
Schommer, M., 200　舒默
Schorr, D., 50　施尔
Schwartz, B. J., 56　施瓦茨
Schwartz, D. L., 22, 58, 110　施瓦茨
Semour, E., 177, 178, 179　西摩
Sherman, J. W., 26　谢尔曼
Shiffrar, M. M., 111　谢弗拉
Shih, M., 175　施
Shuman, R. E., 140　舒曼
Simon, H. A., 1, 9, 54, 55, 56, 98　西蒙
Sinatra, G. M., 24　西纳特拉
Singley, M. K., 101, 108　辛格利
Slaten, E., 167　斯莱登
Smith, E. E., 50　史密斯
Smith, I. C., 17　史密斯
Smith, J., 98，史密斯
Smith, L. C. 24　史密斯
Smith, M. D. 98, 104　史密斯
Snyder, T. E., 24　施耐德
Soloway, E., 56　索洛威
Somuncuoglu, Y., 72　索蒙朱奥卢

Spencer, R., 109　斯宾塞
Spiro, R. J., 22　斯皮罗
Sprague, J., 96　斯普瑞格
Staszewksi, J. J., 51　斯坦茨克斯
Steele, C. M., 174, 176　斯蒂尔
Stein, C., 24, 25　斯坦
Stevens, D. D., 232　史蒂文斯
Stone, L., 47　斯通
Strauss, W., 161　斯特劳斯
Strayer, D. L., 103-104　斯特雷耶
Stuart, D., 96　斯图亚特
Sullivan, H., 133　沙利文
Sweller, J., 102, 105-106, 131　斯威勒

T

Tatum, B. D., 168-169　泰特姆
Taucer, J., 72　陶瑟
Taylor, A. K., 25　泰勒
Taylor, S. E., 24, 25　泰勒
Teague, R. C., 102　蒂格
Terenzini, P., 157, 178, 191　特伦兹尼
Tescher-Romer, C., 127, 131　特斯彻-罗默
Thompson, L., 58, 110　汤姆森
Thonis, E., 21　托尼斯
Thorndike, E. L., 108　桑代克
Timperley, H., 142　廷珀利
Trafton, G. J., 131　特拉夫顿
Traxler, M. J., 142　特拉克斯勒

V

Valle, A., 73　威莱

Van Den Bosch, A. B., 17　范登堡
VanLehn, K., 54　凡伦
van Merrienboer, J. J. G., 102, 106　凡.麦里恩波尔
Vosniadou, S., 24　沃斯尼亚杜
Vygotsky, L. S., 132, 166　维果斯基

W

Watson, L. W., 173　华生
Weisberg, R. W., 109　维斯伯格
White, B. Y., 102　怀特
Whitt, E., 173　惠特
Wickens, C. D., 103　维肯斯
Wierenga, S. A., 98, 104　维伦加
Wigfield, A., 69, 74-75　威菲尔德
Wightman, D. C., 102　怀特曼
Wikan, U., 22　维坎
William, D., 139　威廉
Williams, K. J., 175　威廉姆斯
Williams, R. E., 53　威廉姆斯
Winne, P. H., 192　温内
Woloshyn, V. E., 16　伍罗夏恩
Woodworth, R. S., 108　伍德沃斯

Y

Yildirim, A., 72　伊尔迪里姆

Z

Zimmerman, B. J., 192　齐默尔曼

主题索引

A

Ability, 181-182　能力
Active listening, 186　主动聆听
Advance organizers, 53　先行组织者
Affective goals, 73　情感目标
American Psychological Association, 7　美国心理学会
Analogies：类比
　connecting students with prior knowledge, 33　与学生的已有知识联系起来
　illustrating limits of, 20-21,36-37　描述…的局限
Application of skills, 107-112　技能的运用
Assessment：评估
　administering diagnostic, 28-29　实施诊断性的
　aligning for course, 85　与课程相一致
　diagnosing weak or missing component skills, 114-115　诊断薄弱或缺失的成分技能
　finding appropriate challenge levels with, 145　找到合适的难度水平
　of prior knowledge, 19-20　已有知识的（评估）
　providing performance-based, 206　提供基于行为表现的（评估）
　See also Self-assessment. 参阅"自我评价"
Assignments：作业、任务
　checking student understanding of, 205　检查学生的理解
　creating appropriately challenging, 86　设置有适当难度水平的（作业）
　defining unacceptable, 204-205　界定不可接受的（作业）
　focusing on strategies solving, 211-212　关注解决问题的策略
　including planning in, 191,207-208　把规划包含在…
　peer reviews and feedback of, 209-210　同伴评阅和反馈
　presenting multiple solutions for, 211　呈现多种解答方法
　providing performance criteria with, 205-206　提供行为表现标准
　rubrics for, 231-232　评分标准
Attainment value, 75-76　成就价值

B

Brainstorming, 29-30　头脑风暴

C

Centralizing course climate, 171-173　集中型的课堂气氛
Challenge：挑战、困难
　adjusting with instructional scaffolding, 132-133, 146-147　运用教学支架调整
　assessing level of, 130-133,136,145　评估…

水平

 setting for students, 85–86　为学生提出

Change：改变

 guiding process of conceptual, 27　引导概念…的过程

 involved in learning, 3　学习中的

Checklist, 255–256　检核表

Chikering model of student development, 160–163　齐克林学生发展模型

Chunking, 52　组块

Class participation rubric, 233　课堂参与标准

Classes, 班级 See Course climate; Large classes 参阅"课堂气氛"、"大班"

Clickers, 31　应答机

Climate　气氛 See Course climate　参阅"课堂气氛"

Cognitive load, 103–107, 116　认知负荷

Cognitive structures：认知结构

 expert and novice, 45–58　专家和新手

 supplying students with, 53　提供给学生

Colleagues：同事

 asking for help gauging prior knowledge, 27–28　要求帮助评估已有知识

 incorporating feedback from, 151　从…吸纳反馈

 overcoming blind spots with help from, 113　在…帮助下克服盲点

Commitment, 165　承诺

Component skills：成分技能

 application and transfer of, 107–112　运用和迁移

 applying in diverse contexts, 117–118　在各种情境中运用

 decomposing tasks of, 100–101, 113　分解任务

 diagnosing weak of missing, 114–115　诊断（成分技能）缺失带来的弱点

 discussing applicability of 117　讨论…可用性

 exposing and reinforcing, 112–115　展示并强化

 focusing students on key tasks of, 114　让学生把注意聚焦在关键任务的（成分技能上）

 identifying contextual relevance of, 119　确定情境关联性

 integrating into complex tasks, 103–107　在复杂任务中整合

 practicing, 101–102, 114–115, 133–136　练习

 teaching, 100–101, 102–103　教学

Concept maps：概念图

 analyzing knowledge organization with, 59　用…分析知识组织

 assigning as activity, 30　作为作业活动

 defined, 228　界定

 drawing, 63–64　画出

 illustrated, 229　插图

 using, 228–230　运用

Conscious incompetence, 96–97　意识到无能力

Content：内容

 reflecting diversity, 178–179　反映多样性

 selecting centralizing, 184　选择以…为中心的（内容）

Context：情境

 applying component skills in diverse, 117–118　在各种（情境中）运用成分技能

 context dependence, 109　情境依赖性

 identifying skills and knowledge appropriate for, 119–120　识别适用于（情境的）技能和知识

 learning transfer of knowledge appropriate for, 110–112　适用于（情境的）知识的学习迁移

 misapplication of prior knowledge in other, 20–23　已有知识在其他（情境中）的误用

Correcting student misconceptions, 25–27, 37–38　纠正学生的错误概念

Course climate：（课程）课堂气氛

 active listening and, 186　主动倾听与

 addressing tension in, 185–186　关注紧张

 avoid content marginalizing students, 184　避免使用使学生边缘化的内容

 avoiding low-ability cues, 182　避免低能暗示

 climate fostering instructors, 222　促进教师教学的气氛

content and perception of, 178-179　内容和知觉

disturbances in, 153-156　扰乱

don't ask individual to speak for entire group, 182　不要让单个学生为整个小组发言

examining assumptions about students, 181-182　考察关于学生的假设

getting feedback on, 184-185　得到关于…的反馈

ground rules for interactions, 183-184　互动的基本规则

impact of faculty and student interactions on, 177-178　教师和学生互动对…的影响

implications of research, 180　研究的启示

instructor's tone and, 176-177　教师的语气与

interacting with values and expectancies, 79-82　与价值和预期的交互作用

interactive effect on learning, 6, 156-158　对学习的交互影响

making uncertainty safe, 180-181　确保不同意见的安全

marginalizing or centralizing climates, 171-173　边缘化或中心化的气氛

modeling inclusivity in, 183　示范包容性

motivation and, 79-82　动机与

preparing for sensitive issues, 185　准备敏感问题

reducing anonymity in large classes, 182-183　减少大班上的匿名性

research on, 170-179　研究

resisting single right answer, 181　拒绝单一的正确答案

setting with syllabus and first day, 184　与教学大纲一起设定，在第一次上课时设定

stereotyping's effect on, 174-176　刻板印象效应

teaching students to support opinions with evidence, 181　教学生用证据支持观点

turning discord into learning opportunity, 186　把不一致转化为学习机会

See also Large classes; Student development. 也可参阅"大班"、"学生的发展"

Courses：课程

aligning objectives, assessments, and instruction in, 85　使目标、评估和教学与之保持一致

allowing flexibility in, 89　允许有灵活性

appropriate challenges in, 85-86　适度的挑战

connecting to students' interests, 83　与学生的兴趣联系起来

covering gaps in prior knowledge, 34-35　填补已有知识的差距

identifying discipline-specific conventions, 36　指出学科特有的规定

identifying and rewarding values of, 84-85　指出并奖赏所看重的

linking new material to prior knowledge in, 32　把新材料与已有知识联系起来

real-time feedback in large lectures, 150-151　在大班讲座中的实时反馈

stating goals in materials for, 145　在材料中陈述目标

students' outcome expectancies about, 76-77.　学生的结果预期

See also Course climate　参阅"课堂气氛"

Cultures：文化

kinship terms and knowledge organization within, 47-48　关于亲属的术语和知识组织

misapplying cultural knowledge, 21-22　错误地运用文化知识

relevance of principles to all, 8　与所有（文化）的关联

See also Diversity. 参阅"多样性"

D

Declarative knowledge, 18, 19　陈述性知识

Deep features：深度特征

comparisons identifying, 118-119　能识别…的比较

highlighting, 62　突出、强调

Deliberate challenge, 131　刻意挑战

Deliberate practice, 127-128　刻意练习

Development. 发展 See student development 参阅"学生发展"

Disciplines：学科
　decomposing tasks for, 100-101,113 分解任务
　demonstrating passion for, 85 展示热情
　identifying specific conventions for, 36 找出特定要求
　relevance of principles to all, 7 原理与所有（学科）的关联

Disintegration, 169 瓦解

Diversity：多样性
　course content reflecting, 178-179 反映…的课程内容
　cross-cultural relevance of principles, 8 原理的跨文化关联
　disturbances in climate reflecting, 153-156 反映…课堂气氛的扰乱
　don't ask individual to speak for entire group, 182 不要让一个学生为整个小组发言
　effect of course climate on minorities, 171-173 课堂气氛对少数民族学生的影响
　gender and, 154-156,160,165-166,173 性别与
　instructor's orientation to, 179 教师的定向
　modeling inclusivity to foster, 183 示范包容性，以促进
　negative effects or stereotyping, 174-176 消极影响或刻板印象
　race/ethnic identity, 167-170,174-176 种族、民族
　sexual orientation and marginalization, 169 性取向和边缘化

Duality, 164 二元论

E

Eberly Center for Teaching Excellence, 233-238 埃伯利卓越教学中心

Efficacy expectancies, 77 效能预期

Elaborative interrogation, 17 精细化提问

Emotions：情绪
　reacting to stereotyping, 175-176 对刻板印象的反应
　student management of, 160-161 学生调控

Environment 环境 See Course climate 参阅"课堂气氛"

Error patterns, 31,148-149,251 错误类型

Exam wrappers, 251-254 考试反思表

Expectancies：预期
　building positive, 85-88 建立积极的（预期）
　defined, 76 界定
　effect on learning and performance, 69-70 对学习和行为的影响
　motivation and types of, 76-79 动机与（预期的）类型
　values and environment interacting with, 79-82 价值、环境与（预期的）相互作用

Expectations：期望
　allowing misconceptions to change, 38 允许改变错误概念
　clarifying instructor's 87 澄清教师的
　helping students set realistic, 213 帮助学生设置现实的
　instructors' 105,220-221 教师的
　learning success and students' 77-79 学习成功与学生的
　providing rubrics of, 87,146 提供评分标准
　setting practice, 147 设置练习

Expert blind spots：专家盲点
　defined, 99 界定
　overcoming, 99,112-113 克服
　teaching skills systematically and, 100-101 系统的教授技能与

Expert knowledge structures：专家的知识结构
　density of connections in, 49-54 联系的密度
　expert blind spots in, 97-99,112-113 …中的专家盲点
　illustrated, 45-46 演示的
　liabilities of, 95,98-99 …的倾向

making connections explicit, 62–63 使联系明晰化

nature of connections in, 54–58 联系的本质

F

Failure：失败
  giving students ways to explain, 88 给予学生解释的方法
  in knowledge and skill transfers, 108–109 知识和技能迁移
  motivation following, 78–79 伴随…的动机

Fairness, 88 公平

Far transfers, 108 远迁移

Feedback：反馈
  ask students how they use, 151–152 询问学生如何运用
  communicating progress and directing learning with, 139–142 用(反馈)告知进步，指导学习
  cycle of practice and, 125–127 练习循环与
  defined, 125 界定
  getting on course climate, 184–185 得到关于课堂气氛的(反馈)
  giving balanced, 149–150 给予平衡的(反馈)
  goal-directed practice combined with, 137 伴随(反馈)目标导向的练习
  group, 150 集体(反馈)
  linking to further practice, 141–142, 143–144 与后继练习联系起来
  offering frequent, 150 经常提供
  peer, 151, 209–210 同伴(反馈)
  as principle of learning, 5–6, 124–127 作为学习原理
  prioritizing, 149 优先安排
  research implications on, 143–144 研究启示
  targeted, 87–88, 141–142, 148–152 针对性的
  teaching mastery and, 221 教授精熟与
  timeliness of, 138–139, 142–143 时间安排
  See also Peer reviews; Practice; Targeted feedback 参阅"同伴评阅"、"练习"、"针对性的反馈"

Flow, 133 流

Formative feedback, 139 形成性反馈

G

Gender：性别
  assumptions about competence, 154–156, 160 关于能力的假设
  differences in learning by, 165–166 学习中的差异
  marginalization by, 173 边缘化
  sexual orientation and marginalization, 169 性别取向和边缘化

Goal-directed practice：目标导向的练习
  challenges providing, 128–130, 136 提供挑战的
  need for, 5–6 需求
  research on, 127–130 研究
  strategies for, 145–148 策略

Goals：目标
  conflicting, 74 冲突的
  developing students' metacognitive skills, 203 发展学生的元认知技能
  importance of students', 5–6 学生…的重要性
  motivation based on, 70–74 基于…的动机
  refining as course progresses, 148 作为教学过程的反思
  stating learning, 129–130, 145 陈述学习(目标)
  subjective value of, 69–70, 74–76 …的主观价值
  success in achieving, 77–79 成功达成
  types of performance, 71 行为表现(目标)的类型
  See also Goal-directed practice 参阅"目标定向的练习"

Grading：等级评定
  exam wrappers and, 251–254 考试反思表
  rubrics for, 231 评分标准

Ground rules：基本规则
  making and using, 248–249 制作和运用
  sample, 249–250 样例

setting for course interactions, 183 – 184　为教学互动而设置
student-created, 250　学生创建的
Group feedback, 148 – 149, 150　集体反馈

H

Hardiman-Jackson social identity development model, 167 – 168　哈迪曼-杰克逊社会认同感发展模型
Heuristics for self-correction, 208 – 209　自我纠正的启发式

I

Identity：认同感
　assumptions about students effecting, 181 – 182　影响(认同感的)关于学生的假设
　developing purpose, 162　发展目标
　establishing social, 161　建立社会(认同感)
　racial/ethnic, 167 – 170　种族的、民族的
　research on development of social, 166 – 170　关于社会(认同感)发展的研究
Immersion, 168　沉浸
Inaccurate prior knowledge：不正确的已有知识
　correcting misconceptions, 24 – 27, 37 – 38　纠正错误概念
　research implications about, 27　研究启示
Instructional scaffolding. 教学支架 See Scaffolding 参阅"提供支架"
Instructors：教师
　achieving teaching mastery, 221　达到教学精熟
　activating students' prior knowledge, 16　激活学生的已有知识
　active listening by, 186　主动倾听
　addressing student's beliefs about learning, 212　探知学生对学习的认识
　administering diagnostic assessments, 28 – 29　实施诊断性评估
　analogies used by, 33　所用的类比
　applying principles to self, 217 – 224　把原理用于自身

assessing students' knowledge with other, 27 – 28　与其他人一起评估学生的知识
availability of, 177 – 178　可用性
cases illustrating knowledge organization, 61 – 62　描述知识组织的案例
challenges providing goal-directed practice, 128 – 130, 136　能提供目标导向练习的挑战
clarifying expectations, 87　明确期望
communicating feedback, 139 – 142, 149 – 150　交流反馈
connecting courses to students' interests, 83　把课程与学生的兴趣联系起来
core beliefs about learning, 223 – 224　关于学习的核心信念
correcting misconceptions, 25 – 27, 37 – 38　纠正错误概念
creating opportunities for early success, 86 – 87　为早期成功创造机会
decomposing disciplinary skills, 100 – 101, 113　分解课程技能
defining practice expectations, 147　界定练习的期望
defining unacceptable assignments, 204 – 205　界定不可接受的作业
demonstrating transfer of knowledge, 110 – 112　演示知识的迁移
developing metacognitive skills in course, 203　在课程中发展元认知技能
developmental process for, 222　发展过程
diagnosing students' missing skills, 114 – 115　诊断学生缺失的技能
diffusing class tensions, 185 – 186　化解课堂紧张
discussing applicability of component skills, 117　讨论成分技能的适用性
don't ask individual to speak for entire group, 182　不要让个体代表整个小组发言
encouraging multiple organizing structures for students, 63　鼓励为学生准备多样化的组织构架

examining assumptions about students, 181~182 检验关于学生的假设

expectations of, 105, 220-221 …的期望

expert blind spots of, 99, 112-113, 114 …的专家盲点

fairness by, 88 公正

finding patterns of student errors, 148-149 找出学生的错误类型

focusing on assignment solutions, 211-222 聚焦于任务解答方案

gauging students' prior knowledge, 27-31 评估学生的已有知识

ground rules for interactions, 183-184 互动的基本规则

guiding student self-assessment, 209 引导学生进行自我评估

helping students assess tasks, 204-206 帮助学生评估任务

Helping students set expectations, 213 帮助学生设置期望

Heuristics for self-correction by, 208-209 自我纠正的启发式

Highlighting deep features, 62, 118-119 突出深层特征

Identifying and rewarding course values, 84-85 指出并奖赏有价值的学习行为

Illustrating inappropriate prior knowledge, 35-37 展示错误的已有知识

Inclusivity modeled by, 183 示范包容性

Knowledge organization by students vs., 45-46, 49-54 学生的知识组织

Linking new material to previous knowledge, 31-32 把新材料与已有知识联系起来

Low-ability cues by, 182 低能力的暗示

Making classroom uncertainty safe, 180-181 确保课堂中不同意见的安全

Making connections explicit, 62-63 使联系明晰化

Mastering teaching, 220-221 精熟水平的教学

Metacognition about teaching, 223 关于教学的元认知

Mismatched goals of students and, 71, 73 学生与教师目标的不匹配

Modeling metacognition processes, 214-215 示范元认知过程

Motivating students, 89 激发学生的动机

Motivation of, 219-220 （教师）的动机

Observing students' error pattern, 31 观察学生的错误类型

Offering opportunities for reflection, 89 提供反思的机会

Offering target performance examples, 147-148 提供合乎要求的作业的例子

Optimizing knowledge organization for students, 49 为学生提供最优的知识组织

Organization of knowledge, 219 知识组织

Performance-based assessments by, 206 基于学习表现的评估

Preparing for sensitive issues, 185 对敏感问题做好准备

Presenting multiple assignment solutions, 211 呈现多样的任务解答方案

Prior knowledge, 218-219 已有知识

Prompting students on relevance, 120 向学生提示关联性

Providing assignment's performance criteria, 205-206 提供作业的表现标准

Providing model for effective planning, 207 提供有效规划的模式

Reducing anonymity in large class, 182-183 减少大班级中的匿名现象

Refining goals as course progress, 148 随着课程进展而修订目标

Resisting single right answer, 181 拒绝唯一正确答案

Revealing and enhancing knowledge organiztion, 59-64 揭示并促进知识组织

Rubrics representing expectations by, 87, 146 代

主 题 索 引　187

表(教师)期望的评分标准

Scaffolding used by, 106,132－133,146－147　(教师)使用的支架

Selecting content centralizing students, 184　选择各类学生都能接受的内容

Sensitivity to students' cognitive load, 103－107　对学生的认知负荷的敏感性

Setting appropriate challenges, 85－86　设置合适的挑战(难度)水平

Sharing knowledge organization with students, 61　与学生分享知识组织

Showing passion for discipline, 85　展现对学科的热爱

Strategies building positive expectancies, 85－88　建立积极期望的策略

Structuring course for students, 60－61　为学生呈现课程的结构

Teaching component skills, 100－101,102－103　教授成分技能

Teaching students to support opinions with evidence, 181　教学生用证据支持观点

Tone set by, 176－177　所使用的语气

Using student self-assessment, 225－227　利用学生的自我评估

Using syllabus and first day to set climate, 184　运用课程大纲和第一堂课来确立课堂气氛

Instrumental value, 75,76　工具性价值

Insufficient prior knowledge, 18－20,34－35　不充分的已有知识

Integrating component skills：整合成分技能

　Building and facilitating ease of, 115－117　促进…的易化

　Including in performance criteria, 117　包含在行为表现标准中

　Into complex tasks, 103－107　在复杂任务中

Integrity of student, 162　学生的忠实

Intellectual climate 智力气氛　See Course climate 参见"课堂气氛"

Intellectual development. 智力发展　See Student

development　参见"学生发展"

Interpersonal relationships of students, 161－162　学生的人际关系

Intrinsic motivation, 75　内部动机

Intrinsic value, 75,76　内部价值

K

Knowledge 知识：

　Context-specific relevance of, 119－120　与具体情境相关联的

　Developing from duality to relativism, 163－164　从二元论发展到相对主义

　Failures in transfer, 108－109　迁移失败

　Incorrectly evaluating strength and weakness, 195－196　错误地评价优势和弱势

　Learning and changes in, 3　…的学习和改变

　Linking new material to previous, 31－32　把新的学习材料与已有知识联系起来

　Retention of new, 16－19　新知识的保持

　See also Knowledge organization；Prior knowledge； Transfer　同时参见"知识的组织"、"已有知识"、"迁移"

Knowledge organization：知识组织

　Advance organizer for, 53　…的先行组织者

　Based on experience, 46－49　基于经验

　Concept maps analyzing, 59,63－64　概念地图分析

　Density of connections in, 49－54　联系密度

　Determining students', 59－60,64　确定学生的(知识组织)

　Encouraging multiple organizing structures for students, 63　鼓励为学生提供多样化的组织结构

　Highlighting deep features for students, 62　向学生突出深层特征

　illustrated, 45　描绘

　illustrating with contrasting and boundary cases, 61－62　用相反的和边缘的例子加以说明

　Instructor's, 219　教师的

Making connections explicit, 62–63　使联系明晰化

Monitoring problems with, 64　监控…问题

As principle of learning, 4–5, 43–46　作为学习原理

Problem with, 40–41　…的问题

Providing students with course structure, 60–61　为学生提供课程结构

See also Concept maps　参见"概念地图"

L

Large classes：大班

Grading rubrics for, 231　…的评分细则

Real-time feedback, 31, 150–151　实时反馈

Reducing anonymity in, 182–183　减少匿名性

Learning：学习

Addressing students' beliefs about, 212　澄清学生的信念

Adjusting approach to, 191, 199–200, 210–212　调整方法

Broadening understanding of, 212–213　拓宽理解

chunking, 52　组块

communicating and directing, 139–142　交流和引导

course climate and gains in, 173　课堂气氛和收获

cycle of practice and feedback in, 124–127　练习和反馈的循环

defined, 3　…的定义

effectiveness of self-monitoring, 193, 197–199　自我监控的有效性

effects of development and climate on, 156–158　发展和课堂气氛的影响

expert blind spots and student, 99, 112–113　专家盲点和学生

inaccurate prior knowledge and, 20–27　不准确的已有知识与

influence of knowledge organization on, 4–5, 43–46　知识组织对…的影响

instructors' core beliefs about learning, 223–224　教师关于学习的核心信念

linking research on to teaching practices, 1–9　把学习研究和教学实践联系起来

motivation and, 5, 68–70　动机与

performance and, 5–6, 133–136　行为表现/成绩与

prior knowledge's effect on, 4, 12–15　已有知识的影响

retaining, 16–17　保持

stating goals of, 129–130, 145　陈述目标

stereotyping's effect on, 174–176　刻板印象的影响

student beliefs about intelligence and, 200–202, 212　学生关于智力和学习的信念

students' role in, 1　学生在学习中的角色

where prior knowledge applies, 23　已有知识的应用情境

See also Principles of learning; and specific principles　同时可参见"学习原则"及"具体原理"

Learning objectives：学习目标

about, 72　关于

Bloom's taxonomy of, 245, 246　布鲁姆的分类学

Defined, 244　…的定义

sample, 247　样例

using, 244–245　运用

Lesbian, gay, bisexual, and transgendered (LGBT) students, 169　女同性恋、男同性恋、双性恋和变性的(LGBT)学生

M

Marginalization　边缘化

Avoiding content creating, 184　避免内容引发

Course climate creating, 171–173　课堂气氛引发

Sexual orientation and, 169, 173　性取向与

Mastery　精熟水平

Achieving teaching, 220–221　掌握教学

Applying skills in diverse contexts, 117–118　在不同的情境中运用技能

Comparisons identifying deep features, 118-119 能突显深层结构的对比
　　Component skills in, 99-103 …中的成分技能
　　Defined, 95 定义为
　　Discussing applicability of component skills, 117 讨论成分技能的适用性
　　Elements of, 95,96 …的成分
　　Examples of undeveloped, 91-94 未达到(精熟水平)的例子
　　Expertise and, 95-99 专长和精熟水平
　　Exposing and reinforcing component skills, 112-115 分解和强化成分技能
　　Identifying relevant skills in specific contexts, 119-120 在具体情境中识别相关技能
　　Improving transfer, 117-120 促进迁移
　　As learning principles, 5,94-95 作为学习原理
　　Learning to generalize to larger principles, 118 学习概括出主要原理
　　Performing complex tasks, 103-107 完成复杂任务
　　Stages in development of, 96-97 发展阶段
　　Transfer and application of skills, 107-112 技能的迁移和运用
　　See also Component skills; Context; Transfer 也可参见"成分技能"、"情境"、"迁移"
Memory enhancement 增强记忆, 56
Metacognition：元认知
　　Applying to teaching, 223 用于教学
　　Assessing tasks, 191,194-195,204-206 评估任务
　　Cycle of self-directed learning, 192-194 自主学习循环
　　defined, 190 …的定义
　　implications of research on, 202-203 相关研究的启示
　　modeling process of, 214-215 示范过程
　　scaffolding students in process of, 215 在…过程中为学生提供支架
Monitoring：监控

　　Performance of the self-directed learning, 191,193, 197-199,208-210 自主学习者的行为表现
　　Students' knowledge organization, 64 学生的知识组织
Motivation：动机
　　Articulating expectations, 87 明确地表达期望
　　Balancing positive and negative feedback, 149-150 平衡积极的和消极的反馈
　　Challenging students appropriately, 85-86,133 适度地挑战学生
　　Connecting course to students' interest, 83 把课程与学生的兴趣联系起来
　　defined, 68-69 定义
　　describing student study strateiges, 88 向学生描述学习策略
　　effect of environment, values, and expectancies on, 79-82 环境、价值观和预期的影响
　　examples of student, 66-67 学生的例子
　　fairness by instructors, 88 教师的公正
　　goal and, 70-74 目标与
　　impact of value and expectancy, 69-70 价值观和预期的影响
　　increasing with real-world tasks, 83-84 随现实世界中的任务而增强
　　instructor's, 219-220 教师的
　　interactive effects on student, 80-82 对学生的交互影响
　　intrinsic, 75 内部的
　　learning and, 5,68-70 学习与
　　linking learning with relevance for, 84 把学习与…的关联联系起来
　　making opportunities for success, 86-87 创造成功的机会
　　offering opportunities for reflection, 89 提供反思的机会
　　pursuing goals of highest value, 74-76 追求最具有价值的目标
　　student options and choices for, 89 学生的选择
　　targeted feedback creating, 87-88 针对性反馈

会激发

types of expectancies, 76-79　期望的类型

Multipliity, 164　多重性

Myths, 24　神话

N

National Research Council, 44, 190, 199　国家研究委员会

Novice knowledge structures：新手的知识结构

　　Density of connections in, 49-54　联系的密度

　　Effect of experience on, 46-49　经验对…的影响

　　Illustrated, 45-46　图例说明

　　nature of connections in, 54-58　联系的性质

O

Oral exam rubrics, 234-235　口试的评分标准

Organization of knowledge.　知识的组织　See knowledge organization　参见"知识组织"

Outcome expectancies, 76-77　结果预期

Overspecificy, 109　过于具体

P

Papers：论文

　　Checklists for, 255-256　核查表

　　Rubrics for, 236-238　评分标准

Passion for discipline, 85　对学科的热爱

Peer review：同伴评阅

　　For instructors, 151　为教师

　　Sample, 258-259　样例

　　Using, 209-210, 257-258　运用

Performance：行为表现、成绩

　　assessment, 206　评估

　　effect of practice on, 133-136　练习的影响

　　giving examples of target, 147-148　给出合乎要求的例子

　　including integration of skills in criteria, 117　在要求中包含技能的整合

　　knowledge organization matched to task and, 48-49　与任务和…相匹配的知识组织

　　managing cognitive load for complex tasks, 103-107　管理复杂任务中的认知负荷；

　　patterns of errors, 148-149　错误类型

　　practice and feedback cycle for, 126-127　练习和反馈循环

　　rubrics for, 146　…的评分标准

　　self-monitoring own, 197-199, 208-210　监控自己的

　　specifying criteria for, 129-130, 205-206　具体指明标准

　　student reflection on own, 210　学生对自己…的反思

　　unrealistic instructor expectations of, 105　教师的不切实际的期望

　　value and expectancy for, 69-70　价值评判和期望

　　See also Feedback；Practice　同时参见"反馈"、"练习"

Performance-approach goals, 71-72　表现-趋近目标

Performance-avoidant goals, 71-72　表现-回避目标

Performance goals, 71　表现性目标

Personal response system, 150-151　个人回答系统

Pittsburgh Science of learning Center, 7　匹兹堡学习科学研究中心

Planning：规划、计划

　　Effective student, 191, 207-208　高效的学生

　　Research on students, 196-197　有关学生的研究

　　In self-directed learning cycle, 193　自主学习循环中的

Practice：练习

　　Appropriate challenges in 130-133, 136　…中的适当挑战

　　Building in opportunities for, 146　增加机会

　　Component skills, 101-102, 114-115, 133-136　成分技能

　　Constraining scope of tasks, 116　限定任务范围

　　Examples of unacceptable student, 121-124　不

被接受的学生的例子
    Feedback cycle for, 125-127　反馈循环
    Goal-directed, 5-6,127-130　目标定向的
    Linking feedback to, 141-142,143-144　把反馈与之联系起来
    Linking learning research on teaching, 1-9　把学习研究与教学联系起来
    As principle of learning, 5-6,124-127　作为学习原理
    Progressively refining teaching, 222-224　逐步优化教学
    Quantity of, 133-136　…的数量
    Setting expectations about, 147　设置…期望
    Skills for fluency, 115-116　为了使技能达到流畅水平
    Teaching mastery and, 220-221　精熟教学与
    Unproductive, 124-125　没有成效的
    See also Goal-directed practice　同时参见"目标导向的练习"
Principles of learning：学习原理
    About seven principles, 2-7　关于七条原理
    Applying to instructors, 217-224　适用于教师
    Developing mastery, 5,94-95　发展精熟水平
    Effect of prior knowledge, 4,38-39　已有知识的影响
    Improving learning with practice and feedback, 5-6,124-127　通过练习和反馈促进学习
    Motivation and learning, 5,68-70　动机和学习
    Origin of, 3-4　…的来源
    Strength of, 7-8　…的优势
    Students as self-directed learners, 6-7,190-192　作为自主学习者的学生
    Students' development interacts with intellectual climate, 6,156-158　学生的发展与智力气氛相互作用
    Students' knowledge organization, 4-5,43-46　学生的知识组织
    Summary of, 4-7　…的总结
    See also specific principle　同时参见"具体原理"

Prior knowledge　已有知识,先行知识
    About, 38-39　关于
    Accurate, 31-33　正确的
    Accurate but insufficient, 18-20　正确但不充分的
    Activating, 16-18　激活
    Addressing gaps in, 34-35　找出…欠缺
    Correcting inaccurate, 24-27,37-38　纠正不准确的
    Diagnostic assessments of, 28-29　…的诊断性评估
    Difficulties gauging students', 10-12　诊断学生…的困难
    Effect on learning, 4,12-15　对学习的影响
    Gauging, 27-31　评估
    How students connect with, 15　学生如何联系
    Illustrating limits of analogies, 36-37　描述比的局限
    Inaccurate, 17,23-27　不正确的
    Inappropriate use of 20-23,35-37　不当的运用
    Instructors' 218-219　教师的
    Learning where applicable, 23　学习适用情境
    Reasoning based on relevant, 33　基于相关的…推理
    Student self-assessment of, 225-227　学生对…的自我评估
Procedural knowledge, 18,19　程序性知识

Q

Quality of students' learning, 5-6　学生的学习质量

R

Race/ethnic identity：民族/种族认同
    Research on, 167-169　有关研究
    Stereopyping and, 174-176　刻板印象与
Reader response/peer review, 209-210,257-259　读者反应/同伴评阅
Real time feedback, 150-151　实时反馈

Reasoning：推理
　　Asking students to justify, 37　要求学生论证
　　Using prior knowledge, 33　利用已有知识
Reflection：反思
　　In cycle of self-directed learning, 192, 193　自主学习循环中的
　　Leading to adjustments in approach, 191, 199-200, 209, 210-212　引导方法调整
　　Opportunities for student, 89　为学生提供机会
　　Sample exam wrapper for, 253-254　考试反思表的样例
Relativism, 164　相对主义
Relevance：相关、关联
　　Activating relevant prior knowledge, 17　激活相关的已有知识
　　Connecting material with students' interests, 83　把学习材料与学生的兴趣联系起来
　　Gauging prior knowledge's, 35-36　评估已有知识的
　　Linking learning with, 84　与学习联系起来
　　Making courses interesting to students, 83　让学生对课程感兴趣
　　Principles and cross-cultural, 8　原理和跨文化的
　　Prompting students on, 120　提示学生
Research resources, 1-2　研究资源
Resistance, 168　抗拒、抵抗
Retention：保持
　　prior knowledge aiding learning, 16-17　已有知识促进学习
Rewards, 84-85　奖赏
Rubrics：评分标准
　　articulating goals with, 129-130　结合（评分标准）阐述目标
　　class participation, 233　课堂参与
　　communicating performance criteria in, 146　阐述行为表现标准
　　defined, 146, 231　界定
　　oral exam, 234-235　口头考试
　　paper, 236-238　论文

　　providing, 87　提供
　　senior design project, 239-243　高级设计项目
　　using, 231-232　使用

S

Sample ground rules, 249-250　基本规则的样例
Sample learning objectives, 247　学习目标的样例
Sample peer review instrument, 258-259　同伴评阅工具的样例
Scaffolding：（提供）支架
　　adjusting challenge with instructional, 132-133　借助教学（支架）调整难度
　　building into assignments 146-147　置入作业任务中
　　defined, 106　界定
　　students in metacognitive process, 215　学生在元认知过程中
Self-assessments：自我评估
　　in cycle of self-directed learning, 192, 193　在自我定向学习循环中的
　　guiding student, 209　引导学生
　　incorrect student, 189-190, 195-196　不正确的学生（自我评估）
　　providing opportunities for, 206-207　为…提供机会
　　sample of, 226-227　…的样例
　　student, 225-227　学生
Self-directed learners：自主学习者
　　adjusting learning approach, 191, 199-200, 201-212　调整学习方法
　　applying strategies and monitoring performance, 191, 193, 197-199, 208-210　运用策略和监控行为表现
　　assessing tasks, 191, 194-195, 204-206　评估任务
　　becoming, 6-7　成为
　　beliefs about intelligence and learning, 200-202, 212　关于智力和学习的信念
　　evaluating strengths and weaknesses, 192, 193,

195-196,206-207 评价优势和劣势
examples showing need for, 188-190 显示需求的例子
instructors as, 223 教师作为…
learning cycle for, 192-194 学习循环
principle of learning for, 190-192 学习原理
using model for effective planning, 191,207-208 为有效规划运用…模型
See also Assessments; Metacognition; Study skills; Tasks 参阅"评估"、"元认知"、"学习技能"、"任务"
Senior design project rubric, 239-243 高级设计项目的评分标准
Sexism, 155-156 性别主义
Sexual orientation and marginalization, 169,173 性取向和边缘化
Skill. 技能 See Component skills 参阅"成分技能"
Social goals, 73 社会性目标
Social identity. 社会认同感 See identity 参阅"认同感"
Stereotyping, 24-25,174-176 刻板印象
Strength and weakness: 优势和劣势
    evaluating incorrectly, 195-196 不正确的评估
    exam wrappers identifying, 251 能找出…的考试反思表
    strategies to assess, 206-207 评估策略
Student development: 学生的发展
    active listening and, 186 主动聆听与
    addressing tensions early, 185-186 及早注意紧张
    anonymity in large classes, 182-183 大班中的匿名性
    assumptions about student ability, 181-182 关于学生能力的假设
    avoiding marginalizing students, 184 避免使学生边缘化
    Chickering model of, 160-163 齐克林的模型
    effect of inclusivity on, 183 包容性的影响
    fostering with feedback on climate, 184-185 借助气氛的反馈，促进
    ground rules for interactions and, 183-184 互动的基本规则
    implications of research on, 169-170 研究的启示
    intellectual development, 163-166 智力的发展
    interactive effect on learning, 6,156-158 对学习的互动效应
    making uncertainty safe, 180-181 确保不同意见的安全
    social identity development, 166-170 社会认同感的发展
    students' social and emotional changes, 158-159 学生的社会性和情感发展
    teaching students to support opinions with evidence, 181 教学生用证据支持观点
    turning discord into learning opportunity, 186 把不一致转化成学习机会
    See also Course climate. 参阅"课堂气氛"
Students：学生
    accurate but insufficient prior knowledge of, 18-20 正确但是不充分的已有知识
    activating prior knowledge, 16-18,31-33 激活已有知识
    applying prior knowledge correctly, 23 正确地运用已有知识
    assessing tasks, 194-195,204-206 评估任务
    autonomy of, 161 …的自律
    becoming self-directed learners, 6-7,190-192 成为自主学习者
    beliefs about intelligence and learning, 200-202,212 关于智力和学习的信念
    cognitive load of, 103-107 …的认知负荷
    connecting with prior knowledge, 15,31-32,33,62-63 与已有知识联系起来
    correcting misconceptions of, 25-27,37-38 纠正…错误概念
    courses linked to interests of, 83 把课程与兴趣联系起来

creating own ground rules, 250　创建自己的基本规则

declarative and procedural knowledge of, 18–19　…的陈述性知识和程序性知识

describing study strategies for, 88　描述学习的策略

developing mastery, 5, 160　发展精熟性

drawing concept maps, 63–64　画概念地图

effect of prior knowledge in learning, 12–15　已有知识对学习的影响

encouraging multiple organizing structures for, 63　鼓励多种组织结构

establishing identity, 161　建立认同感

evaluating strengths weakness, 192, 193, 195–196, 206–207　评价优势和劣势

expectations of succeeding, 77–79　成功预期

feedback for learning, 137–142　学习反馈

feeling safe with multiple worldviews, 180–181　对多种世界观感到安全

filling gaps in prior knowledge, 34–35　填补已有知识的差距

first impressions of instructors, 184　教师的第一印象

focusing on key tasks, 114　关注关键任务

gaining component skills, 99–103　获得成分技能

gauging prior knowledge of, 10–12　评估已有知识

generalizing to larger principles, 118　概括成更大的(抽象)原理

goal-directed practice by, 128–130　目标导向的练习

how stereotyping affects, 174–176　刻板印象如何影响

identifying contextually relevant skills, 119–120　识别与情境相关的技能

inaccurate prior knowledge of, 23–27　不正确的已有知识

inappropriate prior knowledge of, 20–23, 35–37　不恰当的已有知识

integrity of, 162　…的整合

interacting with faculty and students, 177–178　与教师和学生的相互作用

interpersonal relationships of, 161–162　人际关系

knowledge organization by, 4–5, 40–41, 43–54, 59–62, 64　（学生的）知识组织

learning to solve assignments, 211–212　学习解决问题

making learning relevant for, 84　使学习与…相关

managing emotions, 160–161　调节情绪

metacognitive process for, 214–215　元认知过程

mismatched goals of instructors and, 71, 7　教师与学生目标的错误匹配

monitoring own performance, 191, 193, 197–199, 208–210　监控自己的行为表现

motivation of, 68–70, 79–84　动机

observing patterns of error in work, 31　观察作业中的错误类型

opportunities for reflection, 89　反思的机会

participating in learning, 3　参与学习

personal development and climate effects on, 6　个性发展和气氛对…的影响

planning by, 191, 207–208　…的规划

practicing component skills for fluency, 115–116　为流畅而练习成分技能

prompting about relevant knowledge, 120　提示相关的知识

providing options for, 89　提供选项

purpose of, 162　目的

reflecting on own work, 209, 210–212　反思自己的学习(作业)

response to instructor's tone, 176–177　对教师的语气的反应

role in learning, 1　在学习中的角色

self-assessments by, 29, 209, 225–227　自我评估

setting realistic expectations, 213　设置现实的期望

social and emotional changes in, 158–159　社会

主 题 索 引

性和情感发展
structuring course for, 60-61　组织课程
study skills of, 210-211　学习技能
supporting opinions with evidence, 181　用证据支持观点
target performance examples for, 147-148　示范目标行为
transferring knowledge correctly, 110-112　正确地迁移知识
uncovering prior knowledge with brainstorming, 29-30　借助头脑风暴揭示已有知识
understanding of assessments, 205　对评估的理解
See also Student development　参阅"学生的发展"

Study skills：学习技能
 analyzing effectiveness of, 210-211　分析…的效果
 describing effective, 88　描述有效的
 examples of ineffective, 188-190　无效的…实例
 learning strategies solving assignments, 211-212　学习解决任务的策略
 using exam wrappers to enhance exam preparation, 251,252　运用考试反思表提升考试准备

Subjective value of goals, 69-70,74-76　目标的主观价值

Success：成功
 beliefs about intelligence affecting, 200-202,212　关于智力影响…的信念
 educating students about ways to explain, 88　教学生解释…的方法
 motivation following, 78　伴随的动机
 providing opportunities for early, 86-87　提供早一点…的机会
 students' expectations of learning, 77-79　学生对学习…的期望

Summative feedback, 139　总结性反馈
Syllabus, 172,176,184　教学大纲

T

Targeted feedback：针对性反馈
 benefit of, 141-142,143　…的好处
 creating motivation, 87-88　激发动机
 strategies for, 148-152　…的策略
 watching for patterns of errors in work, 148-149　查询作业中的错误类型

Tasks：任务、作业
 assessing, 191,194-195,204-206　评估
 constraining scope of, 116-117　限定范围
 decomposing disciplinary, 100-101,113　分解课程（任务）
 focusing students on key, 114　把学生注意力引到关键的（任务上）
 increasing motivation with real-world, 83-84　借助真实世界的（任务）提升动机
 integrating skills into complex, 103-107　在复杂的（任务中）整合技能
 knowledge organization matched to, 48-49　相匹配的知识组织

Teaching：教学
 about, 218　关于
 achieving mastery in, 221　达到精熟
 applying metacognition to, 223　把元认知用于
 component skills, 100-101,102-103　成分技能
 developing mastery in, 220-221　发展精熟
 linking research to practice of, 1-9　把研究与…实践联系起来
 progressively refining practice of, 222-224　逐步精炼…实践
 students to support opinions with evidence, 181　学生用证据支持观点

Tension in courses：课堂上的紧张
 addressing early, 185-186　及早处理
 turning discord into learning opportunity, 186　把争论转化为学习机会

Timeliness of feedback, 138-139,142-143　反馈时间的安排
Tone of instructor, 176-177　教师的语气
Transfer：迁移
 applying component skills in diverse contexts, 117-

118　在各种情境中运用成分技能
defined, 108　…的界定
failure in knowledge and skill, 108-109　在知识和技能方面的失败
far, 108　远(迁移)
links by experts, 98　专家建立的联系
methods facilitating, 110-112　促进方法
using comparisons identifying deep features, 118-119　运用比较找出深度特征

U

Unconscious incompetence, 96-98　无意识的无能力

V

Value：价值

environment and expectancies interacting with, 79-82　与之相互作用的环境和预期
goals and subjective, 69-70, 74-76　目标和主观(价值)
identifying and rewarding, 84-85　识别和奖赏
strategies establishing, 83-85　确立策略

W

Why Are All the Black Kids Sitting Together in the Cafeteria? (Tatum), 168-169　为什么所有黑人孩子在餐厅里坐在一起？(泰特姆著)
Work-avoidant goals, 72-73　工作-回避目标
Worked-example effect, 106　解答样例效应

Z

Zone of Proximal development, 132　最近发展区

图书在版编目（CIP）数据

聪明教学7原理：基于学习科学的教学策略/（美）安布罗斯等著；庞维国等译. 一上海：华东师范大学出版社，2012.6
（创智学习）
ISBN 978-7-5617-9596-5

Ⅰ.①聪… Ⅱ.①安… ②庞… Ⅲ.①中小学－教学研究 Ⅳ.①G632.0

中国版本图书馆CIP数据核字（2012）第125345号

创智学习
聪明教学7原理：基于学习科学的教学策略

著　　者　苏珊·A·安布罗斯等
翻　　译　庞维国　徐晓波　杨星星等
策划编辑　彭呈军
审读编辑　宋金萍
责任校对　赖芳斌
版式设计　卢晓红
封面设计　陈军荣　王碧娴

出版发行　华东师范大学出版社
社　　址　上海市中山北路3663号　邮编 200062
网　　址　www.ecnupress.com.cn
电　　话　021-60821666　行政传真 021-62572105
客服电话　021-62865537　门市（邮购）电话 021-62869887
地　　址　上海市中山北路3663号华东师范大学校内先锋路口
网　　店　http://hdsdcbs.tmall.com

印刷者　上海市崇明县裕安印刷厂
开　　本　787毫米×1092毫米　1/16
印　　张　13.5
字　　数　238千字
版　　次　2012年11月第1版
印　　次　2025年2月第17次
书　　号　ISBN 978-7-5617-9596-5/G·5642
定　　价　39.00元

出版人　王焰

（如发现本版图书有印订质量问题，请寄回本社客服中心调换或电话021-62865537联系）